法商图书

A PRACTICAL GUIDANCE ON

BLOCKCHAIN DIGITAL CURRENCY

COMPLIANCE IN CHINA

区块链数字货币合规指南

王伟◎著

法律出版社 LAW PRESS·CHINA

图书在版编目(CIP)数据

区块链、数字货币合规指南 / 王伟著. -- 北京 : 法律出版社, 2021
ISBN 978 - 7 - 5197 - 5132 - 6

Ⅰ. ①区… Ⅱ. ①王… Ⅲ. ①区块链技术 - 法律 - 中国 - 指南②数字货币 - 法律 - 中国 - 指南 Ⅳ. ①D923.99 - 62

中国版本图书馆 CIP 数据核字(2020)第 225529 号

区块链、数字货币合规指南
QUKUAILIAN、SHUZI HUOBI HEGUI ZHINAN

王 伟 著

责任编辑 赵明霞
装帧设计 马 帅

出版 法律出版社
总发行 中国法律图书有限公司
经销 新华书店
印刷 中煤(北京)印务有限公司
责任校对 杨锦华
责任印制 胡晓雅

编辑统筹 法商出版分社
开本 710 毫米 × 1000 毫米 1/16
印张 14.75
字数 232 千
版本 2021 年 3 月第 1 版
印次 2021 年 3 月第 1 次印刷

法律出版社/北京市丰台区莲花池西里 7 号(100073)
网址/www.lawpress.com.cn
投稿邮箱/info@lawpress.com.cn
举报维权邮箱/jbwq@lawpress.com.cn
销售热线/400 - 660 - 8393
咨询电话/010 - 63939796

中国法律图书有限公司/北京市丰台区莲花池西里 7 号(100073)
全国各地中法图分、子公司销售电话:
统一销售客服/400 - 660 - 8393/6393
第一法律书店/010 - 83938432/8433 西安分公司/029 - 85330678 重庆分公司/023 - 67453036
上海分公司/021 - 62071010/1636 深圳分公司/0755 - 83072995

书号:ISBN 978 - 7 - 5197 - 5132 - 6 **定价**:78.00 元

本书赞誉

This is an outstanding book, that can only be authored by someone who has extensive practical experience and knowledge navigating the legal landscape on blockchain and digital assets. The book puts forward reliable and practical suggestions based on the most current relevant laws and policies of the sector, with analysis based on a large number of cases. It is the author's systematic and in – depth research combined with real – case experience which presents a unique perspective for this book.

Omer Ozden 欧阳默　RockTree Capital, Chairman

认识王律师多年，很高兴能看他把这几年服务多个区块链和数字货币领域头部公司的实践、与国内外同行和相关机构探讨思考，花时间整理总结成《区块链、数字货币合规指南》。本书不仅逻辑清晰、条理分明地对相关法规、案例进行了整理，还涉及比特币衍生产业链、数字资产及交易所还有公链、私链和联盟链等多个相关领域分析合规问题，更进一步介绍了基金如何投资区块链行业、如何设立 Token Fund 等，实属难能可贵。

未来的数字中国离不开区块链和数字货币，王律师的这本新书相信会给致力于新经济的同人们很多启示。

叶朋　亦合资本创始合伙人、好物智造董事长、前阿里巴巴集团副总裁

Tony ' s legal expertise in the crypto space is unparalleled. He brings together technical expertise, an in – depth understanding of the industry, and practical counseling to provide strategic advice for all players in the cryptocurrency ecosystem—from token projects, exchanges, miners, traders, investors, to regulatory agencies. A true trailblazer.

Can Sun, Blockchain Industry Co – Chair, Fenwick & West LLP

王律师凭借对区块链这一新兴行业的敏锐触觉和超前布局，成为了国内为数不多的能够在深刻理解数字货币等区块链应用的前提下，倚靠深厚的法律基础，给出切实可行的合规建议的律师，是不可多得的能够促进币圈和法律圈互相交流及合作的律师。

Tracy Ji　比特大陆法务总监

区块链是数字金融技术体系的核心技术，但对很多人来说，区块链、数字货币是一个陌生的领域。2020 年，央行数字货币（cbdc）已经在全球经济体中蔓延，开启了史无先例的“全球共振”。此书详尽介绍了区块链、数字货币由来、现状和未来，带你通往区块链、数字货币的全新境界。

夏鼎　美大集团有限公司总经理

代表未来的区块链和数字货币的重要性已是社会共识，而合规是参与其中专业投资和相关运作最重要的要求之一。

目前，关于区块链的科普读物数不胜数，讲解数字货币的著作也越来越多，但能从合规的角度，帮助大家理解和操作的书籍，目前在市面上仍是凤毛麟角。

本书在前人研究成果的基础之上，通过区块链、数字货币等一系列基础知识的梳理，用案例讲解的方式，首先帮助大家理解区块链新技术和整个行业发展的底层逻辑。然后从多个视角，详细讲解不同国家（地区）、不同法规之下的合规问题，并就相关的投资和运作，给出了明确的风险提示和操作方法，是颇具现实意义的执行指南。

此外，书中精选的一系列案例和司法判例，对相关从业者和希望了解区块链和数字货币行业的爱好者，均具有难得的参考价值。

彭媛媛　九天微星联合创始人、总裁

序

几乎所有关于区块链和数字货币的文章和书籍都具有一个共性，即文字深奥、晦涩难懂，往往让读者感到索然无味，很快失去阅读的兴趣或者继续研究的勇气。而本文作者王伟律师，通过通俗易懂的文字，对法律和技术术语进行解释，同时结合中外相关法律、监管制度以及案例提供进一步分析和讲解，帮助读者将复杂的术语、前沿的法律概念与具体案件相结合，从而使得原本貌似难以理解的区块链和数字货币等相关法律和技术，变得不再让读者怯步而止，反而阅读起来兴致盎然，这使得本书成为一本值得阅读的法律书籍。

在当今中国和美国加剧在全球范围的激烈竞争及博弈的特定时代背景下，区块链技术适用领域广泛，从广为听闻的数字货币，到工业制造、数据隐私和安全以及卫生健康系统等，特别是其将结合5G、人工智能、大数据、物联网、云计算为发展数字经济扮演重要的角色，因此中美两国都把建设区块链核心技术和领先法律作为重要国策之一，这使得阅读这本书更具有意义。

对于中国的年轻法律工作者来说，为帮助中国企业打破美国对中国的技术封锁、实现继续开放和走出国门并完成“一带一路”倡议，这本书非常具有阅读价值，因为读者可以从中汲取不少相关前沿法律知识、区块链技术发展和演变、各国相关监管和法院判例以及许多有意义的信息。

对中国企业来讲，2020年是不同寻常的一年，但是今后的数年或者数十年将是一个更为重要的关键历史时期，它将考验中国企业能否以及何时冲破目前所面临的美国技术封锁和围剿，继续创新并成功地让“中国制造”、“中国设计”和“中国服务”走向国际化和全球化，并最终完成中国成为世界先进国家的大业。

由于在区块链基础上形成的数字货币将会打破国界、冲击监管、挑战国家货币主权，从而改变在今后不远的将来，国与国之间、企业与企业之间甚至人与人之间的交易和竞争关系，以致“美元霸主”地位能否被今后的数字货币取代，从而改变世界交易的模式，其重要性可想而知。所以掌握区块链核心技术和走在法律前沿是中美两国竞争的重要领域之一。而在这样一个史无前例的国策的制定和推进的过程中，中国的法律队伍将扮演一个十分重要的角色，并且肩负着不可或缺的保驾护航的任务。

虽然由特朗普当局推进的中美贸易战导致两败俱伤，但已经有充分证据表明美国的该等策略将会是长期性的和战略性的。因此，中国企业如何在目前的历史新形势下，继续发展创新，掌握核心区块链技术和相关前沿法律，并以其带动数字经济和实体经济发展，甚至领先世界，这将会是一个全新的考验，本书的章节对此有较详细的法律、监管和案例分析和阐述。

在这个关键时刻，作者恰到好处地就以上国际新形势和中美两国在区块链和数字货币法律以及监管方面的进展进行了较为详细的分析和讲解，并对中国企业的应对策略进行了讨论并提供了诸多中肯的建议，同时也对部分中外案例进行了分析、解剖，包括剖析国内外法律和监管制度等方面的差异，以此为中国企业发展数字经济并走向成功做出应有的贡献。

本书的篇章都是作者通过自身的法律实践以及辛苦的信息汇总和分析工作而形成的工作成果，确实值得中国的法律工作者一读，尤其值得年轻一代的中国律师借鉴。

中国企业走出国门、在全球范围发展壮大的趋势是不可阻挡的，而且也不会因美国的阻拦而改变，这是历史发展的必然。因此，中国的法律工作者必须紧密关注世界竞争新动向，并随着中国企业的迅速成长而提供更为精湛的法律服务。

美国奥睿律师事务所与植德律师事务所，特别是其创始合伙人王伟律师，在为中国企业走出国门的进程中曾经多次成功合作，为中国企业保驾护航。在共同为中国企业服务过程中，王伟律师表现出的杰出专业能力、敬业勤勉精神和广阔的国际视野尤其令我印象深刻，本书内容也充分体现出了王伟律师的上述特质。

我谨此衷心地预祝本书成功付梓。

王　翔

美国奥睿律师事务所

Orrick Herrington Sutcliffe LLP

全球顾问委员会联席主席

亚洲地区管理合伙人

2020 年 11 月 30 日

序　二

区块链是一种可能颠覆现有资本市场和交易规则的新技术，其无限的潜力不仅使得各国商业巨头纷纷加入区块链技术的开发和应用，也使得各国政府和监管机构开始从国家发展战略的高度审视区块链技术，并逐步提出合规要求。随着对区块链技术的认识不断加深，作为区块链重要产物的数字货币也成为了热点话题，除学术界的深入研究之外，央行 DC/EP、Facebook 的 Libra 的竞争更是使得人们开始期待亲身经历这场生活方式的大变革。

本书从基本概念入手，全面介绍了区块链和数字货币的技术原理和历史沿革及中国监管机构的政策演变，并结合国内外的监管政策和案例，深入浅出地分析了区块链和数字货币的合规风险，兼具学术和实用价值。不同行业和背景的读者都能够从本书获益，通过阅读本书，普通读者可以了解区块链和数字货币的基本原理；企业及合规风控人员可以了解监管政策的变化和更新、投资方式和合规风险；国内外的学者、法律工作者也可以就本书梳理的国内外法规政策和案例进行研究和探讨；对技术开发者而言，可以深入了解法律风险，做好产品设计。作者运用其扎实的分析和研究能力将自己宝贵的学术和实践经验与大家分享，值得所有学术研究者和从业人员借鉴。

Victor C. M. Leung（梁中明）教授

IEEE Fellow

加拿大皇家学会科学院院士

加拿大工程院院士

和加拿大工程学会会士

现为深圳大学计算机与软件学院特聘教授

加拿大 UBC 无线网络与移动系统实验室主任

前　言

世界领先的区块链研究机构麻省理工学院（Massachusetts Institute of Technology，MIT）的数字货币计划（Digital Currency Initiative，DCI）官网回答了一个大家都关心的问题，即“Why does blockchain matter today?”

许多评论者将区块链技术的潜力与互联网进行了比较。互联网使人们能够在没有电话公司的情况下轻松实现相互通话，在没有邮件载体的情况下发送文件，或者在没有报纸的情况下发布文章。因此，今天有超过 29 亿人依赖这种去中心化的通信协议来更有效地相互交流。

类似地，区块链——比特币及其他加密货币的底层技术——是一个建立在没有任何个人或公司拥有或控制原则之上的、去中心化的公共分类账簿。其目的是让用户直接控制。这一新系统让人们无须银行就可以转账，无须律师就可以签署简单、可执行的合同，或者将房地产、数字音乐等个人财产或家庭对当地产生的太阳能的权利转化为数字资产，该等数字资产可以以接近零的交易费用进行转让或设置权利负担。很多人预测，所谓的“价值互联网”的影响将类似于“信息互联网”——扰乱传统行业，挑战现存规则，通过大幅降低交易成本以及允许双方当事人无须信任即可交易的方式将会极大地增加商业交易量。

相比之下，在互联网对主流商业和个人使用产生巨大影响之前，其在学术界和政府已经经过 20 多年的成熟期。第一个比特币诞生于 2009 年 1 月，差不多 10 年前。尽管其显示出广阔的前景，但在这项技术真正变得安全、可靠和有意义之前，显然还有很多工作要做。在 DCI，我们相信通过严格的学术研究，我们可以为其技术安全性和可靠性做出重要贡献。

历史上从来没有任何一种技术或行业像区块链一样引发如此的关注和争议。

从比特币诞生的那一天起，区块链这个词就和“颠覆性”“革命性”“新的生产方式”“空中楼阁”“骗局”等相互间截然相反的评价关联在一起。无论是“门头沟交易所事件”“丝绸之路事件”都使比特币与负面新闻频繁交织在一起。而在中国，2017 年 9 月 4 日之后区块链和虚拟货币一样处于一个非常尴尬的灰色地带。尽管有识之士此后一直强调技术的中立性，但一直到 2019 年 10 月 25 日习近平总书记发表关于区块链的重要谈话之后，区块链这个此前饱受非议的技术才正式被正名。

事实上，这并不是习近平总书记第一次提及区块链：早在 2018 年 5 月 28 日，习近平总书记就在中国科学院第十九次院士大会、中国工程院第十四次院士大会上发表的重要讲话中，将区块链与人工智能、量子信息、移动通信、物联网一同列为新一代信息技术的代表。

谈到区块链，一个无法回避的话题就是比特币。作为区块链第一个也是目前最成功的应用，比特币创造了一个庞大的周边行业。由比特币开始，各种各样的数字货币、虚拟货币、平台币、稳定币、央行数字货币等开始出现在财经新闻中。中国作为世界上对区块链与数字货币最重视的国家，对发展数字货币很早就进行了战略布局。Libra 如何监管？DC/EP 如何应用？区块链和 DC/EP 在一起将会催生出什么样的商业模式和新的商业巨人？如何合规地从事区块链和数字货币的商业运营？就像当年刚刚诞生的互联网一样，新的问题层出不穷，新的机遇亦呼啸而来。

尽管从 2019 年 10 月 25 日之后，区块链行业在中国真正进入了春天，但是由于区块链、数字货币本身的特性，从事区块链、数字货币行业的经营和投资蕴藏着一定的法律风险。就商业模式而言，区块链、数字货币通常和 AI、大数据、IOT 结合在一起，因此区块链、数字货币相关的业务必然是多种技术综合适用的结果。从法律风险来说，需要考虑外汇监管、证券发行、数据合规、网络合规、伦理学以及智能合约多方面的合规问题。

目　录

第一章
如何合规地从事区块链、数字货币行业

第二章
比特币衍生产业链的合规

第三章 数字资产和数字资产交易所的合规

第四章 私链、公链以及联盟链的合规

第五章 ICO的合规风险

第六章 区块链行业中最重要法规之《九四公告》

第七章

虚拟货币与传销

第八章

基金投资区块链行业之合规

第九章 Token Fund的合规设立

第十章 智能合约合规要点

第十一章

STO合规要点

第十二章

Libra合规要点

第十三章

DC/EP合规要点

第十四章

中国法下的区块链之政策文件及法律法规

第十五章

区块链的中国法律监管

第十六章

中国涉区块链典型案例与裁判规则

第一章

如何合规地从事区块链、数字货币行业

无论是对于区块链、数字货币中的老兵还是新人，合规永远是最重要的一个话题。如前言所提及，区块链、数字货币作为一个崭新的行业，在吸引了大量的从业者、投资人的同时，由于其本身的诸多特性，不可避免地存在一定的合规风险。财经网站上经常可以看到关于区块链、数字货币领域的各种新闻，其中也不乏大量的负面新闻。陌生的领域、复杂的特性、严格的监管、不成熟的市场、数字资产的暴涨暴跌、传统模式的区块链移植，种种因素叠加在一起，使区块链、数字货币这个行业中的合规工作尤为复杂。特别是在习近平总书记讲话之后，诸多的地方政府、国企、民企以及投资机构纷纷进场，每个项目、每个交易都需要明确的合规路径。

区块链、数字货币行业的合规首先要理解区块链、数字货币这个行业，那么话题也必然需要从基础的概念开始。监管机构、地方政府、投资人以及任何一个市场主体在面对一个项目的时候，首先需要作出一个判断，即“是不是”。

在中国目前的市场环境下，某个行业如果有比较好的盈利前景就很可能导致鱼龙混杂。监管机构在监管市场、地方政府在决定是否支持某个项目、投资人在决定是否投资某个项目，以及市场主体在决定是否与某个公司合作时，其面对的首要问题就是，对方声称的区块链项目到底是不是真的“区块链”项目。

1…区块链项目的准确界定

习近平总书记在中央政治局第十八次集体学习时强调把区块链作为核心技术自主创新重要突破口加快推动区块链技术和产业创新发展。习近平总书记更多的是从产业方向去论述区块链，而未对区块链进行特定的定义。在中国现行法律法规中亦没有关于区块链的官方定义。

根据中国电子技术标准化研究院主导的中国区块链技术和产业发展论坛提出的《区块链数据格式规范》，区块链（Blockchain）是一种在对等网络环境下，通过透明和可信规则，构建不可伪造、不可篡改和可追溯的块链式数据结构，实现和管理事务处理的模式。注：事务处理包括但不限于可信数据的产生、存取和使用等。

区块链的一个主要特点就是跨司法区域的全球性，所以在讨论每个关于区块链的问题时，我们必须要研究其他的国家的监管实践。

美国证券监督管理委员会（the U. S. Securities and Exchange Commission，SEC）在其官网上对于区块链的定义是“区块链是由计算机网络中的不同参与者维护的电子分布式账簿或分类列表，很像股票分类账。区块链使用加密技术处理和验证分类账簿上的交易，为区块链的用户和潜在用户提供安全的分录。诸如比特币和以太坊等区块链，其分别用于创建和跟踪在比特币和以太坊上的交易”。

根据 Andreas M. Antonopoulos 在《区块链通往资产数字化之路》中的定义，“区块”（Block）是“一组交易的集合，标上了时间戳，并包含前个区块的指纹。区块头经过哈希计算生产工作量证明，从而验证所有交易的有效性。经过验证的区块将通过网络共识”，而“区块链”（Blockchain）则是“有效区块的列表，每个区块均指向其前序区块，直到创世区块（Genesis Block）”。

简单总结，区块链项目应该是包含区块链元素的项目，即项目中是否实质的包含前述《区块链数据格式规范》、美国证券交易委员会（the U. S. Securities and Exchange Commission，SEC）以及 *Mastering Bitcoin*：*Unlocking Digital Cryptocurrencies* 中关于区块链表述的元素。

遗憾的是，前述三个关于区块链的论述可能仍然过于抽象，不能使人很好地理解。有一种说法是，如果不理解比特币就无法真正理解区块链。

2…不理解比特币就无法真正理解区块链

说到区块链，比特币是无论如何无法规避的话题。那么，什么是比特币呢？比特币是那个被人声称的没有任何价值基础的泡沫吗？很明显，我们不能轻易地下这个结论。毕竟，围绕比特币目前已经形成了一个庞大的产业链，而且某些实体项目也和比特币有或多或少的关系。此外，区块链行业的发展、数字货币的机制都可以说是建立在比特币这个区块链第一个也是目前最成功的应用基础上的。

比特币一出世就引发了无数的争议。如很多人所知，2009 年比特币被一个叫中本聪（Satoshi Nakamoto）的神秘人士创立。迄今为止，尽管全世界的记者甚至若干政府机构都一直在调查，仍然无法确定中本聪究竟是谁。甚至有一种说法，中本聪不是一个人而是一个团体。

中本聪 2008 年 10 月 31 日发布了一篇名为《比特币：一种点对点电子货币系统》的白皮书（以下简称《比特币白皮书》）。该书作为区块链行业的启蒙巨著成功地吸引到全世界越来越多的人士加入比特币的网络或世界。

SEC 官网上的定义是，“What is Bitcoin？ Bitcoin has been described as a decentralized，peer – to – peer virtual currency that is used like money – it can be exchanged for traditional currencies such as the U. S. dollar，or used to purchase goods or services，usually online. Unlike traditional currencies，Bitcoin operates without central authority or banks and is not backed by any government”。［译文：什么是比特币？比特币被描述为一种去中心化的、点对点的虚拟货币，可以像货币一样使

用——其可以兑换传统货币（如美元等），也可以用于购买商品或服务，通常是在线交易。与传统货币不同的是，比特币在没有中央机构或银行的情况下运作，且没有任何政府的支持。]

而根据 bitcoin. org 中的权威定义，“Bitcoin is a consensus network that enables a new payment system and a completely digital money. It is the first decentralized peer – to – peer payment network that is powered by its users with no central authority or middlemen. From a user perspective, Bitcoin is pretty much like cash for the Internet. Bitcoin can also be seen as the most prominent triple entry bookkeeping system in existence”。（译文：就是“比特币”是一个共识网络，促成了一个全新的支付系统和一种完全数字化的货币。它是第一个去中心化的对等支付网络，由其用户自己掌控而无须中央管理机构或中间人。从用户的角度来看，比特币很像互联网的现金。比特币也可以看作是目前最杰出的三式簿记系统。）

我们可能会发现，即使是官方的定义，似乎也没有那么浅显易懂。区块链行业中充满了各种各样的专用词汇，比如“共识”“去中心化”“记账”“POW”“哈希”“时间戳”等。如果不能了解比特币的机制、特征以及它是如何解决中心化的痛点，那么无论阅读了多少关于区块链的图书和资料可能还是会处于惘然的状态。

那么中本聪本人是如何解释比特币呢？

根据《比特币白皮书》的摘要，“一种完全的点对点电子货币应当允许在线支付从一方直接发送到另一方而不需要通过一个金融机构。数字签名提供了部分解决方案，但如果仍需一个可信任第三方来防止双重支付，那就失去了电子货币的主要优点。我们提出一种使用点对点网络解决双重支付问题的方案。该网络通过将交易哈希形成一条持续增长的基于哈希的工作量证明链来给交易打上时间戳，形成一条除非重做工作量证明否则不能更改的记录。最长的链不仅是被见证事件序列的证据，而且也是它本身是由最大 CPU 算力池产生的证据。只要多数的 CPU 算力被不打算联合攻击网络的节点控制，这些节点就将生成最长的链而超过攻击者。这种网络本身只需极简的架构。信息将被尽力广播，节点可以随时离开和重新加入网络，只需接受最长的工作量证明链作为它们离开时发生事件的证据”。

简单解释如下：

➢ 比特币是一种完全的点对点电子货币。

➢ 比特币应用的场景是在线支付。

➢ 比特币的支付可以从一方直接发送到另一方而不需要通过任何金融机构。

➢ 节点，按照 bitcoin 官网上的解释，是运行区块链的计算机或服务器。分散型网络由许多节点构成。

➢ 比特币不需要一个可信任第三方来防止双重支付。

比特币的解决方案是交易哈希形成一条持续增长的基于哈希的工作量证明链来给交易打上时间戳，形成一条除非重做工作量证明否则不能更改的记录。理论上能看懂这句话就可以了解比特币机制的精髓，然而遗憾的是没有技术背景的人，通常看到“哈希”的时候就基本上无法理解。网络上有很多国外的资料有助于理解这个问题，比如 What Is Hashing?［Step – by – Step Guide – Under Hood of Blockchain］，简单来说就是比特币通过 SHA256 的哈希进行运算算法，这种算法的特点是任何一种输入的结果都是固定长度（256 bit）的输出。换言之，通过技术上的“压缩”，任何输入的信息都被输出为 256bit 的固定格式的信息，而且该等输出结果不可逆，即无法通过输出数据反算到输入数据。正是因为 SHA256 的算法具有不可逆的特点，使得其成功地解决了比特币的双重支付问题。同样，哈希算法也为时间戳这样的功能提供了技术解决方案，为区块链解决现实世界的诸多痛点提供了技术上的可能。

此外，5 名计算机行业的教授或博士，普林斯顿（Arvind Narayanan）、斯坦福（Joseph Bonneau）、普林斯顿（Edward Felten）、马里兰（Andrew Miller）以及普林斯顿（Steven Goldfeder）合作了一本 *Bitcoin and Cryptocurrency Technologies – A Comprehensions Introduction*（中文译名《区块链技术驱动金融数字货币与智能合约技术》）。这是有关区块链目前作者最多也是名字最长的一本书。在《区块链技术驱动金融数字货币与智能合约技术》里，科学家们对哈希函数从另外一个角度进行了阐述：

哈希函数是一个数学函数，具有以下三个特性：

➢ 其输入可为任意大小的字符串；

➢ 它产生固定大小的输出；

➢ 它能进行有效计算，简单来说就是对于特定的输入字符串，在合理时间内，我们可以算出哈希函数的输出。更准确地说，对应 n 位的字符串，其哈希值可计算的复杂度为 0（n）。

点对点、电子货币、在线支付、去中介化、节点、防止双花、哈希、加密、时间戳、工作量证明……这些比特币带来的技术和机制构成了区块链、数字货币的技术和机制的起点。

3…比特币如何影响区块链、数字货币的机制

任何一个区块链、数字货币的从业者在进行相关研究和实践的时候，都不可避免地会研究比特币，毕竟比特币是区块链技术第一个最成功的应用。那么比特币到底有哪些特点呢？这些特点是如何影响区块链和数字货币的机制呢？

3.1 比特币是价值传输网络

如果说目前的互联网解决了全世界各个信息终端的信息传输问题，那么以比特币为代表的区块链建立的则是价值传输网络。

包括 BTC、ETH、BCH、EOS、USDT 以及即将面世的 Libra，DC/EP 等数字资产将通过区块链建立起一个庞大的价值传输网络。简单的理解，比特币是一条价值传输的高速公路，未来可能有 N 条高速公路互联互通，数字资产将在区块链上进行全球范围内的传输。

3.2 分布式账本

分布式账本也就是 decentralized ledger，意味着所有的比特币的信息分布在不同的节点之上的同一个账本中。分布式账本就意味着难以被篡改。

比特币建立的是一个全球范围的公链。公链上的每个节点都同步一个完全相同的账本。正因如此，所以比特币的 TPS（Transactions Per Second）一直处于较低的水平，根据网络的公开信息，目前比特币 TPS 大概是每秒 7 笔左右。

目前大家对于区块链的批评集中在区块链的 TPS 上，而且批评似乎也变成一个政治正确的事情。然而，新的公链项目的 TPS 性能一直都在提高，此外，值得

注意的是，TPS 不见得是所有项目中的最高权重，某些项目中 TPS 可能只需要达到一个较高水平就足以满足商业需求。

3.3 POW 共识机制

比特币采用的是 POW 的共识机制。POW 是 proof of work 的简称。早在 1993 年 Cynthia Dwork 和 Moni Naor 就提出了 POW 的理论，但是 POW 这个名字一直到 1999 年才由 Markus Jakobsson 命名。比特币是 POW 机制最成功的应用。正因为比特币采用的是 POW 共识机制，所以才产生了挖矿的概念以及相应的挖矿行业。

业内把通过记账而获得比特币的方式称为挖矿，而根据 www. bitcoin. org 官方网站给出的定义，"比特币挖矿是利用计算机硬件为比特币网络做数学计算进行交易确认和提高安全性的过程。作为对他们服务的奖励，矿工可以得到他们所确认的交易中包含的手续费，以及新创建的比特币。挖矿是一个专业的、竞争激烈的市场，奖金按照完成的计算量分割。并非所有的比特币用户都挖矿，挖矿赚钱也并不容易"。简单而言，挖矿的本质就是争夺账本的记账权。

Andreas M. Antonopoulos 在 *Mastering Bitcoin*：*Unlocking Digital Cryptocurrencies*（中文译名《区块链通往资产数字化之路》）中对于挖矿有一个特别形象的比喻，"挖矿的过程就像一个大型的竞争性数字拼图游戏，当有人找到一个解决方案时，游戏就重新开始，而游戏的难度也会自动进行调整，使每找到一个解决方案的时间大致维持在 10 分钟。想象一个巨大的数字拼图，高度有几千行，宽度有几千列。如果我给你看已经填充好的拼图，你可以很快地验证有没有错误。但是，如果只填了一部分，剩下的都是空白，那就需要花费大量的时间才能解决。数字拼图游戏的难度可以通过调整尺寸（增减行列数）来调节，但是不管尺寸大小，其确认过程都很简单。比特币中用的'拼图'是建立在加密哈希算法之上的，它展现了与拼图类似的特性：它也是不对称的，很难解决却很容易验证，而且它的难度也可以调整。"①

2009 年 1 月 9 日，中本聪宣布比特币上线，宣布比特币总量 2100 万枚，奖

① 参见［美］安德烈亚斯·安东诺普洛斯：《区块链通往资产数字化之路》，林华、蔡长春译，中信出版社 2018 年版。

励比特币每四年减半一次。

第一个四年：1050 万枚；

第二个四年：525 万枚；

第三个四年：262.5 万枚；

第四个四年：131.25 万枚；

以此类推……

当天，中本聪挖出了 50 个比特币。按照 2018 年比特币的峰值价格，中本聪的第一次挖矿将近收获了 100 万美元。

3.4 密码学签名

根据 bitcoin.org 的表述，“密码学签名是一个让人可以证明所有权的数学机制。对于比特币来说，一个比特币钱包和它的私钥通过一些数学魔法关联到一起。当你的比特币软件用对应的私钥为一笔交易签名，整个网络都能知道这个签名和已花费的比特币相匹配。但是，世界上没有人可以猜到你的私钥来窃取你辛苦赚来的比特币”。其中提到的“私钥”指的是“一个证明你有权从一个特定的钱包消费比特币的保密数据块，是通过一个密码学签名来实现的”。

密码学签名意味着在区块链的落地应用中将会有更大的可能解决关于数据泄露等痛点问题。

第二章

比特币衍生产业链的合规

区块链、数字货币行业是一个虽然新但是却非常广泛的行业。该行业除了我们所讨论的区块链+项目以及未来的数字货币衍生行业，还包括从比特币衍生出的一个包括矿机、矿场、矿池等的庞大产业链。

1…矿机行业的监管和风险

由于比特币的POW机制，比特币首先促成了一系列挖矿相关行业的诞生。挖矿的矿工通常可以获得两种类型的奖励，首先是新区块中的比特币，其次是新区块中的交易费用。2009年比特币诞生之初，正处于挖矿的黄金时代，只要有笔记本就可以参与挖矿，当时每个区块可挖50个比特币，大概每10分钟出一个区块。比特币的机制是大概4年每个区块所产生的比特币会减半，因此到了2012年，每个区块可挖25个比特币。以此类推，2016年每个区块可挖12.5个比特币，2020年将进一步减半。到2140年后，所有2100万枚比特币都将被挖出。届时，矿工将无法获得新产生的比特币，只能获得交易费用。

“矿业本身就是不断淘汰落后产能的过程。”事实上，即使是中本聪本人也没有预测到后来会出现专业的矿机，“新货币按固定量稳定地增加就像金矿矿工消耗资源并增加黄金到流通领域一样。对我们而言，消耗的是 CPU 时间和电力”。

1.1 矿机演进历史

中本聪利用笔记本挖出了最开始的一批比特币之后，比特币的信仰者纷纷加入了挖矿的行业。由于挖矿本质上是“数学计算”，很快有人就发现笔记本电脑的 CPU 的计算速度不足以在记账的竞争中获得优势。

根据 Bitcoin Wiki 上的说法，“ArtForz is a regular on #bitcoin – dev. He was the first person to mine with GPUs, using private mining code that he wrote himself. He once held a high percentage of network computation power（~25%）”，简单翻译就是 ArtForz 是第一个用 GPU 挖矿的人，他自己编写了挖矿的程序并且以一己之力一度享有全网约 25% 的算力。

与 CPU 相比，GPU 擅长的是大规模并发计算，所以在比特币记账的“数学计算”竞争中具有天然的优势。因此，在 2010 年其他人还在用 CPU 挖矿的时候，ArtForz 的降维打击使比特币挖矿直接从 CPU 时代过渡到 GPU 时代。

在数字货币的领域中技术的发展总是跳跃式的前进，GPU 的时代并没有延续太久。FPGA（Field – Programmable Gate Array），中文名叫现场可编程门阵列。FPGA 在短暂地取代了 GPU 之后，也被 ASIC 给拉下马来。ASIC 的全称是 Application Specific Integrated Circuit。可以从 FPGA 和 ASIC 的名字中看出两者的区别，FPGA 可编程，而 ASIC 是特定用途。从每瓦 Hash 数据来看，GPU 是 CPU 的 1800 倍；ASIC 是 GPU 的 188 倍，是 CPU 的 34 万倍。[①] 虽然不同的矿机在不同的时点，前述的数据都有可能会变化，但是无论如何，ASIC 相较于 GPU 以及 CPU 而言具有显而易见的优势。

根据 Andreas M. Antonopoulos 在 *Mastering Bitcoin: Unlocking Digital Cryptocurrencies*（中文译名《区块链通往资产数字化之路》）中的数据，比特币运行

① 老狼：《为什么越来越少人用 CPU/GPU 挖矿？ASIC 矿机优势在哪里?》，载 https://zhuanlan.zhihu.com/p/35563341，最后访问日期：2020 年 10 月 30 日。

前6年全网哈希算力的情况如表2-1所示：

表2-1 比特币运行前6年全网哈希算力

年份	哈希算力
2009	0.5MH/秒-8MH/秒（16倍增长）
2010	8MH/秒-116GH/秒（14500倍增长）
2011	16GH/秒-9TH/秒（562倍增长）
2012	9 TH/秒-23TH/秒（2.5倍增长）
2013	23TH/秒-10PH/秒（450倍增长）
2014	10 PH/-150PH/秒（截至8月，15倍增长）

2020年2月6日根据www.tokenview的数据，全网算力为121.EH/秒。

算力是区块链领域中经常用到的一个词语。算力的单位之间有如下的换算关系：

1Khash/s=1000Hash/；

1Mhash/s=1000Khash/s；

1Ghash/s=1000Mhash/s；

1Thash/s=1000Ghash/s；

1Phash/s=1000Thash/s；

1Ehash/s=1000Phash/s。

Hash/s也可简写为H/s。

因此，在目前的市场环境下，所有的矿工都是用ASIC矿机来进行挖矿。目前市场上较大的几家ASIC矿机生产商都是中国公司，包括比特大陆、嘉楠耘智以及亿邦国际。

1.2 关于矿机生产行业的监管政策

2019年4月8日，国家发改委发布了《产业结构调整指导目录（2019年本，征求意见稿）》（以下简称产业指导目录草案）。产业指导目录草案包含“鼓励类、限制类、淘汰类”三类产业，虚拟货币“挖矿”活动被列入淘汰类产业，属于“落后生产工艺装备”类目，且挖矿活动还被列入应“立即淘汰”的产业。

产业指导目录草案的披露对于矿机的生产行业一度造成了很大的影响。

不过，在习总书记2019年10月25日讲话之后，2019年11月6日中国政府网发布了《产业结构调整指导目录（2019年本）》（以下简称2019产业指导目录）。2019产业指导目录将“虚拟货币挖矿”从淘汰产业类别中删除。

1.3 矿机生产行业的风险

一般而言，矿机的研发和制造在整个区块链行业中属于合规风险较低的版块。即便如此，我们也注意到在矿机行业仍须关注如下风险：

1.3.1 专利侵权的风险

抛开矿机厂商的行业属性，矿机厂商本质上属于芯片制造行业，因此必然会涉及大量的专利问题。业内已经爆发了若干起厂商之间的巨额专利诉讼。专利对于一个公司的行业布局、技术优势、估值乃至于是否可以上市都具有极其重要的作用。

我们已经见证了此前市场上几个主要矿机厂商之间的专利侵权之战，从专利侵权诉讼到专利无效申请，任何一个行业如果同时具备高科技和海量财富两个特点几乎一定会涉及专利侵权之战。

1.3.2 业务合规的风险

尽管对于比特大陆、嘉楠耘智以及亿邦国际等生产BTC矿机的公司而言其主营业务没有太多的合规风险，但是这并不意味着任何矿机的生产都是合规的。我们注意到互联网上已经报道了多起与所谓“矿机”相关的涉嫌违反刑法的行为。

首先，BTC和其他的虚拟货币有着本质的不同，BTC已经被全世界绝大多数的司法区域确认为是去中心化的区块链项目。基于BTC的挖矿设备生产厂商因此一般不会和虚拟货币的发行方有关联关系。

其次，中国互联网金融协会早在2018年1月12日就发文指出，以发行迅雷“链克”（原名“玩客币”）为代表，一种名为“以矿机为核心发行虚拟数字资产”（IMO）的模式值得警惕，存在风险隐患。10月以来，以IMO模式发行的“虚拟数字资产”包括链克、流量币、BFC积分等。以迅雷“链克”为例，发行企业实际上是用“链克”代替了对参与者所贡献服务的法币付款义务，本质上是一种融资行为，是变相 ICO。同时，迅雷还通过招商大会频繁推销、发布交易教程助推炒作等方式，吸引大量不具备识别能力的群众卷入其中。

因此，不是所有的矿机生产企业都没有合规风险，需要一事一议地具体判断。

1.3.3 矿机生产商须关注反洗钱的风险

我们注意到，市场上有些矿机厂商在出售矿机时所收取的对价并不限于人民币，BTC、ETH、USDT 或者其他的虚拟货币都在接受范围之内。

尽管目前中国现行有效的法律法规中没有规定矿机生产商须承担反洗钱义务，但是早在 2013 年的《中国人民银行、工业和信息化部、中国银行业监督管理委员会、中国证券监督管理委员会、中国保险监督管理委员会关于防范比特币风险的通知》（银发〔2013〕289 号）（以下简称《289 号文》）中，央行就明确指出“防范比特币可能产生的洗钱风险”。

此外，根据《国务院办公厅关于完善反洗钱、反恐怖融资、反逃税监管体制机制的意见》（国办函〔2017〕84 号），“对于反洗钱国际标准明确提出要求的房地产中介、贵金属和珠宝玉石销售、公司服务等行业及其他存在较高风险的特定非金融行业，逐步建立反洗钱和反恐怖融资监管制度”，“研究各类无记名可转让有价证券的洗钱风险以及需纳入监管的重点，研究无记名可转让有价证券价值甄别和真伪核验技术，明确反洗钱行政主管部门与海关监管分工，推动对跨境携带无记名可转让有价证券的监管及通报制度尽快出台”，“对新产品、新业务、新技术、新渠道产生的洗钱和恐怖融资风险自主进行持续识别和评估，动态监测市场风险变化，完善有关反洗钱监管要求”。我们理解，与虚拟货币相关的反洗钱问题始终在监管部门的视线范围之内。

此外，“实质重于形式”历来是中国行政监管部门以及审判部门遵循的重要原则，尽管 BTC 目前在《289 号文》中被定义为“特定的虚拟商品”，但是其仍然具备一定的货币属性。值得注意的是，美国国税局（IRS）也持类似观点。根据 SEC 官方网站，IRS treats Bitcoin as property. The IRS recently issued guidance stating that it will treat virtual currencies, such as Bitcoin, as property for federal tax purposes. As a result, general tax principles that apply to property transactions apply to transactions using virtual currency. ［译文：美国国税局（IRS）将比特币视为财

产。IRS 最近发布了一项指导方针，称为联邦税收目的，其将比特币等虚拟货币视为财产。因此，适用于财产交易的一般税收原则也适用于使用虚拟货币的交易。]

1.3.4 矿机厂商须关注税务的风险

如前所述，某些矿机厂商在销售矿机的时候接受 BTC 的支付亦可能导致税务风险。如果接受的是 BTC，那么如何计算收入，如何申报，如果处理不善都有可能日后被税收监管部门质疑。

2…矿场

矿工在购买了矿机之后将会面临如何安置矿机的问题。由于耗电高、发热高、噪声高的“三高”问题，即便居民屋内有足够的空间，矿机也绝对不适合放在家里。

事实上，商业的挖矿行为需要考虑如下因素：足够的场地、合理的电价以及专业的托管服务。根据用电的性质，矿场又可分为火电和水电。如果是水电则必须考虑丰水期和枯水期，毕竟不同的时期对应不同的电价。全球矿场主要分布在中国、北美和北欧部分地区。云南、四川、内蒙古以及新疆等地区分别由于其丰富的水电和火电而成为矿场最集中的地方。

根据我们的经验，矿工在选择矿场时须注意如下风险：

2.1 矿场的履约诚信问题

由于行业不规范，矿工在与矿场的合作中会碰到矿场恶意违约的情形。鉴于矿场一般都处于边远地区，而且矿机已经托管给矿场，即便矿工发起诉讼来维护自己的权益，但是毕竟诉讼的经济和时间成本较高。根据我们的经验，矿工可以考虑事前通过如下途径来降低矿场违约风险：

- 矿工在选择矿场的时候其实是在选择一个交易的对手，需对其背景情况进行详细调查。
- 优先选择第三方机构譬如知名矿池认证的矿场。

➢ 合作协议的管辖不选择矿场所在地的法院。道理很简单，矿场一般都是边远地区，选择当地的法院首先交通不便利，而且当地的法院是否有对区块链以及矿场领域有充分的理解也存在不确定性。

➢ 合作协议中需要明确相关的收费项目及费用的计算方式，比如机位费、托管费、电费（丰水期以及枯水期）都需要明确计算方式和基数。

2.2 政策的稳定性

2018 年 1 月互联网金融风险专项整治工作领导小组下发了《关于积极引导企业有序退出“挖矿”业务的通知》（整治办函〔2018〕2 号）。根据该通知，据有关部门反映，目前存在一些生产“虚拟货币”的所谓“挖矿”企业，在消耗大量资源的同时也助长了“虚拟货币”投资炒作之风。根据全国金融工作会议关于防控风险、限制偏离实体经济需要及规避监管的“创新”等精神，互联网金融风险专项整治工作领导小组相关成员单位于 2017 年 11 月 20 日召集有关省市整治办，围绕相关事宜进行了讨论，并形成了处置意见，下发各地整治办抓紧落实，及时防控相关风险。该意见中就下一步工作通知如下：积极引导辖区企业有序退出“挖矿”业务。积极协调辖内有关部门，多措并举，综合采取电价、土地、税收和环保等措施，引导相关企业有序退出。请各地整治办于 1 月 10 日前上报目前辖内“挖矿”企业基本情况及引导退出情况。

2019 年 4 月 8 日，国家发改委披露了产业指导目录草案。产业指导目录草案包含“鼓励类、限制类、淘汰类”三类产业，虚拟货币“挖矿”活动被列入淘汰类产业，属于“落后生产工艺装备”类目，且挖矿活动还被列入应“立即淘汰”的产业。尽管在 2019 年 10 月 25 日习近平总书记讲话之后，2019 年产业指导目录删除了前述表述，但是我们注意到 2019 年 12 月底四川省甘孜藏族自治州政府于召开了关于全州比特币矿场清理工作座谈会议，虽然互联网没有公开相关会议的全文，但是该新闻还是引发了业内的关注。

事实上大量的矿场均存在不同程度的违规，比如以大数据中心、云计算项目的名义立项取得廉价电价。有些矿场甚至根本没有立项或者没有环保或者土地使用没有取得相应的审批。在行业野蛮发展的早期也许违规企业还有一定的发展空间，但是一旦企业走向正轨、进行融资或者有上市计划，前述的种种风险都将暴露出来。一旦监管部门对矿场的电费、税收、环保或用地等方面进行合规调查，很少有矿场能够做到完全合规。

尽管业内有人讨论用类似 VIE 的方式进行境内外业务重组，但是考虑区块链行业的特殊性，该等架构的稳定性尚待观察和讨论。

3…矿池的合规风险

如果说矿场是矿机物理的集合，那么矿池就是矿机对应算力的集合。

早期或许可以凭借一台笔记本电脑的算力独立挖矿，但是后续随着从 CPU 到 GPU 再到 ASIC 专业矿机的迭代升级，独立矿工想在海量的算力中脱颖而出越来越难。因此，矿工们终于意识到“独乐乐，众乐乐，孰乐?”既然是算力的比拼，相较个人那显然是团结在一起有更大的概率赢得记账权。至于内部，则可以根据个体算力的贡献比例进行分配。

换言之，如果单体 solo 能挖出 BTC 基本上和买彩票差不多了。所以从理性投资人的角度来说，市场上已经很少有单体 solo 挖矿这样田园牧歌式的做法了。可以说，矿池是股份有限公司的机制在区块链行业的映射，矿池的出现改变了整个比特币的生态。

矿池的出现引发了 51% 攻击的担忧，但是实践中并没有产生。其中有若干的原因：（1）矿池是由不同的矿工通过协议而组合在一起，矿工可以选择更好的矿池；（2）所有矿工从经济利益本质上来说不会去做 51% 攻击。也有人认为在挖矿领域事实上形成了所谓的纳什均衡。纳什均衡，又称为非合作博弈均衡，是博弈论的一个重要术语，以约翰·纳什命名。在一个博弈过程中，无论对方的策略选择如何，当事人一方都会选择某个确定的策略，则该策略被称作支配性策略。如果两个博弈的当事人的策略组合分别构成各自的支配性策略，那么这个组合就被定义为纳什均衡。一个策略组合被称为纳什均衡，当每个博弈者的均衡策略都是为了达到自己期望收益的最大值，与此同时，其他所有博弈者也遵循这样的策略。①

矿池与矿工之间的分红模式决定了矿工的收益，目前市场上有多种分红模式，其中 PPLNS、PPS、PPS + 比较常见。

以知名矿池鱼池的官方解释②为例：

PPS（Pay Per Share）：根据矿机提交的算力在矿池中的占比及当前的网络难度进行计算，扣除矿池挖矿手续费后，为矿工结算收益。这种模式下，矿池需承担较大的不出块风险，但能保证矿工稳定的收益。即使矿池一整日都没有出块，矿工仍能获得相应的收益。

PPLNS（Pay Per Last N Share）：根据过去一段时间内矿机对出块的算力贡献度，扣除挖矿手续费后来分配矿工的收益，完全与矿池的实际收益相关，如果矿池不出块则没有奖励。与 PPS 模式相比，矿工实际获得的收益并不稳定。

PPS +：是 PPS 和 PPLNS 两种费率模式的结合，即对区块奖励按照 PPS 模式结算，而对矿工费/交易手续费按照 PPLNS 模式进行结算。也就是说，在这种模式下，矿工可在 PPS 收益模式的基础上，额外获得部分交易费的收益。

因此，对于矿工而言，在加入矿池之前必须要理解相应条款的含义并谨慎判断该等商业条款以及法律条款是否会导致自己的利益受损。

---

① https：//wiki. mbalib. com/wiki/% E7% BA% B3% E4% BB% 80% E5% 9D% 87% E8% A1% A1.

② https：//blog. f2pool. com/zh/faq/pps_ pplns_ fpps_ solo.

第三章

数字资产和数字资产交易所的合规

1…什么是数字资产？

根据我们在北大法宝数据库中的查询，目前中国的法律、行政法规乃至于部门规章中都没有对“数字资产”作出明确定义。

2019 年 10 月 24 日，中共中央政治局就区块链技术发展现状和趋势开展集体学习。习近平总书记指出，区块链技术应用已延伸到数字金融、物联网、智能制造、供应链管理、数字资产交易等多个领域，强调要加快推动区块链技术和产业创新发展，积极推进区块链和经济社会融合发展。

在《关于促进中国（江苏）自由贸易试验区南京片区高质量发展的意见》中出现了“支持和推动南京金融科技创新应用研究中心和数字资产登记结算平台建设”。但即便如此，相关资料中仍然没有何为数字资产的详细说明。

中国目前缺乏数字资产的官方定义并不能说明这个概念不重要，相反，数字资产这个概念在未来的十年中有可能是法律、经济领域中最重要的几个关键词之一。

根据美国 SEC 的观点，“Digital assets” include crypto – currencies, coins, and tokens such as those offered in so called initial coin offerings (ICOs)。

根据《289 号文》，“从性质上看，比特币应当是一种特定的虚拟商品”，因此在中国监管层眼中比特币是一种商品。商品一定具有价值，否则无法作为交换的标的，所以比特币应该是一种有价值的物或者资产。如果我们把数字资产定义为具有价值的以数字形式体现的物或者资产，比特币应该属于数字资产的一种。除了比特币，市场上还有 ETH、EOS、XRP、TON、USDT 以及马上要推出的 Libra 和 DC/EP。随着数字经济的进一步发展，在前述数字资产上还会衍生出更多品类的数字资产。因此，虽然《289 号文》禁止金融机构服务于比特币交易，但是未来在技术可控的前提下，中国监管层很有可能会推出特定数字资产的交易监管政策。

我国香港特别行政区在这一点有更领先的监管创新，在 2018 年 11 月 1 日，香港证券及期货事务监察委员会（以下简称 SFC）发布了《有关针对虚拟资产投资组合的管理公司、基金分销商及交易平台营运者的监管框架的声明》（以下简称 SFC 声明）。在 SFC 声明的第一句，SFC 就提到了“SFC 关注到，投资者对于透过基金及香港的无牌交易平台营运者接触虚拟资产的兴趣愈来愈大”。这其实不只是香港特别行政区的市场动态，世界上主流的经济国家以及地区在当时的时点上都面临同样的问题，即区块链市场的火爆与监管的相对滞后之间的矛盾。

在 SFC 声明中，SFC 就虚拟资产、加密资产、加密货币以及数码代币做了如下的论述，“虚拟资产是以数码形式来表达价值，亦称作‘加密货币’‘加密资产’‘数码代币’。这类资产的特点是具备不同形态并不断演变，意味着它们既可以是或声称是一种付款方法，亦可令代币持有人有权获得现在或日后的盈利，或让其获得某产品或服务，或同时兼具上述任何功能”。

2019 年 11 月 6 日，SFC 发布了《立场书——监管虚拟资产交易平台》（以下简称 SFC 立场书）。根据 SFC 立场书，全球的虚拟资产的总市值现时估计介乎于 2000 亿美元至 3000 亿美元，并有约 3000 种数码代币及超过 200 个虚拟资产交易平台。除了传统的 ICO，之外，虚拟资产的产生方式还包括 IEO。根据 SFC 的定义，IEO 一般涉及运用区块链技术在某虚拟资产交易平台上独家推出代币的首次发行及销售。此外，虚拟资产还包括某些被称为“稳定币”（stable coin）的虚拟资产，比如 USDT、GUSD 等。自 2017 年以来，美国具规模的交易所相继销售比特币期货，而这些交易所均受到美国商品期货交易委员会（Commodity Futures Trading Commission）规管。此外，其他形式的虚拟资产衍生工具（包括加密货币期权、掉期及差价合约）都已经相继出现在市场上。

2……数字资产交易所的合规

数字资产交易所在整个数字资产的产业链中处于最核心的枢纽位置，也正因如此，数字资产交易所一方面创造了惊人的经济价值，而另外一方面则蕴含了巨大的合规风险。

2.1 什么是数字资产交易所?

鉴于中国法下目前还没有对数字资产交易所的明确定义，在这一点上我们不得不再一次参考美国的实践。

根据 SEC 的定义，数字资产交易所指的是“虚拟货币交易所是指以虚拟货币兑换法币、资金或其他形式的虚拟货币的个人或实体。虚拟货币交易所通常就这些服务收取费用。虚拟代币或货币的二级市场交易也可能在交易所进行。这些交易所可能不是受联邦证券法监管的注册证券交易所或另类交易系统。因此，在购买和出售虚拟货币和代币时，您可能不能获得与适用于在交易所上市的股票相同的保护”。

2.2 中国政府对交易所的态度

交易所在区块链以及数字资产领域一直是投资的热点。在全球交易所中，中国背景的币安、火币以及 OKCoin 常年排名前十。由于交易所行业的造富效应，在 2018 年的牛市中有大量的投资人和创业者涌入了这个行业。但是需要提醒的是，交易所自始就是一个风险很大的行业。

早在 2017 年 9 月 4 日，中国人民银行、中央网信办、工业和信息化部、工商总局、银监会、证监会、保监会等部门联合下发了《关于防范代币发行融资风险的公告》（以下简称《九四公告》）。根据《九四公告》，该公告发布之日起，任何所谓的代币融资交易平台不得从事法定货币与代币、“虚拟货币”相互之间的兑换业务，不得买卖或作为中央对手方买卖代币或“虚拟货币”，不得为代币或“虚拟货币”提供定价、信息中介等服务。对于存在违法违规问题的代币融资交易平台，金融管理部门将提请电信主管部门依法关闭其网站平台及移动 APP，提请网信部门对移动 APP 在应用商店做下架处置，并提请工商管理部门依法吊销其营业执照。

简单来说，在 2017 年之后，中国大陆就不允许任何中国公司经营交易所业务。

2019 年 11 月 21 日，深圳市互联网金融风险等专项整治工作领导小组办公室发布关于防范“虚拟货币”非法活动的风险提示，并开展虚拟货币交易场所排查整治。

2.3 中国法下的交易所业务性质

在 2011 年至 2012 年，国务院两度发文要求清理各类违规交易所：《国务院关于清理整顿各类交易场所切实防范金融风险的决定》（国发〔2011〕38 号，以下简称国发 38 号文）和《国务院办公厅关于清理整顿各类交易场所的实施意见》（国办发〔2012〕37 号，以下简称国发 37 号文）。

国发 38 号文和国发 37 号文指出，除依法设立的证券交易所或国务院批准的从事金融产品交易的交易场所外，只要有以下行为之一的交易平台均属违规：

- 不得将任何权益拆分为均等份额公开发行。任何交易场所利用其服务与设施，将权益拆分为均等份额后发售给投资者，即属于“均等份额公开发行”。
- 禁止非持牌交易所进行集中交易。“集中交易方式”包括集合竞价、连续竞价、电子撮合、匿名交易、做市商等交易方式，但协议转让、依法进行的拍卖不在此列。
- 禁止将权益以标准化交易单位持续挂牌交易。“标准化交易单位”，是指将股权以外的其他权益设定最小交易单位，并以最小交易单位或其整数倍进行交易。“持续挂牌交易”，是指在买入后 5 个交易日内挂牌卖出同一交易品种或在卖出后 5 个交易日内挂牌买入同一交易品种。
- 权益持有人最终不得超过 200 人。
- 不得以集中交易方式进行标准化合约交易。包括两种情形：一种是由交易场所统一制定，除价格外其他条款固定，规定在将来某一时间和地点交割一定数量标的物的合约；另一种是由交易场所统一制定，规定买方有权在将来某一时间以特定价格买入或者卖出约定标的物的合约。

首先，《九四公告》明确指出，境内禁止设立提供法币交易、数字货币交易的平台网站。

其次，据我们观察：数字资产交易平台提供的币币交易，通常是采用连续竞价方式进行；并且投资者可以在平台上随时买入标准化交易单位整数倍的数字货币，属于持续挂牌交易；如交易所中某种数字货币具有证券性质，可能还会继续符合“将任何权益拆分为均等份额公开发行”这一要件，同时在此情况下，通过某平台获得该数字货币的投资者不得超过200人。

2.4 交易所合规要点

任何交易所的线上业务理论上都是全球业务，换言之其业务所应当遵循的法律法规也应根据具体情况而须满足多个司法区域的具体合规要求。考虑到每个独立的司法区域都有自己的法律和规则，我们基本上没有可能对交易所需要遵守的所有法规进行完全总结。

根据我们的研究和实践，我们注意到绝大多数司法区域的监管部门就某些特定问题还是具有价值判断的一致性，鉴于此，我们总结了如下的合规要点。

为符合监管要求，数字资产交易平台应当：

（1）不为任何持有中国护照的人士以及中国公司提供服务

《九四公告》明确规定“本公告发布之日起，任何所谓的代币融资交易平台不得从事法定货币与代币、‘虚拟货币’相互之间的兑换业务，不得买卖或作为中央对手方买卖代币或‘虚拟货币’，不得为代币或‘虚拟货币’提供定价、信息中介等服务。对于存在违法违规问题的代币融资交易平台，金融管理部门将提请电信主管部门依法关闭其网站平台及移动APP，提请网信部门对移动APP在应用商店做下架处置，并提请工商管理部门依法吊销其营业执照”。

因此，无论最终的实际控制人是否为中国国籍，交易所首先应该考虑到《九四公告》的明确禁止，不为任何持有中国护照的人士以及中国公司提供服务。

（2）屏蔽来自中国内地以及其他对区块链严格监管的司法区域的 IP 地址

实践中，中国的监管机构往往从实质重于形式的角度出发来判断交易所是否有中国业务。即便不考虑区块链行业，通常而言，如果一个境外公司在经营中有如下一个或全部因素，那么该境外公司将很有可能被认定在中国境内开展业务，或向中国境内提供产品或服务：①网站使用中文；②以人民币作为结算货币；③向中国境内配送物流等。

屏蔽来自中国内地的 IP 地址登录并不是中国监管部门的法律、法规以及部门规章中的明确书面要求，但是在交易所领域的一个惯常做法是屏蔽中国内地的 IP 地址。此外，不只是来自中国大陆的 IP 地址登录申请，还应该屏蔽其他对区块链特别是数字货币交易所监管严格的司法区域的 IP 地址登录申请。

（3）通过有效的 KYC（know your customer）程序履行 AML（反洗钱）以及 CTF（反恐怖主义融资）义务

KYC 是一个很复杂的话题，我们在本章的第 3 部分“交易所的 KYC 合规义务”中详细阐述。

3…交易所的 KYC 合规义务

KYC 是每个司法区域的监管部门在面对区块链、数字货币以及交易所时都极为关注的重点。

中国法下不多的关于 KYC 的明确法规中，比较早提及 KYC 的是《中国银行业监督管理委员会关于加大防范操作风险工作力度的通知》（银监发〔2005〕17号）。“对新客户大额存款和开设账户，要严格遵循‘了解你的客户’（KYC）和‘了解你的客户业务’（KYB）的原则，洞察和了解该客户的一切主要情况，了解其业务及财务管理的基本状况和变化；对大额出账和走账，手续上必须按照不同额度设限，分别由基层行双人验核或由上级行独立进行复审、批准。要建立与该客户两个以上主管热线联系查证制度。对老客户也要做到经常抽检稽审，超过一定金额的，应由上一级行和基层行的非直接业务经办专岗进行，并注意与企业的相关热线联系人验证，获得确认。商业银行要对所有客户出账业务的用途进行认真验核，并严格遵循‘了解你的客户业务单据’（KYD）的原则，熟悉并审核所有单据和关键栏目，严格把关。对于不配合的企业，要严格审核以前发生的业务，并采取相应的控制措施”。

3.1 中国法下的反洗钱义务

根据《反洗钱法》（2007 年 1 月 1 日实施）第 16 条规定：“金融机构应当按照规定建立客户身份识别制度。金融机构在与客户建立业务关系或者为客户提供规定金额以上的现金汇款、现钞兑换、票据兑付等一次性金融服务时，应当要求客户出示真实有效的身份证件或者其他身份证明文件，进行核对并登记。客户由他人代理办理业务的，金融机构应当同时对代理人和被代理人的身份证件或者其他身份证明文件进行核对并登记。与客户建立人身保险、信托等业务关系，合同的受益人不是客户本人的，金融机构还应当对受益人的身份证件或者其他身份证明文件进行核对并登记。金融机构不得为身份不明的客户提供服务或者与其进行交易，不得为客户开立匿名账户或者假名账户。金融机构对先前获得的客户身份资料的真实性、有效性或者完整性有疑问的，应当重新识别客户身份。任何单位和个人在与金融机构建立业务关系或者要求金融机构为其提供一次性金融服务时，都应当提供真实有效的身份证件或者其他身份证明文件。”

在《289 号文》里面，明确提出了“四、防范比特币可能产生的洗钱风险中国人民银行各分支机构应当密切关注比特币及其他类似的具有匿名、跨境流通便利等特征的虚拟商品的动向及态势，认真研判洗钱风险，研究制定有针对性的防范措施。各分支机构应当将在辖区内依法设立并提供比特币登记、交易等服务的机构纳入反洗钱监管，督促其加强反洗钱监测。提供比特币登记、交易等服务的互联网站应切实履行反洗钱义务，对用户身份进行识别，要求用户使用实名注册，登记姓名、身份证号码等信息。各金融机构、支付机构以及提供比特币登记、交易等服务的互联网站如发现与比特币及其他虚拟商品相关的可疑交易，应当立即向中国反洗钱监测分析中心报告，并配合中国人民银行的反洗钱调查活动；对于发现使用比特币进行诈骗、赌博、洗钱等犯罪活动线索的，应及时向公安机关报案”。

《反洗钱法》中的重要规定如下：

第二条　本法所称反洗钱，是指为了预防通过各种方式掩饰、隐瞒毒品犯罪、黑社会性质的组织犯罪、恐怖活动犯罪、走私犯罪、贪污贿赂犯罪、破坏金融管理秩序犯罪、金融诈骗犯罪等犯罪所得及其收益的来源和性质的洗钱活动，依照本法规定采取相关措施的行为。

第三条　在中华人民共和国境内设立的金融机构和按照规定应当履行反洗钱义务的特定非金融机构，应当依法采取预防、监控措施，建立健全客户身份识别制度、客户身份资料和交易记录保存制度、大额交易和可疑交易报告制度，履行反洗钱义务。

第三十三条　违反本法规定，构成犯罪的，依法追究刑事责任。

第三十五条　应当履行反洗钱义务的特定非金融机构的范围、其履行反洗钱义务和对其监督管理的具体办法，由国务院反洗钱行政主管部门会同国务院有关部门制定。

因此，央行作为负责全国的反洗钱监督管理工作国务院反洗钱行政主管部门，其有权就应当履行反洗钱义务特定非金融机构的范围进行确定。在《289号文》中央行作为牵头主管部门已经明确指出“提供比特币登记、交易等服务的互联网站应切实履行反洗钱义务”。根据搜狐网2017年2月19日的新闻①《央行约谈三家比特币交易所怎么看比特币列入监管?》，“上月，中国人民银行及其上海总部分别在北京和上海约谈了三家比特币交易所——火币网、币行和比特币中国；随后，中国人民银行上海总部、上海市金融办等单位组成联合检查组，对上述三家比特币交易所展开现场检查”。据了解，此次联合检查，重点检查企业是否超范围经营，是否未经许可或无牌照开展信贷、支付、汇兑等相关业务，是否有涉市场操纵行为；反洗钱制度落实情况；资金安全隐患等。

3.2　其他司法区域的反洗钱义务

全球性的业务必然带来全球性的合规义务。尽管目前绝大多数的司法区域没有关于交易所须履行反洗钱义务的明确监管法规，但是这并不意味着交易所是反

① 载 http：//www.sohu.com/a/125804990_114731，最后访问日期：2020年5月30日。

洗钱义务的法外之地。

以美国为例，FinCEN（Financial Crimes Enforcement Network，美国负责打击国内和国际洗钱、恐怖主义融资和其他金融犯罪的部门）的立场是：美国对那些在美国开展业务时违反美国反洗钱法的境外的货币服务商，包括虚拟货币兑换商，均将追究责任。因加密资产一定程度上代表了法定货币和个人资产，所以加密货币交易所应当受反洗钱法的约束。只要与美国客户打交道，即使是设立在美国境外的加密货币交易所，也有履行美国反洗钱法下义务的要求。

根据2019年5月15日，FinCEN发布的*Advisory on Illicit Activity Involving Convertible Virtual Currency*中有两个案例值得关注。

[案例3－1]

未注册的P2P交易所——Eric Power：2019年4月18日，FinCEN对Eric Power在作为P2P交易所运营CVC期间故意违反《银行保密法》（BSA）的注册、程序和报告要求处以35，350美元的民事罚款。为达到FinCEN的监管目的，该项行动包括一项行业禁令，禁止其提供货币传递服务或从事任何其他使其成为“货币服务商”（MSB）的活动。这是FinCEN针对P2P CVC交易所的第一次强制行动。Powers未能注册为MSB，没有确保遵守BSA的书面政策或程序，也未能报告可疑交易和货币交易。他在网上公布其购买和出售比特币的意向，并通过亲自交付或接收货币、通过邮件发送或接收货币、或通过储蓄机构以电汇协调交易等方式完成交易。Powers在没有提交SAR的情况下处理了很多可疑交易，包括从事与暗网市场“丝绸之路”有关的业务，以及通过Tor为客户提供服务，而没有采取任何措施确定客户的身份以及资金是否源于非法活动。Powers进行了200多宗交易，涉及1万多美元的实物货币转让，但未能提交一份CTR。①

[案例3－2]

未注册的位于国外的MSB——BTC－e（又名Canton Business Corporation）和Alexander Vinnik：2017年1月，BTC－e及其所谓的所有者和运营者Alexander Vinnik，因经营未经许可的MSB、共谋实施洗钱和从事非法货币交易而被加州北

① See FinCEN Press Release, “FinCEN Penalizes Peer－to－Peer Virtual Currency Exchanger for Violations of Anti－Money Laundering Laws”, April 18, 2019.

部地区的美国地方法院起诉。此外，因故意违反BSA及其实施条例，FinCEN还同时对BTC－e和Alexander Vinnik分别处以110，003，314美元和12，000，000美元的民事罚款①。BTC－e是一个位于国外但在美国从事货币传递业务的机构，其交易法币及比特币、莱特币、namecoin、novacoin、peercoin、ether和dash等CVC。其是世界上交易量最大的虚拟货币交易所之一。除了是一家未经许可的MSB外，BTC－e和Vinnik也未能遵守反洗钱程序、报告和记录保存义务，包括“了解你的客户”（KYC）义务。BTC－e和Vinnik通过允许用户通过BTC－e的壳公司和附属实体的系统间接访问其服务，使用户和交易匿名化。BTC－e的结构及其商业交易使其成为犯罪分子（包括网络犯罪分子）洗钱的主要渠道。BTC－e为勒索软件、计算机黑客、身份盗窃、退税欺诈计划、公共腐败和毒品贩卖交易提供了便利。从2011年至2017年，BTC－e的交易额达到数十亿美元。②

FinCEN明确指出，“未注册的位于国外的MSB，如P2P交易所，提供法币和CVC的兑换服务。他们也接受一种类型的CVC，并将相同或不同类型的CVC传递至不同的人或地点。如果一家位于国外的企业‘完全或主要在美国境内’以MSB身份开展业务，则该企业应被认为是MSB③。寻求规避监管的国外MSB通常选择在监管CVC使用相关的反洗钱/反恐怖主义融资法律缺乏或有限的司法管辖权开展业务。尽管这些国外MSB完全或主要在美国境内开展业务，但他们通常不遵守美国的反洗钱/反恐怖主义融资制度。不遵守反洗钱/反恐怖主义融资要求和标准的国外MSB在寻求将资金入境或出境美国的CVC非法用户中很受欢迎，这是一个重大的洗钱漏洞。此外，跨司法管辖区间缺乏针对CVC活动有效的反洗钱/反恐怖主义融资监管框架，可能会加剧非法融资活动，并可能为法律和监管套利创造机会”。

FinCEN提出了如下的关于滥用虚拟货币的红旗（Red Flag）信号：

通过适用非法活动的特定Red Flag或信号，以CVC为重点的MSB和其他金融机构在识别未注册的MSB活动及可疑虚拟货币购买、转让和交易中能够发挥

① See FinCEN Assessment of Civil Money Penalty, “Assessment of Civil Money Penalty In the matter of BTC－E a/k/a Canton Business Corporation and Alexander Vinnik”, July 2017.

② SeeU. S. v. BTC－e, A/K/A Canton Business Corporation and Alexander Vinnik (Jan. 2017).

③ See 31 U. S. C. § § 5312 (a) (6), 5312 (b), and 5330 (d); 31 C. F. R. § 1010. 100 (ff).

关键作用。由于没有任何单一的红旗信号必然表明 CVC 活动与非法活动有关，各机构应考虑额外的背景信息以及周边事实和情况，如客户的历史财务活动，以及在确定 CVC 活动可疑之前客户是否存在多个信号。在评估潜在可疑活动时，各机构应注意一些红旗信号可能在一般交易筛查中更容易观察到，而另一些则可能在交易特定审查中更容易观察到。

（1）暗网市场

➢ 客户进行交易的 CVC 地址与暗网市场或其他非法活动有关。

➢ 客户的 CVC 地址出现在与非法活动有关的公共论坛上。

➢ 客户的交易是从与 Tor 有关的 IP 地址发起的。

➢ 区块链分析表明，将 CVC 转移至交易所的钱包来源或资金来源可疑，如暗网市场。

➢ 一项交易使用混合和混乱的服务，表明其掩盖已知钱包地址和暗网市场之间非法资金流动的意图。

（2）未注册或非法运营的 P2P 交易所

➢ 客户收到来自不同司法管辖区、金融分支机构或个人的多笔现金存款或汇款，随后立即使用这些资金获得虚拟货币。

➢ 客户从不同来源获得多笔资金，这些资金合计相当于短期内向一个已知的虚拟货币交易平台转让的资金总额。

➢ 客户的电话号码或邮箱地址连接到了一个已知的提供兑换服务的 CVC P2P 交易平台。

（3）未注册的位于国外的 MSB

➢ 客户将资金（包括从传统银行系统）从与客户居住地或业务运营地无关的未注册的国外 CVC 交易所或其他 MSB 转入或转出。

➢ 客户在缺乏或众所周知没有充分的针对 CVC 活动的反洗钱/反恐怖主义融资法规的高风险司法管辖区内使用 CVC 交易所或国外 MSB，包括没有充分的 KYC 或客户尽职调查措施。

➢ 客户将大量的 CVC 交易导入位于享有避税天堂之称的司法管辖区内的 CVC 实体。

➢ 未向交易所表明身份或未在 FinCEN 注册为货币传递商的客户正在利用交

易所提供的流动性执行大量抵销交易，这可能表明该客户充当了未注册 MSB 的角色。

（4）未注册或非法运营的 CVC 网亭

➢ 客户在犯罪活动发生率相对较高的地点经营多个 CVC 网亭。

➢ 来自不同客户的大量交易往来于同一个 CVC 钱包地址，但该钱包地址不是已知的 CVC 交易所。

（5）利用 CVC 网亭的非法活动

➢ 通过使用多台机器（smurfing）或绑定到同一电话号码的多个身份，交易安排刚好在 CTR 阈值或 CVC 网亭每日对同一钱包地址的限制之下。

（6）其他潜在的非法活动

➢ 客户进行交易的 CVC 地址与敲诈、勒索软件、受制裁的 CVC 地址或其他非法活动有关。

➢ 客户的交易从不受信任的 IP 地址、受制裁的司法管辖区的 IP 地址或先前被标记为可疑的 IP 地址发起的。

➢ 使用 VPN 服务或 Tor 访问 CVC 交易账户。

➢ 客户在多种虚拟货币之间发起多个没有关联性的快速交易，这可能表明有人试图打破各区块链上的监管链，或进一步混淆交易。

➢ 客户提供由其他账户共享的身份或账户证明文件（如非标准密码、IP 地址或闪存 cookies）。

➢ 客户在相关尽职调查、记录保存或报告阈值之下进行交易或在不同类型的 CVC 间快速执行多次转换，随后将交易的价值转移出去。

➢ 与客户档案相关联的 IP 地址与发起交易的 IP 地址之间不一致。

➢ 一个比平台用户平均年龄大得多的客户开立了一个账户并进行了大量交易，表明他们可能是 CVC 的“钱骡”（money mule）[①] 或者是老年金融诈骗的受害者。

➢ 客户尽管参与了 CVC 交易活动，但对 CVC 知之甚少，这可能表明其是诈

① 钱骡，是指通过因特网将用诈骗等不正当手段从一国得来的钱款和高价值货物转移到另一国的人，款物接收国通常是诈骗分子的居住地。

骗受害者。

➢ 客户拒绝 KYC 文件的请求或有关资金来源的问询。

➢ 客户没有可用财产证明或与其历史财务状况不一致，而购买了大量的 CVC，这可能是洗钱、“钱骡”或诈骗受害者。

➢ 属于两个不同客户的账户共同使用同一个钱包地址。

➢ 存入到一个账户或 CVC 地址的不明来源的资金明显高于普通账户，随后转换为法币，这可能是资金盗窃。

➢ 对账户或客户的邮箱地址和其他联系信息进行多次更改，这可能是客户的账户被强行接管。

➢ 在 CVC 消息字段中使用的语言，表明从事该等交易是为支持非法活动或购买非法商品，如毒品或被盗的信用卡信息。

（7）哪些信息是监管部门希望了解的？报告 CVC 可疑活动的有价值信息。

CVC 交易产生的信息要素繁多，可能对执法机构及其他国家安全机构调查潜在的涉及 CVC 交易的非法活动极为有用。具体而言，以下信息尤其有助于执法：

➢ 虚拟货币钱包地址

➢ 账户信息

➢ 交易细节（包括虚拟货币交易 hash 值及发起人和接收人的信息）

➢ 相关交易历史

➢ 可用的登录信息（包括 IP 地址）

➢ 移动设备信息（如设备 IMEI 号）

➢ 通过分析客户的公开线上资料和通讯获得的信息。

在提交 SAR 时，金融机构应当在 SAR 表格和描述中提供所有相关的可用信息。

FinCEN 于 2019 年 5 月 19 日还发布了标题为 *Application of FinCEN's Regulations to Certain Business Models Involving Convertible Virtual Currencies* 的指引（以下简称《FinCEN 2019 CVC 商业模式指引》）。在《FinCEN 2019 CVC 商业模式指引》中，FinCEN 指出，“货币传递服务”一词是指从一方接受货币、资金或其他替代货币的价值，并通过一切方式将货币、资金或其他替代货币的价值传递

至另一地点或另一方。[①]“其他替代货币的价值”一词是指传递不涉及货币[②]或资金的情况，并且交易各方承认的具有等同于或替代货币的价值。

FinCEN 的规定不限制或限定“替代货币的价值”一词的范围。其可以（1）专门作为货币替代物，或者（2）开始是为另一目的，但随后被管理者（中央支付系统中）或非法人组织（如非中央支付系统中的软件代理机构）重新作为货币替代物。[③] 在任何一种情况下，参与该等价值（无论是出于初始目的还是其他目的）创造及后续分配的人员将可能受其他监管框架（BSA 之外）的约束，如获得许可或授权义务、安全稳健监管、最低出资和准备金要求、一般及金融消费者和投资者保护等监管。在受其他监管框架监管的情况下，该人士可能被豁免 MSB 身份，但其将根据 FinCEN 的规定被认定为一种不同类型的金融机构。

3.3 交易所 AML 的最佳实践

交易所设立 AML 制度的核心包括两个方面：一是核查用户的数字资产的来源的合规性；二是核查客户数字资产流动的正当性，即是否存在洗钱、非法利益输送等不正当目的。

（1）设置白名单或黑名单

➢ 除了屏蔽来自中国内地的 IP 地址和用户，为降低来自数字货币政策严苛或禁止的司法区域的可能风险，交易所同时应当设置白名单或黑名单来保护自己。黑名单通过列举运营数字货币属于高风险行为的国家和地区，向来自这些国家和地区的公民和居民进行显著提醒：“如您属于下列国家或地区的公民或居民，请勿使用我们的服务，我们也将保留立即停止您在本网站进行交易的权利。”

➢ 停止为在金融行动特别工作组选出的“不合作国家和地区”黑名单上榜的国家居民和公民提供交易服务。

（2）KYC 审查文件清单：

➢ 由政府最新签发的且未过期的身份证明文件（驾驶执照、护照、国民身份

---

① See 31 CFR § 1010. 100（ff）（5）（i）（A）(emphasis added).

② See 31 CFR § 1010. 100（m）(将货币定义为“美国或任何其他国家被指定为法币、在发行国流通且作为发行国一般交换媒介的硬币和纸币。货币包括美国银币券、美国国债和美联储国债。货币也包括官方的为外国交换媒介的该国银行票据”)。

③ See 2013 VC Guidance, at 4 –5（讨论了中心化和去中心化支付系统）。

证或合法居留签证)；

➢ 地址证明，可接受由金融机构、公用事业公司、政府机构或司法机关签发的任何账单或文件。这些包括：信用卡账单、银行对账单、税号/账单，用于身份证明的同一文件不能用于地址证明。地址证明文件不得超过3个月。不接受手写文件；

➢ 清晰且符合身份证明文件照片的自拍。

(3) 交易所制定和实施可行的反洗钱内部控制制度；

(4) 对不同客户实施分级风险客户管理并适用不同审核频率；

(5) 保存执行反洗钱和反恐怖融资义务所产生的信息、数据和资料，确保能够完整重现每笔交易，确保相关工作可追溯。对特定区块链公司来说，留档信息应当包括各方的数字钱包地址、IP地址以及数字货币类型和数量；

(6) 对员工进行AML/CTF风险意识培训；

(7) 设立AML/CTF合规专员，并对负责AML/CTF的员工进行尽职调查确定并核实其身份；

(8) 阻止一定金额以上法币的可疑行为和交易；

(9) 建立足够的记录保存系统（包括各方的数字钱包地址、IP地址以及货币类型和数量)；

(10) 承担识别异常交易的勤勉义务：如禁止使用匿名IP地址或与连接地不符的地址进行的任何转账；向在线赌博网站转移加密货币；以及使用匿名加密货币（如门罗币或zcash）进行的任何活动。

4…交易所平台币的合规风险

目前许多交易所发行了自己的平台币，不同的平台币附着有不同的权利，大部分的平台币的持币者可以获得交易所手续费的分红以及可以对平台的运营事项进行投票。

我们对附着有分红权的平台币进行如下分析：

4.1 证券法视角下的平台币

根据《中华人民共和国证券法》（2019年12月23日修订，以下简称《2019证券法》）第9条的规定，公开发行证券，必须符合法律、行政法规规定的条件，并依法报经国务院证券监督管理机构或者国务院授权的部门注册。未经依法注册，任何单位和个人不得公开发行证券。证券发行注册制的具体范围、实施步骤，由国务院规定。

有下列情形之一的，为公开发行：（1）向不特定对象发行证券；（2）向特定对象发行证券累计超过200人，但依法实施员工持股计划的员工人数不计算在内；（3）法律、行政法规规定的其他发行行为。非公开发行证券，不得采用广告、公开劝诱和变相公开方式。

中国现行的法律层面一直没有明确的规定什么是“证券”，而且新发布的《2019证券法》仍然没有对“证券”做出明确的定义。

尽管如此，股份/股票的一个重要特征是具有权利性：股东靠持有股份/股票可通过参加股东（大）会，行使投票权来参与公司经营管理；股东还可凭其所持股份/股票向公司领取股息、参与分红。

因此，若赋予某种平台币包括分红权、表决权、固定收益等相关的权利或承诺，会使该代币的性质十分接近股份/股票。一旦又符合上述“公开发行”的情形，加上中国监管机关通常采取“实质重于形式”的监管原则，我们不排除该平台币会被其认为因具备“类证券”或股票的性质，而扩张解释将其定性为证券的可能。

根据《九四公告》的规定，包括证监会在内的中国监管机关认为发行虚拟货币本质上属于未经批准非法公开融资的行为，涉嫌非法发售代币票券、非法发行证券以及非法集资、金融诈骗、传销等违法犯罪活动。这亦证明监管机关已对不同类型的虚拟货币发行行为性质有初步判断，并可能倾向于将某些虚拟货币发行行为认定为“非法发行证券”。尽管经初步检索，我们未发现类似情况遭到处罚的案例，但仍不能排除此类行为被认定为非法发行证券的可能。

4.2 刑法视角下的平台币

2015年《中华人民共和国刑法》（以下简称《刑法》）中并无非法发行证券

罪，但存在“擅自发行股票、公司、企业债券罪”（第179条）：未经国家有关主管部门批准，擅自发行股票或者公司、企业债券，数额巨大、后果严重或者有其他严重情节的，处五年以下有期徒刑或者拘役，并处或者单处非法募集资金金额百分之一以上百分之五以下罚金。

此外，根据《最高人民法院关于审理非法集资刑事案件具体应用法律若干问题的解释》（法释〔2010〕18号）第1条的规定，违反国家金融管理法律规定，向社会公众（包括单位和个人）吸收资金的行为，同时具备下列四个条件的，除刑法另有规定的以外，应当认定为《刑法》第176条规定的“非法吸收公众存款或者变相吸收公众存款”：

（1）未经有关部门依法批准或者借用合法经营的形式吸收资金；（2）通过媒体、推介会、传单、手机短信等途径向社会公开宣传；（3）承诺在一定期限内以货币、实物、股权等方式还本付息或者给付回报；（4）向社会公众即社会不特定对象吸收资金。

该解释第2条的规定，实施下列行为之一，符合上述四个条件的，应当依照《刑法》第176条的规定，以非法吸收公众存款罪定罪处罚：……（8）以投资入股的方式非法吸收资金的……

因此，如代币因被监管机构认定为股份/股票，面临的不利后果还可能包括触发非法集资罪。根据《刑法》第176条的规定，非法吸收公众存款或者变相吸收公众存款，扰乱金融秩序的，处3年以下有期徒刑或者拘役，并处或者单处2万元以上20万元以下罚金；数额巨大或者有其他严重情节的，处3年以上10年以下有期徒刑，并处5万元以上50万元以下罚金。

根据《2019证券法》第188条的规定，未经法定机关核准，擅自公开或者变相公开发行证券的，责令停止发行，退还所募资金并加算银行同期存款利息，处以非法所募资金金额1%以上5%以下的罚款；对擅自公开或者变相公开发行证券设立的公司，由依法履行监督管理职责的机构或者部门会同县级以上地方人民政府予以取缔。对直接负责的主管人员和其他直接责任人员给予警告，并处以3万元以上30万元以下的罚款。

因此，根据《2019证券法》《刑法》《九四公告》等法律或监管意见，我们认为，赋予代币分红权和投票权的行为存在被中国监管机关认定为“未经许可公开发行证券”或“非法吸收公众存款”的可能以及公司和相关主管人员亦可能相应面临行政处罚及刑事责任。

4.3 美国法下的平台币

假设交易所发行的平台币的持有人包含美国公民和居民，根据下述我们所了解的美国证券法规，我们初步分析如下：根据美国证券法相关规定，Security 的持有者拥有分红权，即持有股票、Token 或任意可能被认定为“Security”的主体可享有基于其持有的 Security 而享有相应收益，包括但不限于获得股息、红利。如某一 Token 被认定为 Security，项目方将面临被监管部门认定为公开发行行为，进而承担应取得相应司法辖区的公开发行的牌照等巨大合规成本。如平台币具有分红权，则无法排除交易所被相应司法辖区监管部门认定为实施了未经许可的公开发行行为，进而可能受到行政处罚甚至承担刑事责任。

Howey Test 是美国证券法下 Security 的认定方式之一，也是美国律师事务所发表意见时的重要参考。通常来说，通过 Howey Test 的 Token 可能被认定为 Security。因此，平台币是否具有分红权关系到平台币是否会通过 Howey Test。Howey Test 共有四方面的要素，具体如下：

（1）Investment of Money（是金钱的投资）

该定义中的“金钱”的概念不断扩大，可延伸为资产的投资。

（2）Common Enterprise（该投资是针对特定事业的）

特定事业的定义比较模糊，不同法官有不同的理解，大多数联邦法庭认为可以是对项目的投资。我们理解，如持有平台币系基于对交易所每年手续费的获取而进行投资，很可能符合该要素。

（3）Expectation of Profits（投资人对收益、回报有预期）

我们理解，因平台币持有者基于其持有平台币获得交易所每年一定的手续费，可能符合本要素。

（4）From the Efforts of Others（投资人预期的收益是基于任何第三方的工作付出和努力）

该要素强调投资人预期的收益基于任何非投资人外的第三方的工作付出和努力而获得的。

5…香港特别行政区对于交易所的监管

香港证券及期货事务监察委员会（以下简称香港证监会，SFC）一直在密切关注交易所，当他们意识到若干全球最大的交易所在香港经营但是不受监管后，SFC推出了监管沙盒计划。

具体而言：

（1）在初始阶段，由于SFC对区块链的行业以及这个行业的监管没有成熟的监管政策，所以SFC不会向交易所发放许可牌照；

（2）SFC与交易所探讨行业的监管标准并以该等标准来观察交易所的真实运作情况，SFC亦与世界其他证券监管机构交流行业监管；

（3）SFC充分考虑提议的监管规定在处理相应风险以及给投资者提供保障中的实际成效；

（4）基于交易所在沙盒中的表现，SFC严谨的考虑交易所是否应该受到SFC的监管；

（5）SFC主要考虑因素包括：提议的监管概念性框架是否充分以及有效；交易所遵守相关要求的能力；投资者利益的保护；本地证券市场的发展；国际监管的实践。

2019年11月6日，SFC发布了SFC立场书。

根据SFC立场书：

（1）经过深入审查观察交易所的技术、运营以及其他情况，SFC认为某些提供证券型及非证券型代币交易服务的交易所应当受SFC立场书的监管。

（2）SFC因此就交易所采纳了一套适用于持牌证券经纪商及与自动化交易场所的标准类似的严格监管标准，借此处理稳妥保管资产、KYC、AML、CTF、操纵市场、会计及审计、风险控制、利益冲突以及接受虚拟资产进行买卖等方面的主要监管关注事项。

（3）SFC无权向仅买卖非证券型虚拟资产或者代币的交易所颁发牌照或者对其进行监管。其原因在于，该等虚拟资产并不属于《证券及期货条例》下的“证券”或“期货合约”，因此这些交易所所经营的业务并不构成《证券及期货条例》下的“受规管业务”。因此，在香港目前的证券监管体系下，只有所交易的虚拟资产或者代币被认定为“证券”或者“期货合约”，该等交易所才处于SFC的监管范围之内。

（4）目前在香港经营的交易所多达数十个，相关的投资者利益保护一直是SFC关注的重点。SFC也注意到有部分的交易所并不准备在新的监管框架下向SFC申请牌照。SFC认为这是该等交易所的自由选择，但前提是该等交易所须确保其平台上交易的虚拟资产不属于《证券及期货条例》下的“证券”或“期货合约”。换句话说，每个交易所应该对自己的合规策略负责。

6…交易所的牌照问题

《九四公告》之后交易所在中国境内的经营属于违规行为，所以所有的交易所都在考虑同一个问题，即是否有可能获得一个合法经营的牌照。在经济利益的驱动之下，市场上仍有各种变通的做法。比如，注册外国公司，但是以国内团队进行运营。在2018年牛市的时候，区块链行业最火热的一个话题就是寻找交易所的合规路径。当时各大交易所纷纷动员所有资源在全球范围内去申请牌照。新加坡、马耳他、白俄罗斯、乌干达、菲律宾等各国区块链以及数字货币的立法进程时刻被国内的交易所行业所关注。鉴于在当时的监管环境之下交易所没有可能获得中国政府的许可，所以交易所行业的通识是至少找一个监管友好的国家获得一个合法身份。即使拿不到交易所牌照，那么把交易所设在一个对区块链、数字资产友好的司法区域也成为一个次优选项。直至今日一个普遍的架构就是把运营交易所的公司设立在境外，而境内的公司提供主要的技术支持。因此，许多的交易所都以外国公司的身份出现。无论是否获得了外国的合法牌照，通过境内境外业务的重组，很多人觉得自己已经合规了。

事实上，该等架构也早就在监管部门的视线中。国家外汇管理局总会计师孙天琦认为，“根据GATS，服务贸易有四种模式，广义上均适用于金融服务。一是‘跨境交付’模式（Cross – border supply），又称模式一。即服务提供者在一成员的领土内向另一成员领土内的消费者提供服务。如A国银行设立在A国国内，但向B国境内机构提供贷款。此时，消费者和服务提供者都未跨境，但实现了服务跨境。二是‘境外消费’模式（Consumption abroad），又称模式二。即服务提供者在一成员的领土内向来自另一成员的消费者提供服务。这种服务提供方式的特点是，消费者到其他成员领土内享受其他成员服务提供者的服务。如A国消费者到B国开立账户享受资金结算、现钞提取、刷卡消费等服务。三是‘商业存在’模式（Commercial presence），又称模式三。即一成员服务提供者通过在其他成员设立商业实体的方式提供服务。如A国在B国设立银行、证券机构、保险机构等提供金融服务，这些机构属于B国的‘境内外资机构’。四是‘自然人流动’模式（Presence of natural persons），又称模式四。即一成员的服务提供者以自然人身份进入另一成员的领土内提供服务。如B国的自然人到A国，为A国公民提供理财顾问等服务，不同于商业存在模式，此种情形下的服务提供者没有在消费者所在国领土内设立商业机构或专门机构。上述四种模式的金融服务，具有服务跨境、消费者跨境、服务提供者跨境等不同特点，是‘跨境金融服务’或‘金融服务跨境贸易’的具体表现形式。”①

“跨境交付”模式：开放程度相对低，原因在于各国对提供“跨境交付”金融服务的境外机构难以监管，如一国监管能力跟不上而贸然开放“跨境交付”领域，可能影响自身金融安全。

中国根据自身金融开放实际，防范金融风险，加入WTO时，也只承诺开放某些保险、证券服务、金融信息等金融服务可以“跨境交付”模式提供，表述为“除下列内容外，不做承诺”。其“下列内容”即为可“开放”的内容；“不做承诺”可理解为不承诺一定开放。

随着数字技术（Digital Techniques）迅猛发展，借助数字平台获客“展业”提供的跨境金融服务增多。其中趋于活跃的是在一个国家获得金融牌照，通过数字平台，为其他国家个人、企业提供跨境金融服务的模式。这属于“跨境交付”还是“境外消费”具有一定争议，直接影响对一国承诺履行情况的判定。GATS

① 孙天琦：《金融科技背景下“跨境交付”类金融服务开放与监管》，载 http：//finance. sina. com. cn/zl/china/2020 – 01 – 10/zl – ilhnzahk3176509. shtml，最后访问日期：2020年3月20日。

作为“前互联网时代”的多边贸易规则，也并未给出明确答案，实践中多有不同观点。

在近年一些国际多边规则谈判中，有的国家主张以服务提供者是否跨境“招揽”（solicitation）或“展业”（doing business）区分“跨境交付”和“境外消费”。如 CPTPP 金融服务章中的“跨境贸易”规定：一成员方居民无论身在何处（成员方、其他成员方或任何第三国），境外金融服务提供者均可向该成员方居民提供金融服务，只要该服务提供者未在该成员方领土内“招揽”或“展业”。其逻辑是，只要境外服务提供者不在成员方境内“招揽”或“展业”，就应认定为属于消费者“境外消费”，而非服务“跨境交付”。

也就是说，A 国金融服务提供者通过数字平台向成员国 B 国居民提供金融服务，但并不在 B 国“招揽”或“展业”，B 国消费者自己在 B 国主动上 A 国金融服务提供者网站享受其提供的金融服务，这种情况被 CPTPP 认为属于 B 国消费者“境外消费”。甚至有的国家认为，实践中很难界定有没有“招揽”或“展业”、金融服务提供者主动还是消费者主动，不应以国境为基准对“境外消费”进行定义，一国居民通过数字平台购买外国公司提供的金融服务都应属于“境外消费”。

各国对“境外消费”模式的开放度承诺一般高于“跨境交付”模式（如对前者“不作限制”，对后者“不予承诺”）。上述这些国家主张的认定标准，实质上希望推动通过数字平台提供跨境金融服务开放度的提高。而对于另外一些国家而言（如有的发展中国家），可能监管能力尚不健全、或本国电子商务不发达，一般主张应以消费者物理上是否移动出境为判断标准，强调基于数字平台的跨境服务贸易，消费者并没有移动到境外，而是服务实现了跨境，所以应该认定为“跨境交付”而非“境外消费”（如前述 B 国消费者物理上没有移动出境，在 B 国即享受了 A 国金融机构网站跨境提供的金融服务），因此依据国内法进行限制不属于违反承诺义务。

瞄准中国消费者投资者的“跨境交付”模式下的跨境金融服务很多也是一种跨境监管套利。美国等发达经济体的金融监管，通常是“宽准入、严监管”，取得金融牌照相对容易，符合条件的申请者都可拿到牌照，但日常监管严格，违法违规将受到重罚，所以很多市场主体不愿涉足金融业，甚至其获得的牌照中已允许从事某些业务，也不实际开展。相对来说，中国金融监管属于“严准入、宽监管”，即拿金融牌照非常难，但一旦拿到后，日常监管相对就没有那么严格，甚至某一段时期还被批评为监管“宽、松、软”。

有些机构通过数字平台在境外获得牌照后向境内提供服务，实质上享受了境外“宽准入”、境内“宽监管”的待遇，甚至相当于进入监管“真空”开展业务。监管部门往往因此类业务跨境，业务类型较为新颖，过去没有管过，没有禁止过，现在也没有监管规则，就放任不管或者观望；或者认为“牌照不是我发的，我不管”；甚至认为，近几年中国改革开放力度加大，放点口子让干，也是开放的一个尝试，这些都给了非法机构可乘之机。比如，在中国开展跨境金融业务的集团公司，有的是集团下属公司取得如澳大利亚、英国等国牌照，对外宣称集团接受严格监管、树立合规经营形象，赢得了投资者信任；同时，集团下属其他公司取得监管较为宽松的塞浦路斯等国牌照，在境内“无照驾驶”开展业务。

中国监管机构分类处置上述非法跨境金融服务。交易本身为中国尚未开放且明确禁止；但境外属合法，在境外拿到牌照后，跨境向境内开展此类交易的，违反了中国禁止性规定。比如，外汇保证金交易、ICO 交易，国际不少国家和地区允许银行、外汇经纪商等提供此项服务，但中国尚未开放相关服务，且明确禁止在境内开展此类交易。在境内开展此类交易的（辅之以境内成立名为“教育机构”“培训中心”等变相的商业存在，实质进行营销交易），均属非法。截至 2019 年 9 月底，外汇局已会同相关部门处置非法外汇保证金交易平台 2006 家。其中，关闭 1952 家，约谈清退 45 家（删除网站有关外汇交易内容），移交公安机关 9 家。

首先，以“正面清单”方式对外承诺开放“跨境交付”模式下的跨境金融服务。主要考虑的是，目前中国金融服务遵循 GATS 框架下的基本规则，以“正面清单”方式承诺开放金融服务。“正面清单”开放方式符合中国目前开放实际，利于满足中国金融防风险需要。其次，在“跨境交付”模式下，按照扩大“正面清单”的开放思路，逐步将更多的可开放的金融服务项目，纳入“正面清单”中。

此外，金融业必须持牌经营。对外金融开放的承诺要转化为国内法来落实，金融开放落地最终要依靠金融监管部门制定相关法律法规、规章、规范性文件予以落实，这是国际惯例。金融是一个具有高度敏感性和外部性的行业，必须持牌（广义牌照概念）经营。扩大开放过程中同样要强调牌照准入管理。代表全球最高开放度的CPTPP也明确成员国可实施牌照准入管理：在不影响跨境金融服务贸易其他审慎监管方法的前提下，一缔约方可要求另一缔约方的跨境金融服务提供者或金融工具进行注册或获得授权且“可基于审慎原因拒绝授权”。

具体来说，中国需建立健全严肃的金融业务许可注册制度，无论境内、外机构在境内开展金融业务，都需经牌照许可（licensee）、授权（authorization）和注册（registration）等后方可开展，并遵守中国监管规则，法律另有规定的除外。比如，中国在GATS框架下已明确开放境外再保险公司通过“跨境交付”方式向中国境内提供再保险服务，同时在管理中也明确：境外再保险公司跨境提供再保险服务，需在银保监会进行登记。根据中国保监会《关于实施再保险登记管理有关事项的通知》，境外再保险公司应在中国保监会（现中国银保监会）建立的再保险登记系统进行登记。

数字世界（互联网）没有物理国境，但是金融牌照必须有国界。比如，可能会出现这样一种场景：A国某集团公司分别在B、C、D三国拿到金融牌照，但是不在B、C、D三国设立分支机构，没有线下存在，仅仅运营数字交易平台。这样，A国母公司拿A国牌照仅对A国境内提供金融服务，而B、C、D三国对应的子公司仅对B、C、D三国境内提供金融服务。但是A、B、C、D运营人员为同一批人员。此种“跨境交付”服务模式对监管提出了新的课题。

金融服务跨越“金融国境”必须要有规矩，不持中国牌照在境内开展金融活动的“无照驾驶”行为，是对中国金融主权的侵犯。境外金融机构以“跨境交付”模式向中国提供金融服务，必须依法取得中国相关牌照。如境外机构向中国境内提供金融信息服务，需遵守中国法律，根据《外国机构在中国境内提供金融信息服务管理规定》，必须经国务院新闻办公室批准。未经国务院新闻办公室批准的外国机构，不得在中国境内提供金融信息服务（2015年审批单位变更为国家互联网信息办公室）。境外证券经营机构从事B股交易，需根据《中国证券监督管理委员会境内及境外证券经营机构从事外资股业务资格管理暂行规定》，取得证监会颁发的《经营外资股业务资格证书》。获得外国牌照，但未在中国持牌，而是通过数字平台向中国提供金融服务，属非法金融活动。

第一类是“跨境交付”模式下的金融服务的监管重点，主要是拿境外牌照的中资背景的市场主体。因为境内禁止某类产品，这些机构无法申请牌照，或者公司自己资信差申请不到牌照，转而绕道境外设立公司拿到金融牌照，然后通过数字平台，“返程”向境内提供金融服务。其中不少机构的数字技术先进、经验丰富，在境内长期也形成了无底线、无规则意识。这类披着“洋”皮的跨境“无照驾驶”，实践中应该是监管部门的工作重点。

简单总结前述论述，数字资产交易所即使取得其他司法区域的牌照并将公司设立于境外，只要其面对中国用户，那么其很可能受到中国监管部门的质疑。

根据新浪财经2019年1月11日的报道，北京市地方金融监督管理局局长霍学文表示，“不论任何人以任何伪装，只要在国内发行、销售、交易虚拟币就是违法。同时，交易所只要涉嫌把币传销给国内，以及通过各种渠道引诱投资者投资虚拟币都属违法。不允许任何虚拟货币发行机构、交易场所把虚拟币卖给国内人，让国内投资人进行交易，这在北京被严格禁止。虚拟币除了炒作、割韭菜，没有实质价值。一个交易平台没有实际价值却只能造成投资人被割韭菜、引发社会不稳定，那就没有必要存在”。近日北京警方破获非法数字货币交易所BISS的诈骗案，抓捕犯罪嫌疑人数十人。对此，霍学文表示，交易所注册地在国外，国内有团队运营交易所的行为，属于非法经营行为。至此，境内境外的业务重组安排已经明确被监管机构定性为违规。

2019年11月13日，北京市地方金融监管局发布《关于交易场所分支机构未经批准开展经营活动的风险提示》，文件指出：“如有外埠交易场所（重点为金融资产交易所）分支机构在京开展经营活动，属于违规经营行为。”

第四章

私链、公链以及联盟链的合规

讨论区块链项目合规的一个主要问题就是判断项目属于私链、公链还是联盟链。无论是法律性质、法律风险还是监管规定，私链、公链和联盟链都存在显著的区别。

1…私链、公链以及联盟链的区别

随着比特币从不为人知到2018年接近2万美元/枚的价格巅峰，区块链也成为全世界的焦点。要深刻地理解区块链，首先要了解三种主流的区块链技术——私链、公链以及联盟链——的特点。

Binance Academy 题目为“Private，Public and Consortium Blockchains – What’s the Difference?”的文章，比较清楚地说明了私链、公链以及联盟链的区别。①

① Binance Academy，“Private，Public and Consortium Blockchains – What’s the Difference”，https：//www. binance. vision/blockchain/private – public – and – consortium – blockchains – whats – the – difference，March 20，2020.

首先，比特币就是一条公链。换言之，比特币充分体现了公链的特点。公链是通过一套既有的共识机制搭建而成，通常而言所有人都可以看到公链上记载的交易，而且下载相应的软件即可作为一个节点加入该等公链。鉴于没有有关加入公链节点的限制，公链是一个高度去中心化的账本。

其次，私链相较于公链是另外一套机制。私链通常是一个机构内部的区块链，只是分布式的存储。不同于公链，只有通过严格筛选的节点才可以加入私链，此外也不是任何一个私链节点都可以编辑，只有经过授权的节点才有编辑甚至回滚交易的权利。

联盟链则是处于公链和私链中间状态的一种类型。联盟链最大的优势在于其整合了私链与公链的特点。根据不同的需要，联盟链可以就区块链信息的阅读、编辑以及治理进行自由的约定。此外，联盟链还可以设置超级节点，由超级节点就联盟链的治理进行决策。这一点在智能合约的基础上可以创设出无数种新的商业模式和社会治理方案。

2019 年 1 月 10 日，国家互联网信息办公室（以下简称网信办）发布了《区块链信息服务管理规定》（以下简称《区块链信息规定》)。《区块链信息规定》的第 1 条明确指出了立法目的，即“为了规范区块链信息服务活动，维护国家安全和社会公共利益，保护公民、法人和其他组织的合法权益，促进区块链技术及相关服务的健康发展”。

中国政府一直强调要从网络主权高度来看网络安全，没有网络安全就没有国家安全。区块链作为互联网 2.0，由于其去中心化的特点，如果无法对其进行有效地监管。相较于一般的互联网其更有可能威胁国家安全。

我们注意到，《区块链信息规定》明确定义了“区块链信息服务提供者，是指向社会公众提供区块链信息服务的主体或者节点，以及为区块链信息服务的主体提供技术支持的机构或者组织；本规定所称区块链信息服务使用者，是指使用区块链信息服务的组织或者个人”。

《区块链信息规定》就区块链信息服务提供者的义务做出了明确的规定，这凸显出中国监管层的思路。我们大胆推测，在目前的科技监管水平下，中国政府会更倾向于联盟链，毕竟联盟链的特性决定了其是可以受监管的区块链。而对于公链而言，目前存在 TPS 和监管两个大问题。但是我们不能得出公链没有任何前途的结论，事实上所有人都在关注公链的进展，比如IPFS。一旦有突破性的进展，那么公链可能真正改变整个互联网的格局。中国工程院院士陈纯也表示，“联盟链的共识过程受到多家机构节点的控制，极大地改善了系统信任问题，适合需要联合多机构的场景。联盟链容易进行权限控制，并具有更高的可扩展性，它在公有链低信任和私有链单一高度信任之间做了折中，这是联盟链最大的优点”。①

根据Libra的白皮书，“区块链分为‘许可型区块链’和‘非许可型区块链’，这根据实体是否能作为验证者节点接入区块链平台来决定。在‘许可型区块链’中，实体通过权限授予方式运行验证者节点。在‘非许可型区块链’中，符合技术要求的任何实体都可以运行验证者节点。从这个意义上说，Libra将以‘许可型区块链’的形式起步”。因此，Libra事实上也是联盟链。但是Libra也表示“为了确保Libra真正开放，始终以符合用户最佳利益的方式运作，我们的目标是让Libra网络成为非许可型网络。但挑战在于，我们认为目前还没有成熟的解决方案可以通过非许可型网络，向全球数十亿人提供交易所需的规模、稳定性和安全性。协会的工作之一便是与社群合作，研究和实施从许可型向非许可型的过渡，过渡工作将在Libra区块链和生态系统公开发布后五年内开始”。

因此，简单总结，相比公链，联盟链在中国处于一个监管更加友好的环境。换言之，如果一个项目是公链，那么则需要更多地考虑其合规风险。

2…公链项目

尽管从监管、合规以及TPS等多个方面来看，目前联盟链是国家鼓励的重点，但公链也具有不可忽视的重要性。目前世界上比较有名的公链主要有如下几个：

① 《区块链创建信任——访中国工程院院士陈纯》，载https：//www.jinse.com/news/blockchain/502416.html，最后访问日期：2020年3月20日。

2.1 BTC

2.1.1 比特币的价格

比特币刚诞生的时候并没有太多人认可它的价值，也未曾被作为交换的对价，直至2010年5月18日Laszlo Hanyecz首次在BitTalk论坛上发出了交易请求，说他愿意用挖矿所得的1万枚比特币购买两个披萨。2010年5月22日，Laszlo Hanyecz才宣布他成功用1万枚比特币与一个叫作Jercos的用户换了两个Papa John's的披萨。2017年12月17日，比特币达到历史最高价19,850美元。回过头来看，当时Laszlo Hanyecz应该是有史以来最奢侈的一个人了，以比特币的峰值计算，这两个披萨价值1.985亿美元。

2.1.2 BCH和BSV

事实上，在讨论BTC时，便不得不提到BTC两次重要分裂后的公链——BCH及BSV。

根据BCH的官方网站，"比特币现金是一种点对点的电子现金系统。它是一种无许可、去中心化的加密货币，不需要受信任的第三方，也没有中央银行。2017年，比特币项目及其社区一分为二。以他们各自的交易代码——BTC和BCH指代双方，也许是最不具争议的方式。比特币现金通常以BCH代码表示，且其支持者认为比特币现金是比特币项目作为点对点数字现金的合法延续"。

BCH是比特币大陆抵制隔离见证以及闪电网络的结果，其区块大小是8MB，而BTC的区块大小是1MB。简单而言，BCH是BTC分叉而来的新的一条公链。BSV则是另外一条公链Bitcoin Satoshi Version的缩写，这是由澳本聪Craig Wright主导的另外一个分叉币。

2.2 ETH

2.2.1 以太坊

ETH是以太坊所产生的数字货币。以太坊的创始人是生于1994年1月31日的Vitalik Buterin。Vitalik在区块链行业中被称作"V神"，他是除了中本聪之外在区块链行业中最重要的人。

根据以太坊官方网站的解释，以太坊主网于2015年上线，是世界领先的可编程区块链。和其他区块链一样，以太坊也拥有原生加密货币，叫作Ether

（ETH）。ETH 是一种数字货币，和比特币有许多相同的功能。它是一种纯数字货币，可以即时发送给世界上任何地方的任何人。

ETH 的供应不受任何政府或组织控制，它是去中心化且具稀缺性的。全世界的人们都在使用 ETH 进行支付，或将其作为价值存储和抵押品。以太坊是可编程的，开发者可以用它来构建不同于以往的应用程序。

这些去中心化的应用程序（或称“dapps”）基于加密货币与区块链技术而值得信任，也就是说 dapps 一旦被“上传”到以太坊，它们将始终按照编好的程序运行。这些应用程序可以控制数字资产，以便创造新的金融应用；同时这些应用程序还是去中心化的，这意味着没有任何单一实体或个人可以控制它们。

以太坊内置的编程语言（Ethereum Virtual Machine code，以下简称 EVM 语言）是图灵完备的。

2.2.2 ERC－20

对于以太坊而言更重要的是 ERC－20。根据 Binance① 上的解释，ERC－20 是在以太坊区块链上发行和实施代币的技术标准。它是由以太坊开发商 Fabian Vogelsteller 在 2015 年 11 月提出的。该标准描述了代币在以太坊生态下正常运行应当遵循的一组通用规则。因此，ERC－20 不应被视为一段代码或软件。相反，它应该被描述为一种技术指导或规范。

ERC－20 标准使开发人员更容易准确地预测不同代币和应用之间的交互。它还界定了如何在以太坊区块链内转移 ERC－20 代币，以及如何一致地记录其各自的供应和钱包地址余额。

换言之，ERC－20 为开发者提供了一套可遵循的规则，使其在更大的以太坊平台中能够无缝运行。很多去中心化的应用（DApps）和服务支持 ERC－20 代币，这使社区成员和企业更容易在广泛的应用（如加密货币钱包、去中心化交易所、游戏等）中选择和使用它们。

在以太坊区块链上部署了多个遵循 ERC－20 的代币，但有不同的实施方式。根据不同的方法，代币可用于表示不同种类的数字资产或可交易商品［如货币、凭证、黄金证书、积分及借据（IOU）］。此外，ERC－20 代币可在选举期间作为

---

① 载 https：//www. binance. vision/glossary/erc－20，最后访问日期：2020 年 3 月 20 日。

投票权代币化的一种方式。

ERC－20 标准大大减少了创建和发行数字代币的难度，这可能与大家对 ICO 融资活动以及整个区块链技术的兴趣有所提高有关。一些项目已经在使用这一技术标准，在过去几年里，ERC－20 代币合同的数量急剧增加。2017 年年中，以太坊网络上大约有 5500 个 ECR－20 智能合约。2018 年年初，这一数字增至 4 万多，目前已经超过 16 万。

尽管以太坊网络上的大多数代币都遵循 ERC－20 标准，但也有一些例外。比如，以太币（ETH）是在这一标准出现之前创建的，现在也还没有遵循这一标准。这就导致了所谓的“包装以太币”（WETH）的产生，这是一种以 1∶1 的换算比例代表以太币的 ERC－20 代币（1 WETH＝1 ETH）。WETH 允许用户在去中心化的交易所将他们的 ETH 兑换成其他 ERC－20 代币。

从技术上讲，ERC－20 标准描述了维护以以太坊为基础的数字代币一些功用和特性的六大功能。这些功能包括代币以及与代币智能合约有关的一些重要数据（如符号、名称和供应）在钱包地址之间的转移方式。

2.2.3 以太坊的进展

在 2019 年 9 月 18 日的 2019 年第五届区块链全球峰会上，V 神在“让我兴奋的区块链行业新发展”演讲中透露了以太坊的进展。针对被广为诟病的每秒 20－25 次的 TPS，V 神表示“几个月之后，我们希望进行伊斯坦布尔的硬分叉，之后这个数字会提升到 3，000TPS”。

2.3 EOS

EOS 是 Dan Larimer 的智力成果，他是去中心化应用及分布式组织领域的先行者，三式记账法的提出者、广受推崇的伊恩·格里格也在这个项目中。在 EOS 背后的 Block. one 公司让验证者可以通过审查消息数据来检验记录并确认交易。相较于其他非许可型的区块链进行同类操作时要求对历史余额进行审查的方式，其所占用的运算资源要少很多。根据 EOS 所言，这样的特征也使 EOS 在测试中展现出每秒处理 5 万笔交易的能力，甚至最终可以达到每秒 100 万笔交易①。

① ［美］保罗·维格纳（Paul Vigna）、迈克尔·凯西（Michael. J. Casey）等：《区块链赋能万物的事实机器》，凯尔译，中信出版社 2018 年版，第 94 页。

EOS 是以太坊的有力竞争者。

2.4 TRON

TRON 是另外一条公链。根据 TRON 的官网，TRON 的 TPS 达到了 2000，这一数据远远超过了 BTC。

2.5 IPFS

IPFS，是 Inter Planetary File System 的缩写，又叫星际文件系统。IPFS 是目前最火的区块链公链项目，其技术团队为 Protocol Labs。

根据《Filecoin：一种去中心化的存储网络》白皮书，Filecoin 是一个去中心化的存储网络，它让云存储变身成了一个算法市场，这个市场基于一个本地协议通证（也叫 Filecoin）来运行，在这里矿工们可以向客户提供和获取 Filecoin。反过来，客户花费 Filecoin 雇佣矿工们来存储或者分发数据。和比特币一样，Filecoin 矿工们为获得可观的奖励而竞争挖区块，但是 Filecoin 的挖矿功率是和有效存储成比例的，即直接为客户提供有用的服务（这里不像比特币挖矿仅限于维护区块链的共识）。这种设计为矿工们提供了巨大的激励，使他们尽可能地集聚存储以便出租给客户。Filecoin 协议将这些集聚的资源编织成一个世界上任何人都可以依靠的自我修复存储网络。这个网络通过复制和分散内容实现稳健性，同时自动监测与修复复制品故障。客户可以选择复制参数来针对不同的威胁进行保护。Filecoin 协议的云存储网络是一个安全的网络，因为内容在客户端是端到端加密的，而存储提供者并不能访问到解密的秘钥。

Filecoin 还以另一个非常重要的记录而闻名：它是有史以来最大的 ICO 之一。该项目成功地从投资人手中筹集了 2.57 亿美元。

IPFS 的投资人包括 Y Combinator，Winklevoss Capital 文克莱沃斯兄弟基金，红杉资本，Digital Currency Group DCG 集团，斯坦福大学，Anderessen Horowitz，FundersClub，联合广场风投（Union Square Ventures），美国股权众筹平台 AngelList 创始人 Naval Ravikant，Haystack 基金创始人 Semil Shah，Gyft.com 创始人 &CEO：Vinodan Lingham，前高盛交易员，Coinbase 公司的联合创始人 Fred Ehrsam，Skype 联合创始人、英国的餐饮品牌 Chilango 创始人 Jaan Tallinn，以及 Figma 联合创始人 &CEO、硅谷传奇数学天才 Dylan Field。

3 联盟链国家队以及未来的区块链落地实践

根据人民网的报道①，国家信息中心、中国移动、中国银联等机构正式发布区块链服务网络（Blockchain - based Service Network，BSN）。国家信息中心副主任张学颖表示，区块链服务网络将为我国智慧社会建设和数字经济发展提供高质量、定制化的技术服务平台支撑和可信、可靠、可扩展的基础设施服务载体。BSN 是由国家信息中心进行顶层规划，跨公网、跨地域、跨机构的全国性区块链服务基础设施平台。BSN 是基于互联网数据传输协议，加入了组织间共识机制的第二代智能专业互联网。BSN 具有安全可控可监管、完全自主创新、开放包容可持续等特点。

区块链服务网络（BSN）的目标是建立面向工业、企业以及政府的联盟链。与公有链相比，在追踪、溯源、成本节约及监管上具备较大的优势。该网络的内部测试期为 2019 年 10 月到 2020 年 3 月，首批预计将对 400 位企业家和 600 位开发人员免费开放，国内的首座试点城市为杭州。

BSN 的成员包括微众银行、火币中国、国家信息中心以及国有科技巨头中国银联、中国移动和中国电信。

我们预测，BSN 只是中国搭建的诸多高性能联盟链中的一条，未来会有更多的机构就不同的场景而搭建不同的高性能联盟链。

在《区块链技术驱动金融——数字货币与智能合约技术》的第 11 章“去中心化机构：比特币的未来”中科学家们设想了一个未来的交易，即假设爱丽丝拥有一辆智能汽车想要卖给鲍勃，能够数字化地转移汽车控制权会引起几个有趣的可能性。比如，爱丽丝也许正在国外旅行正需要钱来支付旅费，所以要卖掉停在她家后院车库的汽车。只要连上互联网，鲍勃就可以用比特币支付给爱丽丝车钱，爱丽丝可以远程通过区块链把车的所有权转移给鲍勃，鲍勃就可以开走这辆车。

---

① 载 http：//scitech. people. com. cn/n1/2019/1016/c1007 - 31403941. html，最后访问日期：2020 年 3 月 20 日。

当然，这样的交易存在一定的风险。如果鲍勃先支付，爱丽丝也许收了钱而不转移车的所有权。如果爱丽丝先转移车的所有权，鲍勃也许不付钱就把车开走了。即使假设爱丽丝在现场，也有可能另一方突然改变主意而撤销交易。这时候让不在场的第三方来调节争议也很困难。

作者认为，只要支付的货币和汽车的拥有权同时存在相同的区块链，爱丽丝和鲍勃就可以产生一个不可分割的交易。这个交易同时转移汽车的所有权和车款规定两个输入：爱丽丝的所有权和鲍勃的支付款；规定两个输出：归鲍勃的所有权和归爱丽丝的支付款。这个交易需要双方提供输入要素，因此要求双方都要签名。如果只有一方签名，交易就无效。一旦一方签名，交易的细节就无法改变，除非这个签名无效。签过名的交易一旦对整个区块链广播，鲍勃只要等预设的几次确认（一般是6次），就可以拥有这辆车。鲍勃支付给爱丽丝的款项也同时被确认。两个确认是相辅相成，缺一不可的。

细心的读者也许注意到了一个微妙的问题。鲍勃可以收到爱丽丝签名的交易，自己也签名，但是不立即对外广播。等到爱丽丝卖东西的价格变了，鲍勃才把交易原来的价格对外广播。所以为了避免这种问题，比较复杂的不可分割的交易里包括截止时间。过了截止时间后，爱丽丝可以发送输入她控制下的新地址，用来表示撤回她发给鲍勃的已经签过名的交易。①

我们简单讨论一下前述交易的可行性。这里面公认的难点有如下几个：

（1）支付的对价。众所周知，比特币在中国目前的监管环境下很难作为一个商业模式的支付对价。原因有三：①比特币无法监管；②比特币不是货币而是虚拟商品；③比特币的价格剧烈波动。

（2）目前智能合约太简单，只能是“If then”，无法保证双方利益。

（3）汽车的权属线上线下登记。无法解决线上线下的权属变动问题。

（4）交易的确认速度太慢。如果是比特币，TPS 7，确认时间太长。

前述的四个问题可能是之前困扰业内人士的主要问题，同时也是很多人看空

① ［英］阿尔文德·纳拉亚南、约什·贝努、爱德华·费尔顿、安德鲁·米勒、史蒂文·戈德费德：《区块链技术驱动金融——数字货币与智能合约技术》，林华等译，中信出版社2016年版，第11章。

区块链的主要论据。那么，在“10.24”之后①，这个问题在中国也没法解决吗？

［解决方案］

针对难点一：央行的数字货币 DC/EP 早就“呼之欲出”。DC/EP 很可能是以区块链为技术方案并可搭载相应的智能合约。作为高性能的国家法定数字货币，不存在前述三个问题。

针对难点二：这其实是一个线上共识和线下共识的问题。在没有更复杂的智能合约出现之前，类似汽车买卖这种交易其实可以通过线上线下统一共识机制达成。如果有汽车交易网站可以把制式合同作为线下共识的部分与区块链上的智能合约结合在一起。一个简单的做法是以线下共识的电子合同作为主合同，在主合同中约定双方在某区块链的智能合约中进行交割等其他安排，智能合约作为合同的一部分。关于合同的其他必要条款，比如陈述和保证、违约、交割后义务、管辖法律以及争议解决方式都可以根据主合同确定。

针对难点三：这个问题其实是整个区块链领域中对区块链落地最大的障碍。诚然，主流经济国家没有一个建立了线上权属登记的系统，换言之汽车权属没有上链。但是，我们大胆预测，这个障碍在中国将很快被推翻。自从 2019 年 10 月 24 日习近平总书记讲话之后，区块链已经成为中国政府重点支持的一个新兴领域。下一步如果没有关于产权上链、数据上链的强制性法规，中国的区块链就无法真正落地，所以既然国家把区块链的重要性提升到如此高度，我们非常确定未来一定有相关法规落地。

针对难点四：无论是 DC/EP 还是 BSN 都是高性能链，所以这个问题无须担心。

---

① 2019 年 10 月 24 日，中央政治局就区块链技术发展现状和趋势进行第十八次集体学习，明确提出把区块链作为核心技术自主创新的重要突破口，标志着区块链技术正式上升为国家重大战略。

第五章

ICO的合规风险

1…何为ICO？

提到区块链，特别是公链，ICO永远是不可能回避的一个词。ICO是Initial Coin Offering的缩写，也有人叫ITO，Initial Token Offering。在中国法下，ICO被认定为是一种未经批准非法公开融资的行为。

事实上，ICO和以太坊有无法切割的联系。如此前所说，以太坊的ERC-20使发行新的token无比容易。

美国著名律师事务所Cooley在其文章"The SAFT Project: Toward a Compliant Token Sale Framework"① 中指出：公开代币销售，俗称"首次代币发行（ICO）"，是一个创建去中心化社区、启动网络效应、激励参与者、为投资者提供更快的流动性及为创建者形成资本的强大的新工具。在该等销售中，网络创建者以一定折扣向用户和（或）投资者销售一定数量的网络代币。一部分代币销售发生在代币网络启动之时或之后，作为一种将一

① 载https://www.cooley.com/-/media/cooley/pdf/reprints/saft-project-whitepaper.ashx，最后访问日期：2020年3月20日。

部分代币提供给早期用户的方法。其他代币销售发生在代币网络具备真正的功能之前；所谓的“直接代币预售”以更大的折扣出售，目的是为网络的发展和启动提供资金。

Investopedia 在介绍 ICO 时给出了几个非常经典的要点：[①]

➢首次代币发行（ICO）是一种流行的融资方法，主要为希望提供产品和服务的初创公司所使用，通常与加密货币和区块链空间相关联。

➢ICO 与股票类似，但它们有时对所提供的软件服务或产品具有功用性。

➢部分 ICO 为投资者带来了巨额回报。还有很多其他（ICO）被证明为欺诈、失败或表现糟糕。

➢要参与 ICO，你通常需要先购买一种数字货币，并对如何使用加密货币钱包和交易所有一个基本的了解。

➢大部分 ICO 是完全不受监管的，因此投资者在研究和投资 ICO 时必须保持高度谨慎和勤勉。

根据中国人民银行第七部门联合发布的《九四公告》，“代币发行融资是指融资主体通过代币的违规发售、流通，向投资者筹集比特币、以太币等所谓‘虚拟货币’，本质上是一种未经批准非法公开融资的行为，涉嫌非法发售代币票券、非法发行证券以及非法集资、金融诈骗、传销等违法犯罪活动。有关部门将密切监测有关动态，加强与司法部门和地方政府的工作协同，按照现行工作机制，严格执法，坚决治理市场乱象。发现涉嫌犯罪问题，将移送司法机关。

代币发行融资中使用的代币或‘虚拟货币’不由货币当局发行，不具有法偿性与强制性等货币属性，不具有与货币等同的法律地位，不能也不应作为货币在市场上流通使用”。

① 载 https://www.investopedia.com/terms/i/initial-coin-offering-ico.asp，最后访问日期：2020年3月20日。

2…ICO 与 IPO 的区别

ICO 和 IPO 的区别不仅仅在“Coin”和“Public”两个词上面，两者之间存在巨大的差异：

2.1 监管法规

在几乎所有司法区域，IPO 都受当地的证券法的严格监管。虽然不同司法区域的证券法要求不同，但是总体的监管原则存在价值上的共通之处。

而 ICO 作为新的金融科技，在绝大多数的司法区域尚没有相应的合规监管路径。值得注意的是，这并不是说 ICO 在绝大多数司法区域合法，恰恰相反，融资行为在大多数司法区域都是受严格规管的行为，没有合规监管路径并不意味着 ICO 是合法合规的。

2.2 参与者

几乎所有的 IPO 的参与者都是相关司法区域下的“合格投资者”或者符合相应监管原则的投资人。

而在 ICO 领域，更多的参与方是“支持者”。在区块链发展的早期，这还是一个极客性质的领域，只有能真正了解这个项目并且愿意付出的工程师才会参与到 ICO。随着 ICO 一夜暴富的新闻越来越多，除了工程师之外的其他人士纷纷参与到 ICO。也正因如此，后续才造成了很多投资人爆雷的案例。更为严重的是，很多 ICO 项目并不是进行私下募集，相反采用了线上募集的方法，这一募集方式又被称为 Crowd sale。Crowd sale 意味着跨司法区域的募集，这可能会导致很多的法律适用和法律冲突问题。

2.3 交易所

对于 IPO 而言，通常根据具体情形选择在一个或多个证券交易所进行交易。相应地，该等 IPO 项目应该满足证券交易所的交易规则以及所属司法区域的证券监管法规。

而对于 ICO 而言，由于缺乏相应的监管法规，项目方更多的还是根据商业考虑而进行选择。交易所根据其市场地位、流动性、风险偏好对于不同的项目有相应的“上币要求”。在区块链最火的时候，某些领先交易所的上币费用可能高达上百万美元。

3…SEC 如何看待 ICO

2017 年 7 月 25 日，SEC 在其官网上指出①：“取决于每一 ICO 的具体事实和情况，其所提供或出售的虚拟货币或代币可能是有价证券。如果是有价证券，这些虚拟货币或代币在 ICO 中的发行和销售将受联邦证券法律的约束。”SEC 强调，无论这些证券是用虚拟货币购买的还是用区块链技术发行的，在美国发行和销售证券都必须遵守联邦证券法律。

2017 年 7 月 25 日，SEC 在其发布的“关于根据《1934 年证券交易法》第 21（a）条的调查报告：去中心化自治组织（Decentralized Autonomous Organization，DAO）”［Report of Investigation Pursuant to Section 21（a）of the Securities Exchange Act of 1934：The DAO］② 中明确指出：“一项特定的交易是否涉及证券的发行和销售——不论使用什么术语——将取决于具体的事实和情况，包括交易的经济现实。在美国发行和销售证券必须遵守联邦证券法律，包括在 SEC 注册或符合联邦证券法律注册要求豁免的资格。注册要求旨在为投资者提供必要的程序保护和重要信息，以便作出明智的投资决策。这些要求适用于在美国发行和销售证券，无论发行实体是一个传统的公司还是一个去中心化的自治组织，不管这些证券是用美元还是用虚拟货币购买，也不管他们是以权利证书形式还是以分布式记账技术发行。此外，任何从事交易所活动的实体和个人（例如，使用既定的强制性方法将多个买方和卖方的证券订单集中在一起，在这种方法下这些订单彼此交互并且买卖双方就交易条款达成一致）都必须注册为国家证券交易所或者按照

① 载 https：//www. sec. gov/oiea/investor – alerts – and – bulletins/ib_ coinofferings，最后访问日期：2020 年 3 月 20 日。

② 载 https：//www. sec. gov/litigation/investreport/34 – 81207. pdf，最后访问日期：2020 年 3 月 20 日。

豁免登记的规定运营”。

2020 年 2 月 6 日，SEC 的委员 Hester M. Peirce 发表了一个题目为“Running on Empty：A Proposal to Fill the Gap Between Regulation and Decentralization”的主题演讲。并提出“Token 安全港提案”，该提案为去中心化项目提供 3 年缓冲期，只要符合“Token 安全港提案”的相关要求，就有望获得为期 3 年的豁免，在此期间可以通过 Token 进行融资。如果这个提案最终被通过的话，可能是有史以来区块链最重要的监管创新。

“Token 安全港提案”对于全球的证券监管机构、全球的区块链和数字资产的监管机构都有非常好的借鉴作用。提案所展现出来的监管思路有非常独到的创新性，如果能实施的话，安全港方案将有效地解决此前 ICO 被诟病的诸多风险，比如空气币、欺诈、非法发行、披露、交易等。提案者的监管思路再加上社区建议之后，有可能最终产生一个新的、良性的、能促进创新产业发展的机制。

国内北京和其他地方都曾提出要设立金融科技的监管沙盒，但是至少在公链开发领域没有太多的后续动作。考虑中美两国在多个领域的竞争，只有美国的监管思路才能对中国的监管形成真正的借鉴和促进，因为其他国家在体量和重要性上都无法跟美国相比。之所以中国的监管层一直对于 ICO、数字货币采用高压的态势，一方面是因为国内区块链行业混乱无序，另一方面也因为中国监管层参考了美国的监管模式，SEC 的主席 Jay Clayton 对 ICO 一直持严格的负面观点。“Token 安全港提案”中国的监管层考虑自己的监管创新时会是个非常重要的参考和借鉴。因为从某种角度来说，世界上主流国家的证券监管机构有着共同价值观，比如促进资本形成、保护投资者等。

从短期来看，“Token 安全港提案”从短期来说对于中国目前区块链公链来说不算是颠覆性的好消息，但是从长远来看，其对于中国以后区块链行业的监管会有非常大的推进作用。

4···新加坡如何看待 ICO

新加坡在区块链领域一直是亚洲乃至世界监管最友好的司法区域。对于区块链行业监管而言，怎样强调新加坡法规和政策的重要性都不过分。在 2017～2018 年，由于新加坡政府出台了《数字代表发行指南》（见附录），新加坡一度被视为区块链行业的圣地。

2018 年 5 月 24 日，新加坡金融管理局（the Monetary Authority of Singapore，MAS）的官网发布了题为《新加坡金融管理局警告数字代币交易所和 ICO 发行人》① 的文章：

MAS 已警告 8 家新加坡数字代币交易所，在没有 MAS 授权的情况下不得为构成证券或期货合约的数字代币交易提供便利。它还警告 ICO 发行人停止在新加坡发行数字代币。

新加坡金融管理局已提醒 8 家数字代币交易所，如在其平台上交易的数字代币构成《证券及期货条例》下的证券或期货合约，则应寻求 MAS 的授权。数字代币交易所普遍允许使用法定货币买卖数字代币，并为其客户之间的数字代币交易提供便利。若数字代币构成证券或期货合约，交易所必须立即停止交易该等数字代币，直至该等交易所被 MAS 授权为经批准的交易所或 MAS 认可的市场运营者。

MAS 已指示 1 家 ICO 发行人停止向新加坡投资者发行数字代币。MAS 称，该发行人违反了《证券及期货条例》的规定，因为其代币代表了一家公司的股权而将被视为《证券及期货条例》下的证券。此次发行没有 MAS 注册的招股说明书，这不符合《证券及期货条例》的要求。该发行人已停止发行，采取补救措施以符合 MAS 的规定，并且退还了从新加坡投资者那里募集的所有资金。

MAS 重申，提供、促进或交易数字代币的数字代币发行人、中介和平台有

---

① 未查询到文章“MAS halts Securities Token Offering for regulatory breach”，但在 MAS 官网查到内容相同的文章题为“MAS warns Digital Token Exchanges and ICO Issuer”，载 https：//www. mas. gov. sg/news/media－releases/2018/mas－warns－digital－token－exchanges－and－ico－issuer，最后访问日期：2020 年 3 月 20 日。

责任确保它们遵守所有相关法律。

MAS（资本市场）助理常务董事李文义先生（Lee Boon Ngiap）曾说："新加坡的数字代币交易所和数字代币发行的数量一直在增加。如果它们是真正的业务，我们认为没有必要限制它们。但若任何数字代币交易所、发行人或中介机构违反我们的证券法律，MAS 将坚决采取行动。公众应该意识到，如果他们选择在不受监管的数字代币交易所进行交易或者投资于 MAS 规则范围外的数字代币，就没有安全保障"。

值得注意的是，在新加坡进行的 ICO 中常常由基金会的主体作为发行方。使用基金会的原因之一是发行方认为基金会不存在股份的概念，因此以基金会为主体作发行方可以有效地避免被认定为证券发行。

第六章

区块链行业中最重要法规之《九四公告》

1…《九四公告》的出台背景

以太坊诞生之后，ICO短时间就成为世界上最火的经济话题，毕竟ICO引发的暴涨暴跌突破了之前所有人的认知范围。动辄10倍20倍的涨幅，甚至百倍的涨幅，让所有人再也无法视而不见。中国的监管机构在2017年之前早就关注到比特币，2013年中国人民银行、工业和信息化部、中国银行业监督管理委员会、中国证券监督管理委员会、中国保险监督管理委员会便发布了《289号文》。虽然比特币的涨幅已经是一个神话，但是比起同时期的ETH、IOTA以及其他ICO项目，比特币至少在2016～2018年还是比较“稳健”的投资标的。

《九四公告》是中国的区块链行业演进史中无可争议的分水岭，此后业内人在说起当年历史的时候毫无例外的会提到“九四前”或者“九四后”。《九四公告》明确禁止了中国的ICO和交易所，从此所有的公链项目和数字资产交易行业在中国都成了违规领域。

2…《九四公告》的全文

市场的疯狂很快就引来了监管部门的关注，2017 年 9 月 4 日，中国人民银行、中央网信办、工业和信息化部、工商总局、银监会、证监会、保监会联合发布了《九四公告》。

近期，国内通过发行代币形式包括首次代币发行（ICO）进行融资的活动大量涌现，投机炒作盛行，涉嫌从事非法金融活动，严重扰乱了经济金融秩序。为贯彻落实全国金融工作会议精神，保护投资者合法权益，防范化解金融风险，依据《中华人民共和国人民银行法》、《中华人民共和国商业银行法》、《中华人民共和国证券法》、《中华人民共和国网络安全法》、《中华人民共和国电信条例》、《非法金融机构和非法金融业务活动取缔办法》等法律法规，现将有关事项公告如下：

一、准确认识代币发行融资活动的本质属性

代币发行融资是指融资主体通过代币的违规发售、流通，向投资者筹集比特币、以太币等所谓“虚拟货币”，本质上是一种未经批准非法公开融资的行为，涉嫌非法发售代币票券、非法发行证券以及非法集资、金融诈骗、传销等违法犯罪活动。有关部门将密切监测有关动态，加强与司法部门和地方政府的工作协同，按照现行工作机制，严格执法，坚决治理市场乱象。发现涉嫌犯罪问题，将移送司法机关。

代币发行融资中使用的代币或“虚拟货币”不由货币当局发行，不具有法偿性与强制性等货币属性，不具有与货币等同的法律地位，不能也不应作为货币在市场上流通使用。

二、任何组织和个人不得非法从事代币发行融资活动

本公告发布之日起，各类代币发行融资活动应当立即停止。已完成代币发行融资的组织和个人应当做出清退等安排，合理保护投资者权益，妥善处置风险。有关部门将依法严肃查处拒不停止的代币发行融资活动以及已完成的代币发行融资项目中的违法违规行为。

三、加强代币融资交易平台的管理

本公告发布之日起，任何所谓的代币融资交易平台不得从事法定货币与代

币、“虚拟货币”相互之间的兑换业务，不得买卖或作为中央对手方买卖代币或“虚拟货币”，不得为代币或“虚拟货币”提供定价、信息中介等服务。

对于存在违法违规问题的代币融资交易平台，金融管理部门将提请电信主管部门依法关闭其网站平台及移动APP，提请网信部门对移动APP在应用商店做下架处置，并提请工商管理部门依法吊销其营业执照。

四、各金融机构和非银行支付机构不得开展与代币发行融资交易相关的业务

各金融机构和非银行支付机构不得直接或间接为代币发行融资和“虚拟货币”提供账户开立、登记、交易、清算、结算等产品或服务，不得承保与代币和“虚拟货币”相关的保险业务或将代币和“虚拟货币”纳入保险责任范围。金融机构和非银行支付机构发现代币发行融资交易违法违规线索的，应当及时向有关部门报告。

五、社会公众应当高度警惕代币发行融资与交易的风险隐患

代币发行融资与交易存在多重风险，包括虚假资产风险、经营失败风险、投资炒作风险等，投资者须自行承担投资风险，希望广大投资者谨防上当受骗。

对各类使用“币”的名称开展的非法金融活动，社会公众应当强化风险防范意识和识别能力，及时举报相关违法违规线索。

六、充分发挥行业组织的自律作用

各类金融行业组织应当做好政策解读，督促会员单位自觉抵制与代币发行融资交易及“虚拟货币”相关的非法金融活动，远离市场乱象，加强投资者教育，共同维护正常的金融秩序。

3…《九四公告》规定的五种犯罪违法活动及其相关法律规定

代币发行融资，是指“融资主体通过代币的违规发售、流通，向投资者筹集比特币、以太币等所谓‘虚拟货币’，本质上是一种未经批准非法公开融资的行为，涉嫌非法发售代币票券、非法发行证券、非法集资、金融诈骗、传销等违法犯罪活动”。

3.1 非法发售代币票券

《刑法》中并不存在“非法发售代币票券”罪。对于该违法行为的规定可见《中国人民银行法》第20条及第45条的规定：任何单位和个人不得印制、发售代币票券，以代替人民币在市场上流通。印制、发售代币票券，以代替人民币在市场上流通的，中国人民银行应当责令停止违法行为，并处20万元以下罚款。

3.2 非法发行证券

《刑法》中不存在非法发行证券罪，只有“擅自发行股票、公司、企业债券罪”（第179条）和“欺诈发行股票、债券罪”（第160条）。

《刑法》第179条规定，未经国家有关主管部门批准，擅自发行股票或者公司、企业债券，数额巨大、后果严重或者有其他严重情节的，处5年以下有期徒刑或者拘役，并处或者单处非法募集资金金额1%以上5%以下罚金。单位犯前款罪的，对单位判处罚金，并对其直接负责的主管人员和其他直接责任人员，处5年以下有期徒刑或者拘役。

《刑法》第160条规定，在招股说明书、认股书、公司、企业债券募集办法中隐瞒重要事实或者编造重大虚假内容，发行股票或者公司、企业债券，数额巨大、后果严重或者有其他严重情节的，处5年以下有期徒刑或者拘役，并处或者单处非法募集资金金额1%以上5%以下罚金。单位犯前款罪的，对单位判处罚金，并对其直接负责的主管人员和其他直接责任人员，处5年以下有期徒刑或者拘役。

2019年《证券法》中未明确规定何为“非法发行证券”。根据2019年《证券法》第10条规定，公开发行证券，必须符合法律、行政法规规定的条件，并依法报经国务院证券监督管理机构或者国务院授权的部门核准；未经依法核准，任何单位和个人不得公开发行证券。有下列情形之一的，为公开发行：（1）向不特定对象发行证券的；（2）向特定对象发行证券累计超过二百人的；（3）法律、行政法规规定的其他发行行为。非公开发行证券，不得采用广告、公开劝诱和变相公开方式。

2019年《证券法》第188条规定，未经法定机关核准，擅自公开或者变相公开发行证券的，责令停止发行，退还所募资金并加算银行同期存款利息，处以非法所募资金金额1%以上5%以下的罚款；对擅自公开或者变相公开发行证券设立的公司，由依法履行监督管理职责的机构或者部门会同县级以上地方人民政府予以取缔。对直接负责的主管人员和其他直接责任人员给予警告，并处以3万元以上30万元以下的罚款。

中国证券业协会网站①中登载了“非法证券活动定义及表现形式”，其中指出：根据《证券经营机构参与打击非法证券活动工作指引》第2条的规定，非法证券活动是指违反2019年《证券法》等法律行政法规的规定，未经有权机关批准，擅自公开发行证券，设立证券交易场所或者证券公司，或者从事证券经纪、证券承销、证券投资咨询等证券业务的行为……非法发行证券的主要表现形式为：非法发行股票，不法分子打着即将“境内外上市旗号”，诱骗投资者购买、转让所谓“原始股”等。

中国法下核心的问题是目前我们尚未发现任何一部法规明确规定“证券”的定义、内涵或者属性。在2019年《证券法》修订的时候业内人士都希望立法专家能考虑就证券的定义、内涵或者属性做一个定义，哪怕是有一个类似“Howey Test”的规则也好。但是当我们看到最有可能出现证券定义的第2条的时候，发现仍然没有我们期望的条款。

3.3 非法集资/金融诈骗

非法集资与金融诈骗并没有严格对应刑法上的罪名，与之最接近的是非法吸收公众存款罪与集资诈骗罪。根据《最高人民法院关于审理非法集资刑事案件具体应用法律若干问题的解释》，集资诈骗和非法吸收公众存款都属于非法集资。《刑法》中，“金融诈骗罪”是一类罪名，而非个别罪名，金融诈骗罪包括集资诈骗罪、贷款诈骗罪、票据诈骗罪、信用证诈骗罪、信用卡诈骗罪、有价证券诈骗罪、保险诈骗罪。立法者将金融诈骗罪从普通诈骗罪中分离出来，主要是为规范金融秩序。非法吸收公众存款罪（《刑法》第四节“破坏金融管理秩序罪”第176条）：非法吸收公众存款或者变相吸收公众存款，扰乱金融秩序的，处3年以下有期徒刑或者拘役，并处或者单处2万元以上20万元以下罚金；数额巨大

① http：//www. sac. net. cn/wlzf/zfjl/201610/t20161010_ 129116. html.

或者有其他严重情节的，处3年以上10年以下有期徒刑，并处5万元以上50万元以下罚金。单位犯前款罪的，对单位判处罚金，并对其直接负责的主管人员和其他直接责任人员，依照前款的规定处罚。

集资诈骗罪（《刑法》第五节“金融诈骗罪”的第192条）：以非法占有为目的，使用诈骗方法非法集资，数额较大的，处五年以下有期徒刑或者拘役，并处2万元以上20万元以下罚金；数额巨大或者有其他严重情节的，处5年以上10年以下有期徒刑，并处5万元以上50万元以下罚金；数额特别巨大或者有其他特别严重情节的，处10年以上有期徒刑或者无期徒刑，并处5万元以上50万元以下罚金或者没收财产。

3.4 传销

具体参见下一章。

第七章

虚拟货币与传销

很多人都不知道为什么传销会和区块链、数字货币出现在一个话题里面。根据我们的实践以及研究，我们注意到无论是公链开发中的ICO还是所谓币改中的通证经济，如果不能准确判断商业模式合规与否将极有可能触及“传销”。

1 …中国监管部门对传销一贯的严厉打击态度

继2018年1月12日互金协会公开批评迅雷的链克之后，2018年1月19日公安部的网站公布了全国公安机关、工商部门召开“网络传销违法犯罪活动联合整治工作部署会”（以下简称部署会）的官方消息。根据部署会安排，公安部、国家工商总局决定对网络传销违法犯罪活动开展联合整治，在重点查处的四类网络传销活动中包括以“虚拟货币”等为幌子的网络传销活动。部署会明确指出，对于网络传销组织的核心成员、骨干分子、“职业化”参与人以及协助转移资金、提供网站设计和维护的违法犯罪人员，依法严肃查处。2017年12月11日工商总局竞争执法局发布了题为“警惕以传销为手段的新型互联网欺诈行为”的文章，对以传销形式为手段、打着虚拟货币等旗号的新型互联网欺诈行为发出风险警示。该文章指出，不当经营网络虚拟货币活动可能涉嫌以传销为手段和形式，本质上实施非法集资、擅自从事金融业务活动、诈骗等违法犯罪行为。

2…与虚拟货币相关的典型传销案例

为了厘清虚拟货币行业涉嫌网络传销的风险，我们研究了2016年、2017年的几个有关虚拟货币的典型传销案例，并简单总结如下：

[案例7－1]（2016）苏0311刑初16号

[法院判决] 会员所谓静态收益来源于会员自己缴纳的会员费及下线会员缴纳的会员费，动态收益均来自下线缴纳的会员费，达康公司的经营实质是以投资所谓的虚拟货币“暗黑币”的名义，要求参加者以缴纳费用获得加入资格，按照一定顺序组成固定层级，以发展人员数量作为计酬和返利依据，只不过是将上述计酬和返利以分期支付方法进行发放以高额返利为诱饵引诱参加者继续发展他人参加而骗取财物，也就是利用新投资人的钱来向老投资人支付利息和短期回报的“庞氏骗局”，显然属于传销组织，只不过是使用了“虚拟货币”的形式，将上述计酬和返利以分期支付方法进行发放，更具有欺骗性和隐蔽性而已。因此，杜某等5名被告人所参与的达康公司经营模式并非以销售业绩为报酬依据的团队计酬，而是以发展人员数量为计酬返利依据的传销活动，且层级在3层以上，参与人员亦远远超过30人，构成了组织领导传销活动罪，达康公司“暗黑币”经营组织为传销组织。

[案例7－2]（2017）粤1403刑初29号

[公诉机关指控] 连平县公安局接到支队转来广东省公安厅经侦局《关于统一查处“5.27”虚拟货币网络传销专案的通知》。2016年4月，“恒星币”虚拟货币网络交易平台以经营为名，要求参加者购买“挖矿机”，通过购买的“挖矿机”生产“恒星币”赚取利益，并以发展人员数量作为返利，引诱参与者通过

“恒星币”交易平台继续发展他人参与。被告人刘某甲、郑某甲为该传销组织的成员。经核查，被告人刘某甲的层级为22级，下线人数为531人，下线为层级13级；被告人郑某甲的层级为23级，下线人数为437人，下线层级为12级。公诉机关认为，两被告人的行为已构成组织、领导传销活动罪，依法应追究两被告人的刑事责任。

[法院判决] 因客观条件的限制无法逐一收集参与传销活动人员的言词证据，但根据侦查机关依法调查收集的互联网电子数据、传销人员关系图、鉴定意见等证据，结合被告人供述及证人证言，综合认定被告人管理的团队参与传销活动人员累计达5层116人，事实清楚，证据充分，辩护人的辩护意见理由不足，不予采纳。鉴于被告人黄某归案后认罪态度较好，依法可以从轻处罚，被告人及辩护人请求从轻处罚意见可以采纳。被告人黄某犯组织、领导传销活动罪，判处有期徒刑一年六个月，并处罚金人民币5000元。

[案例7-3]（2017）川0704刑初263号

[基本案情] 3名被告人在投资利物币项目后，积极通过发微信朋友圈、建微信群、打电话、口口相传等方式向亲戚、朋友、同事等宣扬利物币投资模式并鼓励他们加入该项目，又在游仙区层峰茶楼、东津桥头茶楼坐班宣传利物币相关投资及获利方式，并在上述茶楼接待前来咨询的投资者，收取投资者费用后在利物币官网为其进行注册并激活矿机、同时回收下线的利物币进行返利、并免费给投资者提供茶水。3名被告人在加入利物币投资项目后，对外宣称：利物币是德国磐石基金开发的第二代虚拟货币，如果要投资利物币，投资者可以进入利物币官方网站进行注册申购，1名投资者最少要交600元人民币才能获得购买1000枚利物币申购激活1台矿机的资格，1名投资者最多可交6000元申购10,000枚利物币激活10台矿机成为1个大单，每天1台矿机可以产生25枚专属于自己的利物币，其中有15枚利物币可以以0.6元价格出售，激活别人的矿机，剩余10枚利物币只能用于80天后激活自己矿机，1台矿机最多工作80天后需要1000枚利物币再次激活才能生产利物币。利益来源就是自己激活矿机生产出来的利物币以0.6元价格出售，时间越长、产值越大，利物币只能买卖给自己的上下线，每个利物币投资者直接下线只能发展3人，发展的下线可以继续发展下线，新发展的

成员，发展9层即可享受管理奖，每天会给上线返利物币，并鼓励投资者多在熟人、亲戚、朋友中宣传利物币、发展人员。每个利物币投资者只要3个直接下线中有一条下线有80个大单，另外两条下线各有100个大单，即可成为大区经理。3名被告人均对参与利物币投资的下线承诺每14天会对利物币投资者矿机中生产出的利物币进行回收返利。

该利物币投资体系的运行模式实质是以推销虚拟货币为名，要求参加者缴纳费用，并按照一定顺序组成层级、以发展人员的数量作为返利依据，引诱参加者继续发展他人，骗取他人财物。目前，已查实3名被告人所发展下线层级均已超过3级，发展参与传销的人员超过30人。

[法院判决] 被告人孟某雅、孟某德、齐某豪以推销虚拟货币为名，以发展人员数量作为返利依据，引诱参加者继续发展他人，骗取财物，其组织内部参与传销活动人员已达到30人以上且层级在3级以上，3名被告人行为均已触犯《刑法》第224条之一的规定，构成了组织、领导传销活动罪，应依法予以惩处。

3…我国关于传销的法律规定

我国对于传销的界定主要体现在《刑法》《禁止传销条例》等法律法规中。根据《刑法》第224条的规定，传销活动是指“以推销商品、提供服务等经营活动为名，要求参加者以缴纳费用或者购买商品、服务等方式获得加入资格，并按照一定顺序组成层级，直接或者间接以发展人员的数量作为计酬或者返利依据，引诱、胁迫参加者继续发展他人参加，骗取财物，扰乱经济社会秩序”的活动。

根据《禁止传销条例》（国务院令〔2005〕第444号）第2条的规定，传销是指“组织者或者经营者发展人员，通过对被发展人员以其直接或者间接发展的人员数量或者销售业绩为依据计算和给付报酬，或者要求被发展人员以交纳一定费用为条件取得加入资格等方式牟取非法利益，扰乱经济秩序，影响社会稳定的行为”。

此外，《禁止传销条例》第3条还列举了三种属于传销的行为：“（一）组织者或者经营者通过发展人员，要求被发展人员发展其他人员加入，对发展的人员以其直接或者间接滚动发展的人员数量为依据计算和给付报酬（包括物质奖励和其他经济利益，下同），牟取非法利益的；（二）组织者或者经营者通过发展人员，要求被发展人员交纳费用或者以认购商品等方式变相交纳费用，取得加入或者发展其他人员加入的资格，牟取非法利益的；（三）组织者或者经营者通过发展人员，要求被发展人员发展其他人员加入，形成上下线关系，并以下线的销售业绩为依据计算和给付上线报酬，牟取非法利益的。"

2016 年 3 月 23 日工商总局发布了《新型传销活动风险预警提示》，其中明确指出："根据禁止传销的相关法律法规规定，不管传销组织如何变换手法伪装自己，只要同时具备以下三点就可以断定涉嫌传销：一是交纳或变相交纳入门费，即交钱加入后才可获得计提报酬和发展下线的'资格'；二是直接或间接发展下线，即拉人加入，并按照一定顺序组成层级；三是上线从直接或间接发展的下线的销售业绩中计提报酬，或以直接或间接发展的人员数量为依据计提报酬或者返利。再简单讲，只要具备'交入门费''拉人头''组成层级团队计酬'就可认定为涉嫌传销。"

2013 年 11 月 14 日，最高人民法院、最高人民检察院、公安部联合发布《关于办理组织领导传销活动刑事案件适用法律若干问题的意见》（公通字〔2013〕37 号，以下简称 37 号意见）。37 号意见规定："骗取钱财"是指"传销活动的组织者、领导者采取编造、歪曲国家政策，虚构、夸大经营、投资、服务项目及盈利前景，掩饰计酬、返利真实来源或者其他欺诈手段，实施刑法第 224 条之一规定的行为，从参与传销活动人员缴纳的费用或者购买商品、服务的费用中非法获利的，应当认定为骗取财物。参与传销活动人员是否认为被骗，不影响骗取财物的认定。"此外，"团队计酬"行为的界定是"传销活动的组织者或者领导者通过发展人员，要求传销活动的被发展人员发展其他人员加入，形成上下线关系，并以下线的销售业绩为依据计算和给付上线报酬，牟取非法利益的，是'团队计酬'式传销活动。以销售商品为目的、以销售业绩为计酬依据的单纯的'团队计酬'式传销活动，不作为犯罪处理。形式上采取'团队计酬'方式，但实质上属于'以发展人员的数量作为计酬或者返利依据'的传销活动，应当依照刑法第二百二十四条之一的规定，以组织、领导传销活动罪定罪处罚"。

如上所述，尽管传销或变相传销有多种表现形式，主管机关的判断重点依然是其获利方式。传销行为的获利方式不是通过正常的销售行为进行获取利益，而是通过“入门费”、“人头费”以及“发展层级的团队计酬”等非法方式获取利益。

《禁止传销条例》第4条、第13条规定：“工商行政管理部门、公安机关应当依照本条例的规定，在各自的职责范围内查处传销行为。工商行政管理部门查处传销行为，对涉嫌犯罪的，应当依法移送公安机关立案侦查；公安机关立案侦查传销案件，对经侦查不构成犯罪的，应当依法移交工商行政管理部门查处。”2007年6月6日，在《国务院办公厅对〈禁止传销条例〉中传销查处认定部门解释的函》中再次明确传销行为由工商部门和公安机关共同查处，工商部门和公安机关都有受理举报和向社会公开发布警示的职责，同时还规定了案件移送制度。工商部门和公安机关根据《禁止传销条例》在各自的职责范围内对传销行为进行查处，并依照各自职责分别依法对传销行为予以认定。

如上所述，在查处传销活动时，工商部门和公安部门均有权进行查处。情节严重涉嫌犯罪的由公安部门负责查处，情节较轻不涉嫌犯罪的则由工商部门负责查处。

4…传销的处罚

2010年5月7日，最高人民检察院、公安部下发了《关于公安机关管辖的刑事案件立案追诉标准的规定（二）的通知》。其中明确了传销活动“涉嫌组织、领导的传销活动人员在三十人以上且层级在三级以上的，对组织者、领导者，应予立案追诉”。

根据《禁止传销条例》第14条的规定，“县级以上工商行政管理部门对涉嫌传销行为进行查处时，可以采取下列措施：（一）责令停止相关活动；（二）向涉嫌传销的组织者、经营者和个人调查、了解有关情况；（三）进入涉嫌传销的经营场所和培训、集会等活动场所，实施现场检查；（四）查阅、复制、查封、扣押涉嫌传销的有关合同、票据、账簿等资料；（五）查封、扣押涉嫌专门用于传销的产品（商品）、工具、设备、原材料等财物；（六）查封涉嫌传销的经营场所；（七）查询涉嫌传销的组织者或者经营者的账户及与存款有关的会计凭证、账簿、对账单等；（八）对有证据证明转移或者隐匿违法资金的，可以申请司法机关予以冻结”。

对于传销行为的处罚，《禁止传销条例》第24条规定：“组织策划传销的，由工商行政管理部门没收非法财物，没收违法所得，处50万元以上200万元以下的罚款；构成犯罪的，依法追究刑事责任；介绍、诱骗、胁迫他人参加传销的，由工商行政管理部门责令停止违法行为，没收非法财物，没收违法所得，处10万元以上50万元以下的罚款；构成犯罪的，依法追究刑事责任；参加传销的，由工商行政管理部门责令停止违法行为，可以处2000元以下的罚款。”

根据《刑法》第224条的规定，对于构成犯罪的传销行为，“处五年以下有期徒刑或者拘役，并处罚金；情节严重的，处五年以上有期徒刑，并处罚金”。

此外，根据37号意见，“以非法占有为目的，组织、领导传销活动，同时构成组织、领导传销活动罪和集资诈骗罪的，依照处罚较重的规定定罪处罚。犯组织、领导传销活动罪，并实施故意伤害、非法拘禁、敲诈勒索、妨害公务、聚众扰乱社会秩序、聚众冲击国家机关、聚众扰乱公共场所秩序、交通秩序等行为，构成犯罪的，依照数罪并罚的规定处罚”。此外，37号意见还明确规定，《刑法》第224条中“情节严重”是指“（一）组织、领导的参与传销活动人员累计达一百二十人以上的；（二）直接或者间接收取参与传销活动人员缴纳的传销资金数额累计达二百五十万元以上的；（三）曾因组织、领导传销活动受过刑事处罚，或者一年以内因组织、领导传销活动受过行政处罚，又直接或者间接发展参与传销活动人员累计达六十人以上的；（四）造成参与传销活动人员精神失常、自杀等严重后果的；（五）造成其他严重后果或者恶劣社会影响的”。

5…如何认定是否为传销

综上所述，无论是法律法规的规定或是在实践判例中，在认定虚拟货币相关经营是否构成传销时，主要考虑以下几个方面：

（1）交纳或变相交纳入门费。在实践中，传销行为一大特征就是需要交纳一定的入门费。现在很多虚拟货币项目会要求投资者先交纳一定的费用才具有购买虚拟货币的资格，这就是典型的入门费。此外，还有一些项目会涉及“矿机”，投资者必须要购买矿机才能“挖矿”，才具有产生虚拟货币的基础。这个售卖矿机的行为很有可能被监管机关认定为变相的入门费。

（2）直接或间接发展下线。实践中，有的虚拟货币项目通过微信群、组织授课、宣传会等方式公开向他人宣传，或以“高回报”作为噱头发展新的投资者，也就是所谓的“拉人头”。

（3）从直接或间接发展的下线的销售业绩中计提报酬。实践中，有的虚拟货币项目向投资者承诺定期的返现或收益，有的还会承诺“拉人头”的收益。虚拟货币每一个中间代理拉人头后，人头都是直接从组织者那里购买数字货币，而不是从中间代理那里购买，这有点类似直销模式，但是中间代理拉人头可以直接获得额外的数字货币奖励，这就是明显的传销特征。换言之，就是以直销的方式吸引投资者购买，再鼓动投资者以传销方式发展下线，用新投资人的钱来向老投资者支付利息和短期回报，以制造赚钱的假象进而获取更多的投资。

（4）江苏省互金协会发布的《互联网传销识别指南》（2017 年版）提出了从发行方式、交易方式、实现方式以及源代码链接等诸多要素来判断虚拟货币经营是否构成传销。

第八章

基金投资区块链行业之合规

1 ···区块链行业中活跃的投资机构

就像IPO之前通常有私募股权投资，在区块链领域里面也会有私募投资的概念，只不过这并不是真正意义的私募股权投资。

随着区块链概念的火热以及BTC价格的上涨，市场上出现了越来越多的VC投资区块链。在Crypto Fund Research的一篇文章“Top 50 Venture Capital Firms Investing in Blockchain Companies”中①提及了市场上最有影响力的50家投资区块链行业的风险投资基金（VC）。

其中前20名的机构包括：Digital Currency Group、Pantera Capital、Blockchain Capital、Andreessen Horowitz、Node Capital、Boost VC、IDG Capital、Draper Associates、Ceyuan Ventures、Lightspeed Venture Partners、Techstars、RRE Ventures、Union Square Ventures、General Catalyst、Liberty City Ventures、500 Startups、DHVC（Danhua Capital）、Kindred Ventures、Sequoia Capital、

① 载https：//cryptofundresearch.com/top-50-venture-capital-firms-investing-blockchain-companies/，最后访问日期：2020年3月20日。

Future Perfect Ventures。

大家可以看到里面既有世界领先的红杉资本、IDG 等老牌 VC，也有 Pantera 这样的区块链投资行业新贵。

2…私募股权基金如何投资区块链行业

2.1 私募股权基金投资区块链行业的交易结构

从投资标的或者架构来分，前述的 VC 所投资的标的又可分为投资 Token 等数字资产、投资区块链行业公司股权以及投资股权 + Token 三种模式。

根据《289 号文》，"现阶段，各金融机构和支付机构不得以比特币为产品或服务定价，不得买卖或作为中央对手买卖比特币，不得承保与比特币相关的保险业务或将比特币纳入保险责任范围，不得直接或间接为客户提供其他与比特币相关的服务，包括：为客户提供比特币登记、交易、清算、结算等服务；接受比特币或以比特币作为支付结算工具；开展比特币与人民币及外币的兑换服务；开展比特币的储存、托管、抵押等业务；发行与比特币相关的金融产品；将比特币作为信托、基金等投资的投资标的等"。

如果是传统的 VC/PE 人民币基金，那么即使在中国境内履行了所有的登记、备案手续，完成了所有的合规手续，也不能合法地在中国境内进行 Token 的投资。

而对于区块链这一新兴技术本身，监管部门的态度是正面而且鼓励的。在对区块链行业公司或者 TMT 行业进行股权投资时，投资人必须考虑该等项目有可能在未来涉及区块链的特定业务，该等项目中不同于传统股权投资项目的事项，值得投资人特别关注。

2.2 传统投资人投资区块链项目中的 Term Sheet（TS）

传统投资人应当重新审视已有的 TS 并进行相应修订，以便于适应区块链行业的特殊性。

我们以 Veto Rights 为例，惯常的股权投资 TS 中可能会约定"股东会由全体股东组成，是公司的最高权力机构。投资方按照公司章程享有股东会投票权，并且下列事项必须经投资方同意后方可实施：决定公司年度财务预算方案、决算方案；决定公司的经营方针及年度经营计划、发展战略计划和投资计划；公司增加或减少注册资本；公司合并、分立、解散、清算或变更公司形式；审议批准公司的利润分配方案和弥补亏损的方案；修改公司章程；其他事项由二分之一以上表决权的股东（必须包括投资方在内）同意即可通过"。

但是，对于涉及区块链业务的公司，可能会通过特定的架构在特定的司法区域进行区块链的业务，这里可能包括区块链融资。尽管《九四公告》禁止了中国境内的区块链融资，但是在某些境外司法区域区块链融资仍是合法的。那么，为了保证投资人的利益，我们建议在TS中加入投资人对后续可能发生的区块链融资的一票否决权。实践中，在目标公司更加强势的情况下，股东可能不会完全同意一票否决权。

值得注意的是，Veto Rights仅只是需要修改的条款之一。根据区块链行业的特殊性，投资人还应当进行相应的修改和补充。

2.3 传统投资人如何对区块链公司做尽职调查

不同于传统的私募股权投资，鉴于区块链行业的特殊性，投资人在对目标公司进行尽职调查的过程中，也需要额外关注某些特定事项。

首先，投资人需要充分了解区块链所依托的项目本身。因此，投资人应将商业计划书、白皮书等相关文件纳入尽调的范围，了解区块链融资的整个流程、时间计划表以及区块链融资的法律架构（这点尤其重要）。

众所周知，鉴于监管环境的复杂性、项目的良莠不齐以及投资人经验相对有限，为尽量降低投资的风险，我们在研究SEC的官方建议①、PWC的《ICO风险评估指引》以及在我们此前所处理的诸多项目经验的基础上，总结了投资人阅读白皮书时应考虑的50个问题。

1. 交易对方及治理结构

1.1 发行方是谁？发行方是否为境内公司？发行方是否为新加坡机构？如

① Sample Questions for Investors Considering a Cryptocurrency or ICO Investment Opportunity.

是，发行方是否为成立于新加坡的基金会？

1.2 发行方的注册时间是什么时候？

1.3 发行主体是否有其他关联公司或项目公司？如有，关联公司或项目公司的名称、注册地以及与项目发起主体之间的关系是什么？

1.4 发行方的背景是什么？

1.5 项目的运营实体是谁？运营实体和发行方的关系是什么？

1.6 项目的关联公司是否接受过任何股权投资，如是，是否有任何合同下限制性义务？

1.7 白皮书中是否完整且详细地介绍了项目的治理结构（如发行方的组织架构、决策机制、财务制度、技术管理等）？项目是否有明确的定期披露机制？

1.8 发行方是否通过主流媒体进行过公开宣传？

1.9 项目的官方网站是什么？

1.10 发行方是否已经在公开社交网络建立账号（如 Slack、Reddit、Telegram、Twitter、微信公众号等）？

1.11 白皮书中披露的联系方式是否能真实联系到发行方？

2. 项目内容

2.1 项目目前处于什么阶段？

2.2 发行方是否在白皮书中展示了完整且详细的商业计划？投资人能否理解该商业计划内容？

2.3 项目是否已有产品原型或测试版本？

2.4 发行方是否在白皮书中对产品及应用场景进行了完整、详细的介绍？

2.5 项目是否具有行业竞争力？

2.6 Token 的应用场景是否具有实践操作性？

2.7 是否真正利用了区块链的技术？项目本身应用区块链技术是否有商业的必要性？

2.8 项目的开发者社区现状是什么？开发者社区地址和进入方式是什么？

2.9 项目目前的合伙伙伴是谁？

2.10 发行方如何实现白皮书中承诺的应用场景及生态？

2.11 Token 在应用场景中的功能和用途？

2.12　白皮书中是否披露了完整的项目时间计划表或发展规划？

2.13　白皮书中是否披露了相应的市场推广方案？

3. Token 的发行方案

3.1　发行方是否在白皮书中完整披露了 Token 的产生方式？如果通过智能合约，是否承诺使用知名的代币合约（如 ERC20）？是否提供了可查询的智能合约地址？

3.2　发行方是否在白皮书中完整披露了 Token 的分配方案（创始团队、投资人、社区等分配的比例）？是否有 airdrop 安排？

3.3　创始团队分配的 Token 是否进行了锁定？解冻次数和解冻周期是多少？

3.4　发行方是否对 Token 的属性进行了明确的定义？Token 是否代表特定的权益？

3.5　Token 的总量是否设置了上限？如果总量非固定，是否提供了总量变动的方式？

3.6　Token 的币种精度是多少？

3.7　是否有多次或分阶段的发行计划？

3.8　是否有私募计划？私募融资的时间和计划是什么？

3.9　私募融资的价格以及私募发行 Token 占 Token 总量的比例？

3.10　对于募集金额是否明确规定了硬顶和软顶？

3.11　如果涉及区块链技术，代码是否开源？发行方是否公开其代码？代码是否基于现有的区块链项目？

3.12　发行方是否进行独立的网络安全审查？

3.13　白皮书中是否披露了募集资金的使用计划和方案？募集的资金是否会被用于向他人兑付？

3.14　Token 发行所融得 ETH 的托管方式是什么？

4. 投资人权利

4.1　投资人是否具有特殊的权利？

4.2　发行方是否对投资人承诺了回购或退款？

4.3　投资人何时能对外出售 Token？

4.4　投资人对外出售 Token 时是否有限制条件？

5. 项目团队

5.1 白皮书中是否对团队主要成员信息（包括但不限于基本信息、教育情况、从业经历、对外投资情况、与其他成员的关联关系等）进行介绍?

5.2 团队成员是否有任何区块链项目创业经验?

5.3 团队成员在白皮书中披露的信息能否通过公开渠道查询?

5.4 团队主要成员是否存在不良记录?

5.5 在公开渠道能否查询到团队成员的负面报道?

5.6 项目团队中是否有区块链技术方面的专家、顾问参与?

6. 合规

6.1 项目是否聘请了律师?

6.2 白皮书中是否包含了法律声明及风险揭示部分?

我们希望，投资人通过前述50个问题可以快速了解项目、Token的发行情况以及发行主体和创始团队等重要信息并对项目本身以及投资风险进行一个初步的评估。

值得注意的是，根据《289号文》，各金融机构和支付机构不得以比特币为产品或服务定价，不得买卖或作为中央对手买卖比特币，不得承保与比特币相关的保险业务或将比特币纳入保险责任范围，不得直接或间接为客户提供其他与比特币相关的服务，包括：为客户提供比特币登记、交易、清算、结算等服务；接受比特币或以比特币作为支付结算工具；开展比特币与人民币及外币的兑换服务；开展比特币的储存、托管、抵押等业务；发行与比特币相关的金融产品；将比特币作为信托、基金等投资的投资标的等。

其次，投资人还需要了解目标公司是否之前已经进行过区块链融资，如是，该等融资是否符合相关的监管法规。

2.4 私募股权基金如何做区块链行业投资组合的投后管理

从被投公司的角度来看，面对重重的监管困境，境内公司往往通过在境外搭建“壳公司”的方式在区块链融资合规的国家（如新加坡或者瑞士）进行数字货币的发行和交易。

境外公司区块链融资的过程中必然大量使用和依赖境内公司的技术人员、技术方法和技术设备。可以说，该境外公司区块链融资过程中所产生的经济价值是境内公司利益链的境外延伸。作为境内公司的股东，如果投资人能够证明该利益链的存在，那么就可以据此向司法机关主张对上述经济价值进行分配。而在现实当中，投资人往往可以找到证据证明这种强关联——比如境内和境外公司主要技术人员的重复等等的“蛛丝马迹”。投资人对于所投公司区块链融资所产生的利益，有参与分配的权利。这也是公司对基金背后的投资人所负尽信义务的应有之义。

如果被投公司进行了 ICO，那么对投资人来说，随着经济价值增加会不可避免地产生合规风险。鉴于投资人通常在其投资的公司中委派董事，而董事往往参与了相关决议的作出（诸如设立境外公司进行 ICO）。所以，如果公司进行区块链融资时在白皮书中做了不实的陈述，或者出于恶意而进行区块链融资，鉴于 Token 的高度流通性，该投资人被揭露并被指控存在虚假证券发行、操纵证券市场等行为的可能性大大提高。

无论怎样，投资人及其委派的董事与公司区块链融资行为在事实上的关联性都是客观存在的。这种关联性将使投资人时时刻刻都如履薄冰，面临着来自监管机构和 LP（有限合伙人）的双重压力。而这些风险只是投资人面临的诸多风险中的冰山一角——比如，境外“壳公司”发行的 Token 往往可以在境内公司的应用场景中购买或兑换一定的商品或者服务，那么这或许也蕴含着关联定价和关联交易的问题。

可以说，无论投资人是否参与到区块链融资中，也无论投资人是主动地参与还是被动地参与，它都面临着被监管机构或 LP 追责的风险，这使投资人进退两难。

境内基金可以要求境内公司对其在境外进行区块链融资所得的 Token 进行分配。但是一旦参与其中，将面临合规风险。除此之外，在实际分配的过程中，投资人应分得的 Token 数量和来源也应提前进行约定。

为了最大限度地保证境内基金对上述经济价值要求分配的权利并尽可能地避免合规风险，我们建议在投资协议中设立预防机制，从而在合法的框架内对区块链融资的相关事项进行管理。

为了保证投资人的利益，我们建议在 TS 中加入投资人对后续可能发生的区块链融资的一票否决权。鉴于很多 Token 的应用场景、生态或技术基础是源自目标公司本身，那么通过前述表决权的限制，可以加强投资人对公司后续区块链融资的控制，更有利于保护投资人的利益。根据区块链行业的特殊性，投资人还应当在 TS 中进行相应的修改和补充。

除此之外，在区块链投资中还存在一个十分重要的商业考量：如果投资人要参与其所投公司的区块链融资并获得一定数量的 Token（或者说，一旦投资人实际分配到了 Token，也就是参与了所投公司的区块链融资过程），其应被分配的 Token 份额和来源是什么？通常来说，当公司进行区块链融资时，其 Token 往往被划分为几个部分，即创始人团队预留的部分、区块链融资发行的部分、通过配售直接在交易所上市流通的部分。那么，投资人应当从哪一部分抽取 Token，抽取比例是多少？由于 Token 上线交易后增幅异常可观，投资人应该对这些问题作出谨慎的商业思考并在协议中体现相应的安排。

3…Token Fund 如何投资区块链项目

Token Fund 通常在各个项目的私募阶段直接投资数字资产，这种模式取代了传统的股权投资模式，成为区块链行业的主流模式之一。区块链投资人的投资模式与传统的股权投资模式也存在很多区别。

3.1 签 or 不签

我们注意到，很多 Token Fund 在投资的时候，仅仅与发行方签署一份非常简单的协议，甚至更多的是不签署任何协议。在未将各自的权利、义务书面约定清楚的情况下，私募投资人就向发行方打款，这其实存在很大的风险。在这个行业中，由于极度的高风险高收益，投资人已经习惯了裸奔式的“梭哈”，这也是传统投资人很难理解为什么一笔几千万元人民币甚至上亿元人民币的交易居然可以不做尽职调查、不签订协议。

我们建议 Token Fund 在私募的阶段应当针对区块链行业的特殊性签订相应的协议。

3.2 签订有效的SAFT非常必要

考虑区块链融资涉及法律层面和监管层面的复杂性，SAFT（Simple Agreement for Future Tokens，未来代币的简单协议）在国外区块链融资私募中已广泛使用。

正所谓“区块链行业一日世上一年”，区块链的模式一直处于不断地更新过程中。根据我们的经验，协议应当根据不同的场景和模式起草。对于不在White List中的区块链投资人，还应当考虑以何种方式才能合法进行Token投资。我们也注意到越来越多的投资开始设立数字货币投资基金来参与Token的投资。此外，在区块链融资中开始出现了诈骗事件，已经有很多投资人被电报群中的犯罪分子诈骗了很多的ETH。考虑到区块链行业的特性，一旦发生诈骗则很难进行追偿。无论对于发行方还是投资人这都是必须要注意的风险。

我们理解，发行方和投资方签订一份有效的SAFT尤为必要。对于投资人而言，如果在发行方没有正式的白皮书、规范的运作以及规范的SAFT的情况下而贸然投资，则只能期待自己的运气。

附：SAFT范本

范本一

NOTICE TORESIDENTS of the United States

THE OFFER AND SALE OF THIS SECURITY INSTRUMENT HAS NOT BEEN REGISTERED UNDER THE U. S. SECURITIES ACT OF 1933, AS AMENDED (THE “SECURITIES ACT”), OR UNDER THE SECURITIES LAWS OF CERTAIN STATES. THIS SECURITY MAY NOT BE OFFERED, SOLD OR OTHERWISE TRANSFERRED, PLEDGED OR HYPOTHECATED EXCEPT AS PERMITTED UNDER THE ACT AND APPLICABLE STATE SECURITIES LAWS PURSUANT TO AN EFFECTIVE REGISTRATION STATEMENT OR AN EXEMPTION THEREFROM.

[International legends to be updated as appropriate for the offering]

范本二

NOTICE to RESIDENTS of Canada

UNLESS PERMITTED UNDER SECURITIES LEGISLATION, THE HOLDER OF THIS SECURITY MUST NOT TRADE THE SECURITY BEFORE THE DATE THAT THE ISSUER BECOMES A REPORTING ISSUER IN ANY PROVINCE OR TERRITORY.

范本三

NOTICE to RESIDENTS of CHINA

THE RIGHTS ARE NOT BEING OFFERED OR SOLD AND MAY NOT BE OFFERED OR SOLD, DIRECTLY OR INDIRECTLY, WITHIN THE PEOPLE's REPUBLIC OF CHINA (FOR SUCH PURPOSES, NOT INCLUDING THE HONG KONG AND MACAU SPECIAL ADMINISTRATIVE REGIONS OR TAIWAN), EXCEPT AS PERMITTED BY THE SECURITIES AND OTHER LAWS AND REGULATIONS OF THE PEOPLE's REPUBLIC OF CHINA.

范本四

NOTICE to RESIDENTS of the United Kingdom

In the United Kingdom this document is being distributed only to, and is directed only at (and any investment activity to which it relates will be engaged only with): (i) investment professionals [within the meaning of article 19 (5) of The Financial Services and Markets Act 2000 (Financial Promotion) Order 2005 as amended (the "FPO")]; (ii) persons or entities of a kind described in article 49 of the FPO; (iii) certified sophisticated investors [within the meaning of article 50 (1) of the FPO]; and (iv) other persons to whom it may otherwise lawfully be communicated (all such persons together being referred to as "Relevant Persons").

This document has not been approved by an authorised person. Any investment to which this document relates is available only to (and any investment activity to which it relates will be engaged only with) Relevant Persons. This document is directed only at Relevant Persons and persons who are not Relevant Persons should not take any action based upon this document and should not rely on it. It is a condition of you receiving and retaining this document that you warrant to the Company, its directors, and its officers that you are a Relevant Person.

[TOKEN NAME], a product of [COMPANY NAME]

范本五

SAFT

(Simple Agreement for Future Tokens)

THIS CERTIFIES THAT in exchange for the payment by the undersigned purchaser (the "Purchaser") of $ [__________] (the "Purchase Amount") on or about [DATE], 2017, [Company Name], a [State of Incorporation] corporation (the "Company"), hereby issues to the Purchaser the right (the "Right") to certain units of [Token Name] (the "Token" or "[Token Name]"), subject to the terms set forth below.

1. Events

a) Network Launch. If there is a Network Launch before the expiration or termination of this instrument, the Company will automatically issue to the Purchaser a number of units of the Token equal to the Purchase Amount divided by the Discount Price.

In connection with and prior to the issuance of Tokens by the Company to the Purchaser pursuant to this Section 1 (a):

(i) The Purchaser will execute and deliver to the Company any and all other transaction documents related to this SAFT, including verification of accredited investor status or non – U. S. person status under the applicable securities laws; and

(ii) The Purchaser will provide to the Company a network address for which to allocate Purchaser's Tokens upon the Network Launch.

b) Dissolution Event. If there is a Dissolution Event before this instrument expires or terminates, the Company will pay an amount equal to the Purchase Amount multiplied by the Discount Rate (the "Discounted Purchase Amount"), due and payable to the Purchaser immediately prior to, or concurrent with, the consummation of the Dissolution Event [, subject to the rights and preferences of the holders of the Company's preferred stock, as set forth in the Company's Certificate of Incorporation, as it may be amended from time to time.]① If immediately prior to the consummation of the Dissolution Event, the assets of the Company that remain legally available for distribution to the Purchaser and all holders of all other SAFTs (the "Dissolving Purchasers"), as determined in good faith by the Company's board of directors, are insufficient to permit the payment to the Dissolving Purchasers of their respective Discounted Purchase Amounts, then the remaining assets of the Company legally available for distribution, following all distributions to the holders of the Company's preferred stock, will be distributed with equal priority and pro rata among the Dissolving Purchasers in proportion to the Discounted Purchase Amounts they would otherwise be entitled to receive pursuant to this Section 1 (b). Any distributed amounts shall be in U. S. Dollars.

c) Termination. This instrument will expire and terminate upon the earlier of (i) the issuance of Tokens to the Purchaser pursuant to Section 1 (a); (ii) the payment, or setting aside for payment, of amounts due the Purchaser pursuant to Section 1 (b); (iii) [DATE] (the "Deadline Date"), if the Network Launch has not occurred as of such date; provided that, the Company shall have the right to extend the Deadline Date by sixty (60) days, in its sole discretion [; and (iv) the failure to obtain net proceeds of more than $ (__________) from the

① Review Company's Certificate of Incorporation for liquidation preferences of preferred stockholders if any series of preferred stock is issued and outstanding.

sale of all rights pursuant to the SAFTs; provided, that in the case of (iv), the Company shall have the obligation to repay to the Purchasers the aggregate amount of all Purchase Amounts.]①

2. Definitions

"Discount Price" means the maximum price per Token sold by the Company to the public during the Network Launch multiplied by the Discount Rate.

"Discount Rate" is [____%].

"Dissolution Event" means (i) a voluntary termination of operations of the Company, (ii) a general assignment for the benefit of the Company's creditors or (iii) any other liquidation, dissolution or winding up of the Company, whether voluntary or involuntary.

"Network Launch" means [a bona fide transaction or series of transactions, pursuant to which the Company will sell the Tokens to the general public in a publicized product launch.]②

"SAFT" means an agreement containing a future right to units of Tokens purchased by Purchasers, similar in form and content to this agreement, which a significant portion of the amount raised under the SAFTs will be used to fund the Company's development of a decentralized blockchain-based computer network (the "[Network]") that enables [describe the end goal, function and utility of the proposed Network].

3. Company Representations

a) The Company is a corporation duly organized, validly existing and in good standing under the laws of [STATE], and has the power and authority to own, lease and operate its properties and carry on its business as now conducted.

b) The execution, delivery and performance by the Company of this instru-

---

① Include if there will be a minimum offering amount.

② Customize to the launch event the Company anticipates.

ment is within the power of the Company and, other than with respect to the actions to be taken when Tokens are to be issued to the Purchaser, has been duly authorized by all necessary actions on the part of the Company. This instrument constitutes a legal, valid and binding obligation of the Company, enforceable against the Company in accordance with its terms, except as limited by bankruptcy, insolvency or other laws of general application relating to or affecting the enforcement of creditors' rights generally and general principles of equity. To the knowledge of the Company, it is not in violation of (i) its current articles of incorporation or bylaws, (ii) any material statute, rule or regulation applicable to the Company, or (iii) any material indenture or contract to which the Company is a party or by which it is bound, where, in each case, such violation or default, individually, or together with all such violations or defaults, could reasonably be expected to have a material adverse effect on the Company.

c) To the knowledge of the Company, the performance and consummation of the transactions contemplated by this instrument do not and will not: (i) violate any material judgment, statute, rule or regulation applicable to the Company; (ii) result in the acceleration of any material indenture or contract to which the Company is a party or by which it is bound; or (iii) result in the creation or imposition of any lien upon any property, asset or revenue of the Company or the suspension, forfeiture, or nonrenewal of any material permit, license or authorization applicable to the Company, its business or operations.

d) No consents or approvals are required in connection with the performance of this instrument, other than: (i) the Company's corporate approvals; and (ii) any qualifications or filings under applicable securities laws.

e) To its knowledge, the Company owns or possesses (or can obtain on commercially reasonable terms) sufficient legal rights to all patents, trademarks, service marks, trade names, copyrights, trade secrets, licenses, information, processes and other intellectual property rights necessary for its business as now conducted and as currently proposed to be conducted, without an infringement of the rights of others. [Token name] is not a proprietary trade name of the Company. ①

4. Purchaser Representations

a) The Purchaser has full legal capacity, power and authority to execute and deliver this instrument and to perform its obligations hereunder. This instrument constitutes valid and binding obligation of the Purchaser, enforceable in accordance with its terms, except as limited by bankruptcy, insolvency or other laws of general application relating to or affecting the enforcement of creditors' rights generally and general principles of equity.

b) The Purchaser has been advised that this instrument is a security and that the offers and sales of this instrument have not been registered under any country's securities laws and, therefore, cannot be resold except in compliance with the applicable country's laws. The Purchaser is purchasing this instrument for its own account for investment, not as a nominee or agent, and not with a view to, or for resale in connection with, the distribution thereof, and the Purchaser has no present intention of selling, granting any participation in, or otherwise distributing the same. The Purchaser has such knowledge and experience in financial and business matters that the Purchaser is capable of evaluating the merits and risks of such investment, is able to incur a complete loss of such investment without impairing the Purchaser's financial condition and is able to bear the economic risk of such investment for an indefinite period of time.

c) The Purchaser enters into this SAFT with the predominant expectation that he, she or it, as the case may be, will profit upon the successful development and Network Launch arising from the efforts of the Company and its employees to develop and market the [Network] and the [Network Launch] and related sale of

---

① Review with IP counsel.

the Tokens.

5. Procedures for Purchase of Rights and Valuation of Purchase Amount

a) Company will accept payment for the Right purchased under this SAFT in [U. S. Dollars/Bitcoin/Ether]. Purchaser shall make the required payment to the Company in consideration for Purchaser's purchase of the Right pursuant to the SAFT through the procedures set forth on Exhibit A hereof.

b) For purposes of this instrument, the value of the Purchase Amount shall be deemed in [Ether] whether the Purchaser pays in [U. S. Dollars/Bitcoin/(or) Ether], valued at the Applicable Exchange Rate for [Ether]. The term "Applicable Exchange Rate" shall mean the volume - weighted average daily price of [Ether] [across/on] [exchange (s) /index (es)] in the 24 - hour period (Eastern Time) following the day and time that the Company notifies the Purchaser, in writing, that the Company has accepted Purchaser's offer to purchase the Right under this SAFT. ①

6. Miscellaneous

a) This instrument sets forth the entire agreement and understanding of the parties relating to the subject matter herein and supersedes all prior or contemporaneous disclosures, discussions, understandings and agreements, whether oral of written, between them. This instrument is one of a series of similar instruments entered into by the Company from time to time. Any provision of this instrument may be amended, waived or modified only upon the written consent of the Company and the holders of a majority, in the aggregate, of the Purchase Amounts paid to the Company with respect to all SAFTs outstanding at the time of such amendment, waiver or modification.

b) Any notice required or permitted by this instrument will be deemed sufficient when sent by email to the relevant address listed on the signature page, as

① Update based on the types of digital assets or fiat currency Company will accept for the SAFTs.

subsequently modified by written notice received by the appropriate party.

c) The Purchaser is not entitled, as a holder of this instrument, to vote or receive dividends or be deemed the holder of capital stock of the Company for any purpose, nor will anything contained herein be construed to confer on the Purchaser, as such, any of the rights of a stockholder of the Company or any right to vote for the election of directors or upon any matter submitted to stockholders at any meeting thereof, or to give or withhold consent to any corporate action or to receive notice of meetings, or to receive subscription rights or otherwise.

d) Neither this instrument nor the rights contained herein may be assigned, by operation of law or otherwise, by either party without the prior written consent of the other; provided, however, that this instrument and/or the rights contained herein may be assigned without the Company's consent by the Purchaser to any other entity who directly or indirectly, controls, is controlled by or is under common control with the Purchaser, including, without limitation, any general partner, managing member, officer or director of the Purchaser, or any venture capital fund now or hereafter existing which is controlled by one or more general partners or managing members of, or shares the same management company with, the Purchaser; and provided, further, that the Company may assign this instrument in whole, without the consent of the Purchaser, in connection with a reincorporation to change the Company's domicile.

e) In the event any one or more of the provisions of this instrument is for any reason held to be invalid, illegal or unenforceable, in whole or in part or in any respect, or in the event that any one or more of the provisions of this instrument operate or would prospectively operate to invalidate this instrument, then and in any such event, such provision (s) only will be deemed null and void and will not affect any other provision of this instrument and the remaining provisions of this instrument will remain operative and in full force and effect and will not be affected, prejudiced, or disturbed thereby.

f) All rights and obligations hereunder will be governed by the laws of [__________], without regard to the conflicts of law provisions of such jurisdiction.

(Signature page follows)

IN WITNESS WHEREOF, the undersigned have caused this instrument to be duly executed and delivered.

[Company]

By:

[Name]

[Title]

Address:

Email:

PURCHASER:

By:

Name:

Title:

Email:

Exhibit A

第九章

Token Fund的合规设立

随着区块链技术在国内的快速发展，投资者投资优质数字资产的需求也达到了空前旺盛的地步。为此，我们根据此前的项目经验并联合开曼知名律师事务所中在私募投资基金领域经验丰富的律师对设立 Token Fund 的问题进行了深入的研究，并在实际项目中进行了实践。在此基础上，我们总结了对投资人的具体建议。

1…中国市场上大多投资 Token 的基金都不合规

目前，根据我们的收集和研究，中国市场上存在许多从事区块链投资的基金，也有很多机构称自己为“Token Fund”，但深思其设立依据和运作模式，这些基金大都不合规。

1）目前中国市场上多数投资于 Token 的基金的合规性都是存疑的。根据《289 号文》，“各金融机构和支付机构不得开展与比特币相关的业务，包括：发行与比特币相关的金融产品；将比特币作为信托、基金等投资的投资标的。”尽管《289 号文》

仅禁止对于比特币的投资，但鉴于中国监管机关“实质重于形式”的监管标准，笔者认为其禁止任何对于 Token 的投资。

2）鉴于目前中国法下设立 Token Fund 不具备合规性，我们建议投资人将目光转向开曼群岛，其因法律成熟中立且对基金收益免收税款而被誉为“私募天堂”。具体而言，在开曼设立基金的优点如下：

➢ 作为一个主流的 PE（私募基金）设立地，开曼基金在全球范围内得到认可与受用；

➢ 相比在其他国家或地区设立基金，在开曼设立基金的有关规定相对宽松，并且不需要监管批准；

➢ 对投资者的国籍及居住地点无相关要求，且由于较松的监管机制，基金设立的速度快、费用低；

➢ 税收信息的透明度，对基金收益免收税款；

➢ 具备健全的法律框架及基础设施；

➢ 开曼基金拥有广泛的全球性及多样化的资产基础；

➢ 开曼基金将投资者的资产分销最大化，吸引了全球投资者；

➢ 基金类型：开放式基金 vs 封闭式基金。

2…开放式还是封闭式

在有限合伙的架构中，管理者为 GP（General Partner，普通合伙人）；在公司制基金中，管理者为公司董事。基金又分为开放式基金（通常为对冲基金）和封闭式基金（私募股权投资基金）。

无论数字资产的本质是不是真正的货币，但大量的投机行为使数字资产的价格时刻处于动态变化之中，数字资产的价格取决于任何人愿意买进或卖出该数字资产的价位。依照开曼《共同基金法》[Mutual Funds Law（2015 Revision）]，开放式基金需要委任基金行政管理人和审计师，如采用开放式基金，对管理人而言计算资产净值（NAV）将是一个巨大的难题。仅就这点而言，我们理解设立投资数字资产的基金应当选择封闭式基金而非开放式基金。当然，如果能解决估值等问题并且有现实需要，开放式基金也有先例。但采取这一形式需要对法律服务成本、运营成本、会计师等其他中介机构的成本、合规成本等因素进行综合考量。

此外，依照开曼《共同基金法》，投资人投资开放式基金的金额最少为10万美元。虽然开曼私募基金的合格投资者门槛较国内而言更低，但无投资门槛的封闭式基金显然可以吸引更多的小额投资者（见表9－1）。

表9－1 封闭式基金与开放式基金的对比

基金设立类型对比	封闭式基金	开放式基金
是否需要登记	无须登记	需依《共同基金法》的规定将基金的发行备忘录（offering memorandum）到开曼金融管理局CIMA做备案
是否可随时赎回	投资人只能在锁定期后一起退出或者经过基金管理人的同意退出	可随时赎回而无须基金管理人的同意
是否需要管理人	否	需为基金委任基金行政管理人
投资门槛	无	10万美元

3…Token Fund不同于Foundation

除了基金类型的选择，投资人还必须明确一个基本概念，即Token Fund不同于Foundation（基金会），后者是区块链融资的运行主体，即发行方，而非投资方。很多人都混淆了这两个概念，市场上也有机构称自己是在新加坡设立的Token Fund。根据我们的理解，在任何一个司法区域设立基金都有可能，但设立Token Fund则需要慎重考虑。具体考虑因素比如，是否存在实质障碍（如中国禁止该类投资）；该司法区域对基金的税收有无相应豁免（如开曼法下的税收政策）；当地银行根据相关法律是否能提供开户、清算等服务；该司法区域之下是否存在为Token Fund提供整体方案的律所、行政管理人、会计师事务所等所有必要的中介机构。

4…基金账户的开立

基金的合规运行不只设立法律架构，还涉及实际运营问题，比如基金账户的开立。

作为国际三大金融中心之一的中国香港特别行政区因资金流动自由，向来是国内投资者开设离岸账户的首选。为防止银行系统被国际犯罪或洗钱集团利用，从2016年下半年开始，香港各大银行开始更加严格地执行KYC（充分了解你的客户）和AML（反洗钱）程序，并且持续收紧离岸账户的开设。根据我们的实践经验，目前香港的绝大部分的银行都拒绝为Token Fund开户，甚至是隔绝任何可能与Token关联起来的银行业务。市场上，仅有少部分离岸银行接受Token Fund开立资金账户。

5…基金募集：合规性问题

目前，有诸多自称Token Fund的机构通过在线智能合约的方式进行募集和分配。但大部分该类型机构都有如下风险：第一，没有合法的法律实体；第二，即便有合法的法律实体，该法律实体并不是该司法区域之下的私募基金；第三，在线募集有可能构成相关司法区域之下的公开募集行为，而这是各国普遍进行严格管控的行为。公开募集需要具备一定的资质要求。

根据我们与开曼律师的讨论，开曼的基金法并不禁止以除法定货币以外的货币进行出资。因此我们理解，以数字资产出资应是一种值得探讨的新型出资模式，但须考虑诸多实践问题，比如基金净值核算。

6…基金运作：与传统投资相区别

首先，对于Token投资来说，其具备高度的技术性和专业性，即便是成熟的投资机构，对于Token投资也可能并不在行。出于基金管理人的信义义务，基金应该由具备相关行业经历和管理能力的机构进行管理。因此，不能将传统基金管理人的相关规定简单地适用于Token投资。我们建议投资机构设立专门的Token投资团队来运行相关业务。

其次，投资人参与区块链融资与在二级市场进行Token投资也不可同日而语，应配置不同的投资策略和团队，对这两种不同的业务进行分别管理。

传统上，大多数亚洲基金都会选择在开曼设立GP和基金，在香港设立基金行政管理人对基金进行管理，但在Token Fund的领域则需要重新考虑这一模式。原因是据我们所知，目前位于香港的大部分基金行政管理人都暂无能力和经验为Token Fund提供行政管理服务。但仍有个别基金行政管理人于早期即进行了对区块链行业的探索并具备了运作Token Fund的能力。

笔者认为，区块链行业的投资具备高度的专业性和技术性，不宜简单适用现有的规定。Token Fund作为一种有别于传统基金的新型模式，其各方面问题都需要我们在实践中积累经验。值得注意的是，即使在开曼设立基金能够满足架构上的合规要求，该基金在募集的过程中仍然要符合各个司法区域的相关规定。

7…Token Fund的风险

值得注意的是，投资Token Fund与投资传统的基金不同，在高收益的背后会有更高的风险。

估值对于任何一个基金的业绩报酬提取和退出分配都具有极其重大的意义。但是在Token Fund领域，由于投资的标的是数字资产，目前世界上还没有被普遍认可且合规的交易所，加之这个领域的市场操纵盛行，所以数字资产的估值不确定，波动性异常大。

数字资产的审计方面亦存在合规的障碍。目前业内尚无针对数字资产的审计标准以及有丰富经验被广泛认可的服务提供商。

数字资产的保管问题则更明显。传统的基金其财产可以选择在银行等金融机构托管，但是数字资产却缺乏相应的服务机构。基于此，热钱包被盗窃早就不是新闻。

最重要的还是监管问题。传统的基金管理人对于投资人都负有信义义务，而且需要受到其所属司法区域证券监管部门的监管。但是在数字资产领域，还没有形成成熟的监管体系。Token Fund 的管理人没有一整套合规要求去遵循，这对于投资人的保护尤为不利。

第十章

智能合约合规要点

1…智能合约与 Nick Szabo

“智能合约”（smart contract）这个术语最早是由跨领域法律学者尼克·萨博（Nick Szabo）提出来的。值得注意的是，Szabo 被认为很有可能就是中本聪（Satoshi Nakamoto）本人。

Szabo 被称为加密货币以及密码学领域活着的传奇，这一殊荣可见他的业内地位。根据互联网上的信息，他 1989 年在华盛顿大学获得计算机科学的学位，并且获得了乔治华盛顿大学法学的学位，这也可以解释为什么他可以创造出智能合约这样跨计算机和法律的完整理论。传说中他是乔治华盛顿大学的教授，但是这一说法已经被证伪，此外没有人知道他的年纪、他住在哪里，总而言之和中本聪一样没有人知道他的真实身份。

可以说，没有智能合约就没有 ICO，仅仅从这一点就可以看出 Szabo 的智能合约理论对区块链以及这个世界的影响有多大。

因此，对于未来或者说已来的数字世界而言，Szabo 关于智能合约的理论重要性是无可争议的。

2…智能合约的定义

Szabo 对于智能合约的定义是：一套以数字形式定义的承诺，包括合约参与方可以在上面执行这些承诺的协议。

而 Smart Contracts Alliance（SCA）对于智能合约的定义则是，在特定的一种或者多种条件发生的时候可以根据预设的功能自动运行的计算机代码。该等代码可以被分布式账本储存并运行并且在该等分布式账本上记录任何运行结果。

中国的现行法规中并没有对智能合约的明确定义。根据工信部发布的《区块链——数据格式规范》，“智能合约”指的是“以数字形式定义的能够自动执行条款的合约。注：在区块链技术领域，智能合约是指基于预定事件触发、不可篡改、自动执行的计算机程序”。

3…智能合约的特点和本质

对比传统的协议，智能合约具备如下特点：（1）形式表现为运行在区块链上的计算机代码；（2）条件成就自动执行；（3）通常依赖于可信的外部数据源作为触发智能合约的条件；（4）部署在区块链上，防篡改；（5）逻辑体现为 If，then；（6）自动执行履约；（7）通过私钥代替签字、盖章；（8）直线型的执行路径；（9）成本低。

从本质上讲，智能合约是计算机程序的“if – then”代码而不必然构成法律含义中的“合约”。虽然叫作智能合约（Smart Contract），但就智能合约的运行来看，与其说是“智能”，其更应该被看作是“自动”。当然，随着 5G、IOT、深度学习以及人工智能的发展，我们毫不怀疑下一个阶段的智能合约能在一定程度上做到智能。

4…智能合约的执行

智能合约的执行大致可分为以下环节：（1）合约以代码的形式编入区块链中，签约方的身份是匿名的，而合约在公开账本中得以展现；（2）全网验证节点会收到相关合约编码，这点类似于传统合约的签章环节；（3）触发事件（截止日期、价格或者特定事项）触发，合约根据代码自动执行。

5…智能合约与以太坊

V 神创立的以太坊是一个分布式的计算平台，被称为区块链 2.0 的代表项目。与区块链 1.0 的代表项目比特币相比其主要区别之一在于程序员可以在以太坊区块链上写下“智能合约”，这些以太坊智能合约会根据代码自动执行。

正如 Ethereum 网站所说，以太坊是一个运行智能合约的分布式平台，智能合约指的是没有任何宕机、审核、欺诈或者第三方干涉可能，完全按照程序设计而运行的应用。

以太坊有自己的编程语言 Solidity，专门用于将逻辑编码为智能合约。以太坊和 Solidity 均被设计为“图灵完备”的，“图灵完备”意味着它们可以编码任何可以想象的计算，用户可以按照自己的意愿创建复杂的操作。随着智能合约复杂程度的不断提升，这种能力更显重要，特别是当一个智能合约将另一个智能合约作为独立数据来源或现实事件的验证时。比如，我们可以想象未来的投资交易也有可能在区块链上以智能合约的形式进行，交割的先决条件、交割后义务等复杂机制均有可能在进化之后的智能合约上体现。

6…智能合约的缺陷

有些激进的自由主义技术人士经常会引用哈佛大学教授 Lawrence Lessig 的名言“Code is Law”。所谓的“Code is Law”，只是强调了代码在数字领域中的重要，不可过分解读。可是区块链如果想落地就必须和现有的司法制度、司法体系结合在一起。

The Truth Machine – The Blockchain and the Future of Everything（中文译本《区块链赋能万物的事实机器》）这本书中，作者讲述了这样的故事，“The DAO 是由 Slock. It 这个技术团队设立的投资基金，后者是由以太坊前任首席商务官 Stephan Tual 及其他两位成员创立的智能合约开发小组。The DAO 希望成为一个完全由软件代码治理的实体，其中不存在首席执行官、董事会或任何形式的经理人……这个项目的基本想法是该平台让基金的投资者进行投票，以从一系列项目提议中选出优胜者，对其划拨资金”。① 这个项目的创始人就是一个极端的自由主义技术人士，他对于“Code is Law”深信不疑。项目存在全球证券发行违规、没有法律主体、没有适用法律、没有争议解决机制的风险以及巨大的技术漏洞，总之 The DAO 项目存在各种瑕疵。最终 The DAO 创造了一个历史记录，27 天募集 1.5 亿美元，但是也创造了另外一个历史记录，被黑客攻击失窃价值 5500 万美元的 ETH。

DAO 事件充分说明，对于区块链、数字货币以及智能合约这样的新事物必须在现有监管法规之下设计合规、风控路线。

7…中国法下的智能合约

根据《民法典》的规定，合同是平等主体的自然人、法人、其他组织之间设

① ［美］保罗·维格纳、［美］迈克尔·凯西：《区块链：赋能万物的事实机器》，凯尔译，中信出版社 2018 年版，第 49～50 页。

立、变更、终止民事权利义务关系的协议。当事人订立合同，可以采取书面形式、口头形式和其他形式。书面形式是指合同书、信件和数据电文（包括电报、电传、传真、电子数据交换和电子邮件）等可以有形地表现所载内容的形式。智能合约通过数字代码约定合约标的、支付对价及各方权利义务等内容，可以有形地表现所载内容。据此，我们理解，智能合约具备被认定为法定合同书面形式的可能性。

值得注意的是，我国的监管部门很早就开始了对智能合约的研究。2017 年科技部关于印发《“十三五”现代服务业科技创新专项规划》的通知中明确指出，“重点研究区块链基础理论与技术，包括区块链分布式架构、智能合约设计和管理、去中心化的网络支付方法等；探索形成基于区块链技术的服务交易与征信体系框架；开发区块链驱动的服务商业模式、基于智能合约的资产交易方法，构建基于区块链和共识机制的信任体系。面向科技服务业、文化和科技融合等领域，重点研究资源分享与分布式资源巨系统及其方法论、精准服务与科技大数据理论，推进成果的创新应用和实践”。此外，司法部 2018 年以及 2019 年的“年度国家法治与法学理论研究项目立项课题”中均有智能合约相关的课题。

8…智能合约的未来

目前，智能合约的支付对价仅为 Token，但日后很大可能会发展为 Token 化的证券、地产权益等，即 Security Token（安全令牌）。比如投资人通过投资获得公司的 Security Token，即投资人利用公司的 Security Token 持有该公司相应比例的股权。这就涉及智能合约和特定司法区域下必要书面文件（如股权转让协议）的关系问题，包括如何将传统合约的书面语言准确、恰当地翻译或转换为智能合约的代码语言；当智能合约与传统合约出现冲突时，两者的优先效力如何解释等。鉴于目前直至未来很长一段时间内，全球范围内的传统合约仍是无法完全替代的，那么如何处理好智能合约和传统合约的关系将是合约各方需要关注的事项。

智能合约作为全球性的价值转移工具，如涉及资金募集、证券、赌博等相关内容，不可避免地会引起全球范围内所涉区域的司法监管。智能合约的开发方，即跨国价值转移的发起方，无疑需要承担更多的合规责任。

尽管存在风险，但智能合约的应用场景仍在不断落地，包括但不限于共享经济、数字身份、拍卖、房地产、医疗保健、供应链等。目前很多企业正在投资智能合约试点，通过参与开发智能合约技术来实现实体经济的数字化。例如，在保险领域的 Fizzy，法国保险巨头安盛的区块链航班保险平台，是一种利用以太坊区块链智能合约的航班延误保险产品，智能合约与全球空中交通数据库相连，一旦航班延误超过两小时，智能合约就会向被保险的旅行者自动发起补偿。

9…有关智能合约的几个问题

智能合约目前只是一个初级阶段，在未来的区块链实践中如下的问题一定将是业内人士讨论的重点：

- 如何处理传统协议中有关“不可抗力”或者“善意决定”之类的条款？
- 智能合约与框架协议如何结合？
- “适用法律”如何选择？
- “争议解决条款”如何处理？
- 如何处理协议的修订？
- 如何处理智能合约应用中的数据违规风险？

第十一章 STO合规要点

根据媒体报道，2018 年 10 月 12 日，tZERO 完成了 Security Token Offerings（STO），也生成了 tZERO 通证。tZERO 是最早在以太坊区块链上对优先股进行 STO 的项目之一。此次 STO 操作依据《美国证券法》的 Regulation D 506（c）和 Regulation S 条例获得注册登记豁免，可针对全球公民。tZERO 对其所有投资者进行了 KYC/AML 核实。

区块链世界的创新迭代速度让人目不暇接，紧接着稳定币，STO 又为疲软的数字货币熊市带来了新的讨论焦点。有鉴于此，我们对 STO 相关的法律问题作出简要分析，并简单总结如下。

1…什么是 STO

Security Token 是具有证券属性的代币，与此前的 Utility Token功能型代币相对应。代表企业股权、债券、基金或集合投资计划均属于证券型代币（权益型代币），以房地产、艺术品等真实资产支持的代币也属于证券型代币（资产型代币）。但由于每个司法区域下对证券的定义不尽相同，因此具体一代币是否为证券型代币还应当结合当地的证券法规进行判断。如美国就以通过 Howey test 测试来判断是否构成证券，因此在美国证券的范围比其他国家的证券范围通常更为广泛。

STO 即是证券化代币发行，是指在确定的监管框架下，按照法律法规的要求，进行合法合规的代币公开发行。从目前趋势来看，STO 是可替代 ICO 的更具有公信力的新型融资方式。STO 可简单理解成更安全、更有保障且更有公信力的 ICO，也可理解成效率和流动性更高的 IPO/私募。

2…STO 兴起的原因

美国证券交易委员会（SEC）主席 Jay Clayton 在 2018 年 6 月的亚特兰大市政厅会议中曾这样说：“我们已经非常明确地说明了当你需要发售证券来募集资金时该遵守哪些规定。就我所知道的大部分 ICO，其实都等同于证券发行”。因此，为避免受到证券法的严格监管，此前市场上大部分数字货币都称自己是功能性代币。因此对于其的合规方向是“避免被认定为证券”。要避免被认定成证券和来自证券监管机构的监管，意味着代币在发行前应当已具备实际的应用场景，且不应该存在“分红”等明显具有类股权性质的功能。

但事实上，许多发行方逐渐发现要挂“功能型代币”的“羊头”并不简单：你得费尽心思为自己的代币量身打造应用场景；发行方还应当按照白皮书提出的计划向你的社群汇报项目进展；以及绞尽脑汁设计工作量证明来向用户发放分红。因此，按照 SEC 主席 Clayton 的指示——“遵守发行证券时的规定”，一些人发现反而主动接受证券法的监管可能更具有方向性，至少发行证券型代币有迹可循、有法可依。

3…STO 的合规要点

3.1 合理利用证券法下的豁免

以美国为例，证券法的主要目标是保护散户投资者。面向散户投资者的产品受到最严格的保护限制，发行者需要通过证券登记进行完全的信息披露。在某种程度上，对只面向“合格投资者”（指具有一定资产且在金融投资方面有一定经验的投资者）的产品，监管机构另外开了一条快车道——豁免这类产品的证券登记。此外，证券法承认其自身监管能力的局限性，这意味着监管重点优先放在发行总量较大、涉及更广泛群体的大型产品上。

因此，从发行成本考虑，STO 最佳方案就是合理利用各国证券法的豁免进行法律合规。在进行 STO 之前，发行者必须首先确定他们的投资者所在的位置，该司法管辖区预计募集资金总额以及预计投资者人数，利润分配机制以及该实体的融资模式。然后，发行者再根据具体情况对选择何种豁免发行做出选择。简单列举美国证券法下的各类豁免条款（见表 11－1）：

表 11－1　美国证券法下的豁免条款

条例	募资对象限制	筹资上限
Regulation D 506（c）	合格投资者（含非美国公民）；“合格投资者”：年收入 20 万美元以上（夫妻共同收入 30 万美元以上），或除主要住宅外的净资产值达到 100 万美元	无筹资上限
Regulation S	美国以外（outside the US）的任何投资者	无筹资上限。申请 Regulation S 的同时还可申请其他豁免
Regulation A＋	非合格投资者	上限为 2000 万美元（需 SEC 和州级审查，无持续的报告要求）；上限为 5000 万美元（需 SEC 审查，有 2 年财务审查期，有持续报告要求）
Regulation CF	18 岁以上的非合格投资者	上限为 100 万美元

除募资对象和筹资上限等限制外，各条例下可能会对证券的发行和流通设有其他限制，如对证券的限售期做出要求，限于文章篇幅不在此展开讨论。

3.2 持续的合格投资者审核义务

对合格投资者的审核将是合规的重中之重，如能在线上进行投资人管理将是最优选择，可充分利用区块链来进行 KYC、AML、合格投资人确认，且比线下进行投资者筛选后再上链的误差更小。但这种方式也对发行者的技术提出较高要求，目前已经 STO 的 tZero 也未能采取线上确认的方式。

证券型代币发行后，出于限售期、投资者限制和外汇管制的原因，通常不允许马上进行自由交易或点对点交易。发行者的监督义务并不在发币后即告终结，而是一个持续性的过程。即使代币被发放至投资者的钱包中，发行方仍然要采取一定措施确保其适用的证券下的限售期和投资者门槛得到遵守。发行方可以通过开发自己的转售交易平台或指定经纪商完成验证投资者资质的过程，让已经持币的投资者通过他们转售代币。

3.3 谨慎上交易所

根据所选择豁免条例的合规要求的不同，交易所的选择也会相应变化。如果发行方承诺只向合格的投资者出售代币，发行方需要对任何特定时间持有其代币者的资质进行监控。因此此类代币目前无法在任何交易所进行公开交易。即使发行方选择起草招股说明书并向公众出售代币，目前，安全合规的加密交易所的选择也十分有限。

3.4 选择好的法律团队

在过去的发币热潮中，发行方面对的是许多缺乏投资知识并且法律意识淡薄的“韭菜”，这些投资者很少知道如何去保护自己的利益。而证券型代币购买者的构成则大大不同，STO 的发行者很大程度上是在和经验丰富且有法律团队支持的机构投资者或高净值个人投资者打交道。那么在起草和谈判私募配售备忘录及认购协议的过程中，发行者拥有一个好的法律团队保驾护航则十分重要。

尽管 STO 在现实融资运用当中还存在一些问题，如缺少更强大的交易环境和其他配套设施，但 STO 在加速全球资产流动性方面为数字资产投资带来的巨大变革是有目共睹的。

第十二章

Libra合规要点

1…什么是 Libra

世界最大的互联网公司 Facebook 的每一个新产品几乎都会深刻地影响世界，特别是 Libra。Libra 的使命是建立一套简单的、无国界的货币和为数十亿人服务的金融基础设施。由于 Libra 是由 Facebook 这个庞然大物发起的，而且其明确提出了要建立服务数十亿的无国界的货币金融的基础设施，这引起了几乎所有主权国家金融监管部门的注意和忧虑。在此之前，很少有一个外国政府会对某个互联网公司的产品这么警惕，但是 Facebook 的 Libra 做到了。每一个关于 Libra 的新闻都被主流国家的监管层关注，在这一点上 Libra 创造了历史。那么 Libra 是什么呢？

按照 Libra 官网上的表述，“Libra 是一种使用资产储备作为担保的全球性数字原生加密货币，建立在区块链技术的基础上。这种货币将让人们能够发送、接收和使用自己的资金以及确保资金安全，从而建立起更具包容性的全球金融生态系统”。

2…Libra 想解决的痛点

Libra 的白皮书直言不讳地指出了目前金融系统的痛点，全球仍有 17 亿成年人未接触到金融系统，无法享受传统银行提供的金融服务，而在这之中，有 10 亿人拥有手机，近 5 亿人可以上网。由于受到成本、可靠性和汇款流畅性方面的影响，迫切需要金融服务的人往往获得的金融服务不足或会受到限制。全球跨境支付、汇款资金的清结算，目前主要依靠环球同业银行金融电讯协会的 SWIFT 系统（Society for Worldwide Interbank Financial Telecommunications）。SWIFT 体系历来因为环节多、成本高、效率低倍被人诟病。综观全球，穷人为金融服务支付的费用更多。他们辛辛苦苦赚来的收入被用来支付各种繁杂的费用，如汇款手续费、电汇手续费、透支手续费和 ATM 手续费等。发薪日贷款的年化利率可能达到 400% 甚至更高，仅借贷 100 美元的金融服务收费便可高达 30 美元。当被问及为什么仍然徘徊在现行金融体系的边缘时，那些仍“未开立银行账户”的人往往指出：没有足够的资金，各种不菲且难以预测的费用，银行距离太远，以及缺乏必要的手续材料。

3…Libra 的运行机制

Libra 由三个部分组成，它们将共同作用，创造一个更加普惠的金融体系：

（1）它建立在安全、可扩展和可靠的区块链基础上

实现 Libra 区块链的软件是开源的，以便所有人都可以在此基础上进行开发，且数十亿人都可以依靠它来满足自己的金融需求。

（2）它以赋予其内在价值的资产储备为后盾

这种货币单位被称为“Libra”。人们需要相信他们可以使用 Libra，并且相信其价值将随着时间的推移保持相对稳定。与大多数加密货币不同，Libra 完全由实物资产储备提供支持。对于每个新创建的 Libra 加密货币，在 Libra 储备中都有相对应价值的“一揽子”银行存款和短期政府债券，以此建立人们对其内在

价值的信任。Libra 储备的目的是维持 Libra 加密货币的价值稳定，确保其不会随着时间剧烈波动。值得注意的是，最近的新闻表明，Facebook 正在考虑重新设计 Libra 的方案。

（3）它由独立的 Libra 协会管理，该协会的任务是促进此金融生态系统的发展

Libra 协会是一个独立的非营利性成员制组织，总部设在瑞士日内瓦。协会旨在协调和提供网络与资产储备的管理框架，并牵头进行能够产生社会影响力的资助，为普惠金融提供支持。协会的成员系统由运作 Libra 区块链的验证者节点网络构成。

Libra 协会的成员将包括分布在不同地理区域的各种企业、非营利组织、多边组织和学术机构。共同负责协会章程定稿，并在完成后成为协会“创始成员”的首批组织包括（按行业）：

- 支付业：PayU（ Naspers 旗下的金融科技公司）；
- 技术和交易平台：Facebook/Calibra、Farfetch、Lyft、Spotify AB、Uber Technologies，Inc.；
- 电信业：Iliad；
- 区块链业：Anchorage、Bison Trails、Coinbase Inc.、Xapo Holdings Limited；
- 风险投资业：Andreessen Horowitz、Breakthrough Initiatives、Ribbit Capital、Thrive Capital、Union Square Ventures；
- 非营利组织、多边组织和学术机构：Creative Destruction Lab、Kiva、Mercy Corps、Women's World Banking。

值得注意的是，在 Libra 刚刚宣布的时候，其创始成员还包括 PayPal、Mastercard（万事达卡）、Visa、eBay、Stripe 和 Mercado Pago 以及 Booking 等机构，但是随着各个司法区域对于 Libra 的谨慎监管态度日益明显，前述创始人会员纷纷撤出。跨国公司在面对革命性的业务的时候永远是在合规的基础上积极参与，因此随着 Facebook 调整 Libra 的方案，我们可以预计会有更多的机构加入也会有机构退出。

与 DC/EP 未最终确定是否采用区块链技术不同，Libra 旗帜鲜明地提出来其采用的就是区块链技术。

Libra 的商业规划决定了 Libra 区块链的三项决策：

（1）设计和使用 Move 编程语言

“Move”是一种新的编程语言，用于在 Libra 区块链中实现自定义交易逻辑和“智能合约”。

由于 Libra 的目标是每天为数十亿人服务，因此 Move 的设计首先考虑到安全性和可靠性。Move 从设计上可防止数字资产被复制。每个资源只有唯一的所有者，资源只能花费一次，并限制创建新资源。这个其实就是比特币的防止双花的机制。

Move 语言还便于自动验证交易是否满足特定属性。例如，仅更改付款人和收款人账户余额的付款交易。通过优先实现这些特性，Move 可帮助保持 Libra 区块链的安全性。

（2）使用拜占庭容错（BFT）共识机制

所谓拜占庭容错（BFT）指的是指分散型系统存在错误或“拜占庭”成员时提供安全保障。即使某些验证者节点（最多 1/3 的网络）被破坏或发生故障，拜占庭容错（BFT）共识协议的设计能够确保网络正常运行。换句话说，拜占庭容错是要解决在有潜在背叛风险的节点的多节点网络中互相交换信息如何达成共识的问题。因此，Libra 区块链采用基于 LibraBFT 共识协议的 BFT 机制，以实现所有验证者节点就将要执行的交易及其执行顺序达成一致。这种方法可以在网络中建立信任，因为即使某些验证者节点（最多 1/3 的网络）被破坏或发生故障，BFT 共识协议的设计能够确保网络正常运行。与其他一些区块链中使用的“工作量证明”机制相比，这类共识协议还可实现高交易处理量、低延迟和更高能效的共识方法。

另外，很明显，Libra 不支持挖矿，这一点和 BTC 有本质的区别。

（3）采用和迭代改善已广泛采用的区块链数据结构

为了保障所存储的交易数据的安全，Libra 区块链中的数据受梅克尔树的保护，它是一种已在其他区块链中广泛使用的数据结构，可以侦测到现有数据的任何变化。不同于以往的区块链都将区块链视为交易区块的集合，Libra 区块链是一种单一的数据结构，可长期记录交易历史和状态。这种实现方式简化了访问区块链的应用的工作量，允许它们从任何时间点读取任何数据，并使用统一框架验证该数据的完整性。

区块链的每个区块都用梅克尔树代表区块中所有交易的摘要。梅克尔树，也被称为二叉哈希树（Binary Hash Tree），用于高效汇总和验证大数据集的完整性。梅克尔树是一个由加密哈希组成的二叉树。名词“树”在计算机科学中用于描绘分支的数据结构。作为数据结构，这里的“树”与通常理解的不同，在示意图上它的“根”常常被放在最上面，而“叶子”则在底部，形成一个自上而下的结构。

4…Libra货币和储备

比特币虽然在具备价值这个问题上已经几乎获得了所有人的共识，但其价值的高度波动性依旧被广泛诟病。

Libra从一开始就注意到了这个问题，因此其在白皮书中明确表示“我们认为，世界需要一种全球性的数字原生货币，它能够集世界上最佳货币的特征于一体：稳定性、低通货膨胀率、全球普遍接受和可互换性”。

Libra的目标是成为一种稳定的数字加密货币，将全部使用真实资产储备（Libra储备）作为担保，并由买卖Libra并存在竞争关系的交易平台网络提供支持。这意味着，任何持有Libra的人都可以获得高度的信用保证，他们能够根据汇率将自己持有的这种数字货币兑换为当地货币，就像在旅行时将一种货币换成另一种货币一样。这种方法类似于过去引入其他货币的方式：确保这种货币可以用于换取真实资产，比如黄金。这样做的目的是帮助培养人们对新货币的信任，并在货币诞生初期实现广泛使用。尽管Libra不会使用黄金作为支持，但它将采用一系列低波动性资产（如由稳定且信誉良好的中央银行提供的现金和政府证券）进行抵押。Libra储备中的资产将由分布在全球各地且具有投资级信用评价的托管机构持有，以确保资产的安全性和分散性。

Libra背后的资产是它与许多现有加密货币之间的主要差异。这些加密货币缺乏这种内在价值，因此价格会因心理期望而大幅波动。然而，Libra的确是一种加密货币，它继承了这些新型数字货币的几个引人注目的特性：能够快速转账，通过加密保障交易安全以及轻松自由地跨境转移资金。正如当今世界人们可以随时随地使用手机向好友发送消息一样，我们同样可以通过 Libra 即时、安全且经济地管理资金。

储备资产的利息将用于覆盖系统的成本、确保低交易费用，以及为货币的进一步增长和普及提供支持。储备资产的利息分配将提前设定，并接受 Libra 协会监督。Libra 用户不会收到来自储备资产的回报。

5…外管部门眼中的 Libra

Libra 的白皮书表明了 Libra 将作为全球结算的数字货币，那么 Libra 与美元的区别是什么？中国外汇管理部门如何监管？

迄今为止，中国监管部门尚未针对 Libra 有明确的正式监管态度，毕竟 Libra 还在筹划阶段。但是中国的高级官员分别在不同的研讨会中谈到了他们对于 Libra 的认识，从某种意义而言，这将是未来 Libra 在中国将会面临何等监管环境的风向标。

2019 年 8 月 10 日，由中国金融四十人论坛（CF40）主办“第三届中国金融四十人伊春论坛”在伊春举行，本次论坛聚焦“金融开放与金融科技”。CF40 特邀成员、国家外汇管理局总会计师孙天琦发表演讲（以下简称伊春演讲）。

我们理解，对于 Libra 这样的新鲜事物，在没有法规明确规定的情况下，伊春演讲具有很重要的研究价值。

总结伊春演讲实录并综合我们对中国法律、监管的理解，简单分析如下：

（1）Libra 可能会挑战我国现行外汇管理的政策框架。根据中国外汇监管法规，资金跨境不能无因划转，需要有真实的交易背景。Libra 可自由跨境流动，因此须将其视作外币。Libra 是 C2C 的，谁对交易的跨境交易真实性的审核？如何在数字环境下区分交易是境内交易还是跨境交易？这个交易是发生在境内主体之间还是境内主体和境外主体之间？这都是监管部门关注的问题。

（2）如果不能对Libra等数字货币进行有效监管，非法跨境资本流动可能增加。

（3）Libra可能会强化美元的统治地位，不排除我国部分境内交易Libra化。这个问题在目前中美关系紧张的背景下，尤其值得关注。

（4）Libra可能会挤压人民币国际化的空间。

（5）Libra的流通可能会扩展美国长臂管辖的范围。从Libra的储备金看，50%是美元。根据美国长臂管辖“最小限度联系”的原则，可以推测所有使用Libra进行交易的实体和个人必会被纳入美国长臂管辖范围。

（6）除国家另有规定的极少数情况外，中国境内必须以人民币计价结算。监管层不会允许数字环境下境内交易的Libra化或者是美元化。

第十三章

DC/EP合规要点

1…DC/EP 的背景

若干年后，如果我们回首 2019 年，脑中浮现的关键词中很可能是“中美贸易战”以及“华为事件”。根据外媒的报道，美国政府当时曾经考虑将华为踢出美元结算体系。华为作为中国公司中最有可能挑战美国高科技行业的领军企业，如果被踢出了美元结算体系，那么对华为乃至中国企业都将是致命打击。中国政府历来想推行人民币的国际化，在“一带一路”倡议提出来之后，人民币国际化的需求则更为高涨。但是由于美元的强势地位，目前人民币国际化最好的一个弯道超车机会就是数字货币。

央行货币研究所所长穆长春指出，长期来看，如果人民币不可兑换，就会和弱势货币一样，必然受到 Libra 侵蚀。唯一有效的应对就是尽快让人民币实现可兑换，才能抵御住 Libra 的侵蚀。

2…DC/EP 的进展

根据彭博社的文章《中国拥抱数字货币浪潮 人民银行版“正规军”正加速驶来：Quick Take》，中国央行支付结算司副司长穆长春8月公开表示，“从2014年到现在，央行数字货币的研究已经进行了五年。从去年开始，数字货币研究所的相关人员就已经是‘996’（每天从上午9点工作到晚上9点，每周6天工作制）了，做相关系统开发，央行数字货币现在可以说是呼之欲出了”。

根据中国人民大学财政金融学院的官网,① 2019年6月24日，货币金融圆桌会议·2019夏暨“金融科技发展与监管研究”闭门研讨会在中国人民大学举行。会议由中国人民大学财政金融学院、中国人民大学国际货币研究所（IMI）联合主办，金融科技50人青年论坛（CFT50）、中国人民大学金融科技研究所协办。穆长春副司长以“灯塔与网联”为题发表演讲。一方面，他从公共产品供给的“灯塔理论”出发，梳理了中央银行出现前的支付清算系统发展历史。降低成本和提高效率，是推动集中支付系统发展的重要因素。作为公共产品的支付服务可以由私人部门提供，但前提是私人部门要有公共精神和合规意识，完全自由的市场很难产生高效率、低成本的支付系统。这就要求央行统一安排集中支付结算体系。另一方面，集中支付有助于央行货币政策实施，也服务于宏观审慎管理框架。他指出，网联就是依据这一原则建立的由非银行支付机构“共有、共建、共享”的集中清算系统。人民银行现在主导的央行数字货币也是取双层运营体系来进行研发的。

在前述消息被报道之后，立即有投资者提问：“中国人民银行数字货币研究所所长穆长春以‘灯塔与网联’为题发表演讲。梳理了中央银行出现前的支付清算系统发展历史。降低成本和提高效率，是推动集中支付系统发展的重要因素，央行主导的数字货币未来由网联来运营，请问公司参股网联是否属实?”上市公司董秘回答（海联金汇SZ002537）：您好，公司全资三级子公司联动优势电子商务有限公司出资3980万元参股网联清算有限公司，占网联清算有限公司股份的

① 载http：//sf. ruc. edu. cn/info/1073/8730. htm，最后访问日期：2020年3月20日。

1.99%。谢谢。

2019年7月8日，穆长春于“财新网”发文称，Libra须纳入央行监管框架，Libra创造的是跨境自由流动的可兑换数字货币；

2019年7月9日，穆长春于“彭博”发表文章，表示Libra可能会引起汇率套利及不同货币间竞相印钞，要尽快让人民币实现可兑换才能抵御住Libra的侵蚀；

2019年8月10日，穆长春称央行数字货币已经“呼之欲出”；

2019年9月4日，穆长春于“得到”开设《科技金融前沿：Libra与数字货币展望》课程；

2019年9月6日，穆长春正式出任央行数字货币研究所所长。

3…为什么要推出DC/EP

为什么中国政府要推出DC/EP是一个经常有人问起的问题，毕竟中国的互联网支付在世界处于领先位置，无论是支付宝还是微信支付已经可以满足日常需要。

我们理解，可能有如下原因：（1）保护货币主权和法币地位。Libra一旦推出，即使可以在法规做出相应的禁止安排，但是一味地围追堵截不如有更好的可信产品与Libra竞争。（2）现有纸钞、硬币易伪造，易被用于洗钱、恐怖融资。（3）现有电子支付工具无法满足公众匿名支付的需求。目前的微信支付以及支付宝都存在一个问题，即在每次交易中都会留下相应的个人信息，哪怕是买一碗豆浆都有可能造成个人信息的外泄，不利于保护个人隐私。（4）不接触支付的要求，新冠疫情之后不接触支付成为一个刚需。虽然微信支付和支付宝支付都可以解决不接触的问题，但是微信和支付宝毕竟是竞争性产品，但目前还无法解决微信账户的钱支付到支付宝账号中。（5）可控匿名，满足反洗钱的要求。需要一种数字货币既可以满足公众的匿名支付要求又可以满足国家的反洗钱要求。（6）数字货币可以通过智能合约限定货币的定向支付。例如，小学生的家长给小学生的零花钱希望用在买早餐和学习用具方面，但是不希望小学生攒了钱去听歌星的演唱会。这种要求纸币无论如何无法满足，只能通过数字货币的智能合约功能实现。

4…DC/EP 的特点

对于尚未诞生的 DC/EP 而言，其特点只能从此前央行官员的历次讲话中进行归纳总结。

（1）DC/EP 是 M0 发行，是现金的替代，换句话说，DC/EP 是数字化的纸币、硬币，具有和纸币一样的支付功能和属性，只是外在表现形式不一样。所以这也是为什么 DC/EP 被称为“具有价值特征的数字支付工具”。

（2）DC/EP 的“价值特征”表现为“不需要账户就能够实现价值转移”，这点和纸币、硬币的支付完全一样。

（3）DC/EP 的支付是“双离线支付”，换言之无须网络。这点和微信支付、支付宝完全不同。（在没有信号的地方 DC/EP 完全可以使用）

（4）人民银行先把 DC/EP 兑换给银行其他运营机构，再由这些机构兑换给公众；仍然是中心化管理模式。DC/EP 不改变流通中货币债权债务关系，由商业机构向央行全额缴纳准备金，DC/EP 由中央银行负债并担保。

（5）具有无限法偿性：任何机构和个人不得拒绝接受 DC/EP。

5…DC/EP 与智能合约

DC/PE 可加载有利于货币职能的智能合约，对于超过货币职能的智能合约还是会保持审慎的态度。我们理解这个问题的原因在于，DC/EP 所具有的货币职能（交易媒介、价值储藏、计账单位）决定其如果加载了超出其货币职能的智能合约，就会使其变成有价票证，降低可使用程度，会对人民币国际化产生不利影响。央行可以从智能合约着手进行精准的货币投放和监测。例如，如果是用于高科技行业补贴的，那么完全可以限制其流入房地产或者其他限制性行业。

研究”。

这一定不是“区块链”第一次出现在中央政府的视野里，但这是“区块链”第一次出现在国务院发布的文件里面。

任何一个区块链数字货币的从业者都应该了解国务院是如何看待区块链这一新生事物，毕竟在全国人大以及全国人大常委会就区块链制定法律之前，这代表了中国最高层对区块链的顶层路线设计。

就此，我们简单做了一个国务院层面文件的梳理：

（1）2017 年 1 月 13 日，《国务院办公厅关于创新管理优化服务培育壮大经济发展新动能加快新旧动能接续转换的意见》

创新体制机制，突破院所和学科管理限制，在人工智能、区块链、能源互联网、智能制造、大数据应用、基因工程、数字创意等交叉融合领域，构建若干产业创新中心和创新网络。（国家发展改革委、教育部、科技部、中科院等部门按职责分工负责）

（2）2017 年 7 月 8 日，《国务院关于印发新一代人工智能发展规划的通知》

促进区块链技术与人工智能的融合，建立新型社会信用体系，最大限度降低人际交往成本和风险。

（3）2017 年 10 月 5 日，《国务院办公厅关于积极推进供应链创新与应用的指导意见》

（三）加强供应链信用和监管服务体系建设。

完善全国信用信息共享平台、国家企业信用信息公示系统和“信用中国”网站，健全政府部门信用信息共享机制，促进商务、海关、质检、工商、银行等部门和机构之间公共数据资源的互联互通。研究利用区块链、人工智能等新兴技术，建立基于供应链的信用评价机制。推进各类供应链平台有机对接，加强对信用评级、信用记录、风险预警、违法失信行为等信息的披露和共享。创新供应链监管机制，整合供应链各环节涉及的市场准入、海关、质检等政策，加强供应链风险管控，促进供应链健康稳定发展。（国家发展改革委、交通运输部、商务部、人民银行、海关总署、税务总局、工商总局、质检总局、食品药品监管总局等按职责分工负责）

（4）2017年11月9日，《国务院关于深化“互联网+先进制造业”发展工业互联网的指导意见》

（三）加强产业支撑。加大关键共性技术攻关力度。开展时间敏感网络、确定性网络、低功耗工业无线网络等新型网络互联技术研究，加快5G、软件定义网络等技术在工业互联网中的应用研究。推动解析、信息管理、异构标识互操作等工业互联网标识解析关键技术及安全可靠机制研究。加快IPv6等核心技术攻关。促进边缘计算、人工智能、增强现实、虚拟现实、区块链等新兴前沿技术在工业互联网中的应用研究与探索。

（5）2018年5月4日，《国务院关于印发进一步深化中国（广东）自由贸易试验区改革开放方案的通知》

发展科技金融。按照国务院统一部署，支持自贸试验区积极争取纳入投贷联动试点，促进创新创业。建设广东区域性股权市场，根据资本市场对外开放进程，适时引进港澳及国际投资机构参与交易。大力发展金融科技，在依法合规前提下，加快区块链、大数据技术的研究和运用。

（6）2019年8月2日，《国务院关于印发6个新设自由贸易试验区总体方案的通知》

13. 建设数字商务发展示范区。发展大数据交易、数据中心和数字内容等高端数字化贸易业态。支持建立数字化贸易综合服务平台。探索符合国情的数字化贸易发展规则，参与数据资产国际贸易规则和协议制定。探索兼顾安全和效率的数字化贸易监管模式。推进公共数据利用改革试点。建立大数据资产评估定价、交易规则、标准合约等政策体系。依托现有交易场所开展数据资产交易。推进基于区块链、电子身份（eID）确权认证等技术的大数据可信交易。支持开展数据资产管理、安全保障、数据交易、结算、交付和融资等业务。

（7）2019年9月6日，《国务院关于加强和规范事中事后监管的指导意见》（国发〔2019〕18号）

科学高效。充分发挥现代科技手段在事中事后监管中的作用，依托互联网、大数据、物联网、云计算、人工智能、区块链等新技术推动监管创新，努力做到监管效能最大化、监管成本最优化、对市场主体干扰最小化。

(8) 2019年11月19日,《中共中央、国务院关于推进贸易高质量发展的指导意见》

(二)增强贸易创新能力。构建开放、协同、高效的共性技术研发平台,强化制造业创新对贸易的支撑作用。推动互联网、物联网、大数据、人工智能、区块链与贸易有机融合,加快培育新动能。加强原始创新、集成创新。充分利用多双边合作机制,加强技术交流与合作。着力扩大知识产权对外许可。积极融入全球创新网络。

(9) 2019年12月1日,中共中央、国务院印发《长江三角洲区域一体化发展规划纲要》

共同培育新技术新业态新模式。推动互联网新技术与产业融合,发展平台经济、共享经济、体验经济,加快形成经济发展新动能。加强大数据、云计算、区块链、物联网、人工智能、卫星导航等新技术研发应用,支持龙头企业联合科研机构建立长三角人工智能等新型研发平台,鼓励有条件的城市开展新一代人工智能应用示范和创新发展,打造全国重要的创新型经济发展高地。率先开展智能汽车测试,实现自动驾驶汽车产业化应用。提升流通创新能力,打造商产融合产业集群和平台经济龙头企业。建设一批跨境电商综合试验区,构建覆盖率和便捷度全球领先的新零售网络。推动数字化、信息化与制造业、服务业融合,发挥电商平台、大数据核心技术和长三角制造网络等优势,打通行业间数据壁垒,率先建立区域性工业互联网平台和区域产业升级服务平台。

(10) 2019年12月31日,《国务院办公厅关于支持国家级新区深化改革创新加快推动高质量发展的指导意见》

(七)培育新产业新业态新模式。支持新区加快发展战略性新兴产业,培育发展一批特色产业集群,提高专业化和创新发展水平,培育一批具有全球竞争力的“瞪羚”企业、新领军者企业、专精特新“小巨人”企业和细分领域“单项冠军”企业。加快推动区块链技术和产业创新发展,探索“区块链+”模式,促进区块链和实体经济深度融合。

2…最高人民法院司法解释下的区块链

司法永远存在“滞后性”，在区块链行业中也一样。一直到2018年8月9日，区块链才出现在最高人民法院的司法解释中。

在《最高人民法院印发〈关于增设北京互联网法院、广州互联网法院的方案〉的通知》中，最高人民法院指出“……（三）案件审理方式。‘按照网上案件网上审理’的基本思路，推动起诉、调解、立案、庭审、判决、执行等诉讼环节全程网络化，探索建立与互联网时代相适应的审判模式和程序规则，依托互联网、大数据、人工智能和区块链等技术，实现身份认证、诉讼代理、在线送达、电子存证取证、证据保全效力认定等诉讼行为实时共享、全程留痕、不可更改，促进诉讼流程再造、诉讼质效提升、诉讼法律完善”。

（1）2018年9月6日，《最高人民法院关于互联网法院审理案件若干问题的规定》（法释〔2018〕16号）

第十一条　当事人对电子数据真实性提出异议的，互联网法院应当结合质证情况，审查判断电子数据生成、收集、存储、传输过程的真实性，并着重审查以下内容：

（一）电子数据生成、收集、存储、传输所依赖的计算机系统等硬件、软件环境是否安全、可靠；

（二）电子数据的生成主体和时间是否明确，表现内容是否清晰、客观、准确；

（三）电子数据的存储、保管介质是否明确，保管方式和手段是否妥当；

（四）电子数据提取和固定的主体、工具和方式是否可靠，提取过程是否可以重现；

（五）电子数据的内容是否存在增加、删除、修改及不完整等情形；

（六）电子数据是否可以通过特定形式得到验证。当事人提交的电子数据，通过电子签名、可信时间戳、哈希值校验、区块链等证据收集、固定和防篡改的技术手段或者通过电子取证存证平台认证，能够证明其真实性的，互联网法院应当确认。当事人可以申请具有专门知识的人就电子数据技术问题提出意见。互联网法院可以根据当事人申请或者依职权，委托鉴定电子数据的真实性或者调取其他相关证据进行核对。

（2）2018年10月24日，《最高人民法院关于人民法院解决“执行难”工作情况的报告——2018年10月24日在第十三届全国人民代表大会常务委员会第六次会议上最高人民法院院长周强》

三是坚持创新思维，加快推进执行信息化建设。完善网络查控系统，加强与有关部门的协调合作，不断扩大网络查控范围，强化冻结、扣划功能，推动实现网络查控系统对各类财产的全覆盖。健全完善全国四级法院“三统一”执行管理模式，运用信息化系统，消除传统执行管理盲区，将管理触角从结果延伸至全过程，实现管人、管案、管事相结合。加强大数据、云计算、人工智能、区块链等在执行工作中的运用，优化升级各类执行信息化系统平台，让现代信息技术更好服务保障执行工作。

（3）2018年11月20日，《最高人民法院关于进一步深化司法公开的意见》

22. 充分发挥现代信息技术促进司法公开作用。全力推动智慧法院由初步形成向全面建设迈进，逐步实现全业务网上办理、全流程依法公开、全方位智能服务。探索大数据、云计算、人工智能、区块链等现代信息技术在司法公开中的深度应用，推动实现司法信息自动生成、智能分析、全程留痕、永久可追溯等功能，进一步提高司法公开自动化信息化智能化水平。深入开展司法大数据挖掘研究和拓展应用，推进全国法院全面实现电子卷宗随案同步生成和深度应用工作，加强中国司法大数据研究院建设，深化司法大数据研究成果转化利用。大力加强网络安全建设，切实维护人民法院信息数据安全。

（4）2019年4月21日，《最高人民法院关于研究处理对解决执行难工作情况报告审议意见的报告》

二是进一步健全解决执行难长效机制。加强统筹规划，出台《关于巩固“基本解决执行难”成果健全完善执行工作长效机制工作纲要》并狠抓落实，确保执行工作持续健康发展，坚决防止松懈情绪，坚决防止执行工作水平下滑。进一步加强执行信息化建设，完善网络查控系统，推动实现各类财产全覆盖，加强大数据、云计算、人工智能、区块链等技术在执行工作中的运用，让现代信息技术更好服务保障执行工作。加强执行案件源头治理，加大诉讼保全适用力度，健全立审执协调配合、案件繁简分流、执行与破产有序衔接等机制，促进执行工作良性运行。

（5）2019 年 6 月 3 日，《最高人民法院关于深化执行改革健全解决执行难长效机制的意见——人民法院执行工作纲要（2019～2023）》（法发〔2019〕16 号）

24. 完善“1＋2＋N”执行信息化系统。加快以执行指挥中心综合管理平台为核心，以四级法院统一的办案系统和执行公开系统为两翼，以网络查控、评估拍卖、信用惩戒、执行委托等 N 个执行办案辅助系统为子系统的执行信息化系统建设。强化系统应用，通过信息化手段落实执行工作“三统一”管理的各项要求。大力推行文档电子化和电子卷宗即时生成，实现系统对执行信息资源的智能化读取、识别，推动法律文书自动生成、关键节点自动回填，为法官提供智力支持与辅助性、事务性工作支持。进一步升级执行办案系统，以信息化手段约束执行权、规范执行行为。进一步优化执行查控、网络评估、网络拍卖、信用惩戒系统，为一线干警采取执行措施、提高执行效率、加大执行力度提供信息技术支撑。依法依规部署执行应急系统，实现执行管理“专网＋互联网”全覆盖，进一步提升管理能力和水平。通过 APP、即时通讯、微信小程序等技术手段，加强风险提示、节点推送，为当事人提供“一站式”诉讼服务，促进当事人、律师广泛参与执行。探索送达工作网络化办理，节约送达成本、提升送达效率。加大执行业务中以区块链技术为代表的新技术的应用和转化，提高执行效率，增强人民群众获得感。

（6）2019 年 7 月 22 日，《最高人民法院办公厅关于做好 2019 年智慧法院建设工作的通知》（法办〔2019〕243 号）

10. 完善四级法院统一的执行办案系统，提升执行办案智能化水平。打通执行办案系统和本院办案平台、破产案件信息管理系统数据接口，接收审判环节的电子卷宗等数据，推进措施资源、信息资源和财产处置资源共享。优化完善执行办案系统流程节点信息自动回填、文书辅助自动生成、执行期限自动预警、关联案件自动提醒、终本案件智能巡查、违规行为自动冻结、区块链存证、电子送达等智能化功能。实现文书发送、财产查控、询价评估、拍卖变卖、案款发放等案件节点的可视化监管。依托移动微法院应用，实现执行案件网上立案、执行节点自动公开、终本案件网上约谈、执行线索网上举报、执行现场的图片视频等信息掌上展示并回传执行办案系统。

（7）2019年9月3日，《最高人民法院关于印发〈最高人民法院平安建设考评办法（执行难综合治理及源头治理部分）〉的通知》（法〔2019〕196号）

第二十四条　大力加强信息化建设，不断完善“1+2+N”执行信息化系统，实现执行管理“专网十互联网”全覆盖，或运用大数据、云计算、人工智能、区块链、5G等新技术，建成移动APP、微信小程序等平台实现执行移动办公的，加0.1至0.2分。

（8）2019年10月24日，《最高人民法院关于为推动经济高质量发展提供司法服务和保障的意见》

加强对互联网、大数据、人工智能、区块链、操作系统、集成电路、清洁能源等核心技术和前沿领域技术成果的保护，加强对关键共性技术、前沿引领技术、现代工程技术、颠覆性技术创新等创新程度高的科技成果的保护，加强对制造业领域关键核心技术知识产权的保护。通过公正裁判激励科技创新，促进制造业企业通过技术进步和科技创新实现产业升级，鼓励市场主体通过创新提升核心竞争力。强化知名品牌保护，严厉打击商标恶意抢注、攀附、仿冒等不诚信行为，进一步净化市场竞争环境。依法制止侵犯商业秘密等不正当竞争行为，加快完善互联网领域、数字经济领域的反垄断法适用，营造公平有序、充满活力的市场环境。建立健全体现知识产权价值的侵权损害赔偿制度，充分发挥惩罚性赔偿制度作用，进一步加大侵犯知识产权行为违法成本。深入推进知识产权民事、行政和刑事案件审判“三合一”机制改革，准确把握和贯彻宽严相济刑事政策，正确处理知识产权民事和刑事审判之间的关系，充分发挥刑事审判保护知识产权的威慑作用。持续优化知识产权诉讼管辖布局，完善证据规则，研究制定知识产权诉讼特别程序法。加强知识产权保护国际司法交流合作，积极参与构建国际知识产权保护规则，推动国际知识产权治理体系变革，不断提高我国知识产权保护的公信力、吸引力和影响力，努力把我国建设成为知识产权保护的典范和世界知识产权诉讼优选地。

（9）2019年11月4日，《最高人民法院关于认真学习贯彻党的十九届四中全会精神的通知》

审判体系和审判能力现代化，是国家治理体系和治理能力现代化的重要组成部分，是全面依法治国的重要基础。各级人民法院要进一步增强进取意识、机遇意识、责任意识，加强法院自身建设，坚持把司法体制改革和智慧法院建设作为“车之两轮，鸟之两翼”，不断提高司法质量、效率和公信力，以审判体系和审判能力现代化的坚实步伐，推动国家治理体系和治理能力现代化进程。要深化司法体制综合配套改革，全面落实司法责任制，加大改革系统集成和协同推进力度，切实增强改革的系统性、整体性、协同性。要积极推进互联网、人工智能、大数据、云计算、区块链、5G等现代科技在司法领域深度应用，努力把智慧法院建设提升到新水平，推动真正实现司法审判质量变革、效率变革、动力变革。

（10）2019年12月3日，《最高人民检察院发布7起“弘扬宪法精神　落实宪法规定”典型案例》（2019年12月3日）

下面案例中，检察机关识破比特币传销骗局，及时以涉嫌组织、领导传销活动罪依法向法院提起公诉，保护公民合法私有财产不受侵犯。

卢某某、成某某等人利用“虚拟货币”组织、领导传销活动案

【要旨】

检察机关识破一些不法分子以“区块链”“虚拟货币”“消费投资”“慈善互助”等新名词、新概念为噱头，以高额回报为诱饵进行的诈骗传销犯罪，依法打击侵害人民群众财产权益的行为。

【基本案情】

2015年9月，卢某某、成某某等人看到“虚拟货币”等概念火爆，设立某科技有限公司，共同商议设立GGP共赢积分奖金制度，以投资购买产品的名义发展会员，并按照投资金额的多少确定会员级别，设普卡、银卡、金卡、钻卡四种，以投资额5∶1的比例释放相应的GGP积分，可以在BTC100网站上交易变现。同时，为了发展更多下线，公司设置推荐奖、互助奖、管理奖、平级奖，并按照会员级别、管理级别给予会员不同比例的奖金。经查，该传销网络共计30个层级，涉及会员账号1万余个，涉案金额共计人民币3.2亿余元。

【案件办理情况】

检察机关以卢某某、成某某等11人涉嫌组织、领导传销活动罪向法院提起公诉。2019年9月，法院对本案作出判决，判处卢某某、成某某等11名被告人两年至五年有期徒刑，并处罚金。

【典型意义】

传销活动直接或间接以发展人员的数量作为计酬或者返利依据，引诱、胁迫参加者继续发展他人参加，骗取财物，扰乱经济社会秩序，损害人民群众的合法权益。一些不法分子以“区块链”“虚拟货币”“消费投资”“慈善互助”等新名词、新概念为噱头，以高额回报为诱饵，通过各种宣传培训吸引老百姓参与其中。这些纷繁复杂的犯罪手段，特别是以“金融创新”等名义开展的各类金融投资业务，迷惑性强、难以识别，群众容易上当受骗，造成经济损失，严重扰乱社会经济秩序。检察机关通过严厉打击这类以新概念为噱头的传销、诈骗、非法集资犯罪，彰显法律的威严，切实维护人民群众的财产，维护良好的社会经济秩序。

（11）2019 年 12 月 9 日，《最高人民法院关于人民法院进一步为“一带一路”建设提供司法服务和保障的意见》

9. 依法支持信息技术发展，关注第四次工业革命发展趋势，及时完善电子商务、区块链、人工智能、5G 信息网络建设等领域的司法政策，依法鼓励数字化、网络化、智能化带来的新技术、新业态、新模式创新，提升网络互联互通，促进数字“丝绸之路”建设。

（12）2019 年 12 月 13 日，《最高人民法院关于人民法院为中国（上海）自由贸易试验区临港新片区建设提供司法服务和保障的意见》（法发〔2019〕31 号）

加强对知识产权及数据的保护力度，保障新片区国际互联网数字跨境安全。加大对专利、版权、企业商业秘密等权利及数据的司法保护力度，主动参与全球数字经济交流合作，促进 5G、区块链、云计算、物联网、车联网等新一代信息技术的运用。对新片区建立数据安全管理机制、开展数据跨境流动试点提供司法保障。密切关注新片区建设亚太供应链管理中心，通过司法裁判推动发展跨境数字贸易，支持建立跨境电商海外仓等新业态的兴起。

3…部门规范性文件关于区块链的规定

中国的各位部委都在其职权范围内从各个角度对区块链进行监管。就任何一个投资或者从事区块链、数字货币领域的主体而言，必须考虑不同监管部门的规定。

估计很多人都没想到，民政部是第一个将区块链写在了部门规范性文件中的部委。在2016年10月13日的《民政部社会组织管理局关于邀请开发全国慈善信息公开网站（一期）的公告》中，“为贯彻落实《中华人民共和国慈善法》信息公开要求，民政部拟建全国慈善信息公开网站，欢迎具备专业水准、公益热情的企事业单位、社会组织竞争参与一期开发。相关需求与安排如下：……（三）技术资质。方案编制单位应有大型网站开发、数据管理平台建设经验，具有一定资金规模优势和专业团队优势，在大数据管理、‘云’服务、区块链、信息安全、产品质量管理等方面具有技术专长，具有自主实施技术方案的能力”。

站在2020年的今天回顾前面的文件，考虑到此前关于慈善公益组织被质疑的事件，不由得深深佩服当年这个文件起草者的深谋远虑。

为了方便从业者和投资人了解各个部委对区块链的态度，我们将部委规范性文件与区块链相关的重要规定梳理如下：

（1）2016年11月11日，《商务部等10部门关于印发〈国内贸易流通“十三五”发展规划〉的通知》（商建发〔2016〕430号）

支持流通企业加强信息化改造，推动移动互联、云计算、大数据、物联网、虚拟现实、人工智能和区块链等技术在流通领域的创新和应用。

［点评］从这个法规可以看出中国监管机构早在2016年就把区块链与其他技术一起列为信息化改造的技术，这和目前推进的新基建一脉相承。

（2）2017年1月17日，《商务部关于进一步推进国家电子商务示范基地建设工作的指导意见》（商电发〔2017〕26号）

推动示范基地创业孵化与科研院所技术成果转化有效结合，促进大数据、物联网、云计算、人工智能、区块链等技术创新应用。

（3）2017年1月19日，《商务部等5部门关于印发〈商贸物流发展“十三

五”规划〉的通知》

（六）商贸物流创新发展工程。

推广使用自动识别、电子数据交换、货物跟踪、智能交通、物联网等先进技术装备，探索区块链技术在商贸物流领域的应用，大力发展智慧物流。

（4）2017年4月14日，《科技部关于印发〈“十三五”现代服务业科技创新专项规划〉的通知》（国科发高〔2017〕91号）

推进服务供给的基础理论研究。重点研究区块链基础理论与技术，包括区块链分布式架构、智能合约设计和管理、去中心化的网络支付方法等；探索形成基于区块链技术的服务交易与征信体系框架；开发区块链驱动的服务商业模式、基于智能合约的资产交易方法，构建基于区块链和共识机制的信任体系。面向科技服务业、文化和科技融合等领域，重点研究资源分享与分布式资源巨系统及其方法论、精准服务与科技大数据理论，推进成果的创新应用和实践。

推进服务供给和交易的智能化。基于区块链理论成果，研究交易主客体基础信息验证技术、可信和有效信息筛选技术等。研发基于交易关联信息对象模型的信度与效度分析系统、动态价格形成机制与方法、智能匹配方法和模型等，形成多种智能匹配交易方式，制定相应的交易规则。

（5）2017年6月，《中国人民银行关于印发〈中国金融业信息技术“十三五”发展规划〉的通知》（银发〔2017〕140号）

三、新技术发展和金融业态变革带来新机遇

云计算、大数据、移动互联、物联网、生物识别、人工智能、区块链等新技术在金融领域的探索与应用，网络借贷、网络众筹、第三方支付等互联网金融新模式不断涌现，金融机构经营模式和服务模式正发生深刻变革。在互联网时代背景下，金融机构可以充分利用先进技术，推动创新发展，不断优化业务流程和服务手段，推进技术架构转型升级。

信息技术持续驱动金融创新。贯彻落实“互联网+”战略，通过政策引导、标准规范，促进金融业合理利用新技术，建设云计算、大数据应用基础平台及互联网公共服务可信平台，研究区块链、人工智能等热点新技术应用，实现新技术对金融业务创新有力支撑和持续驱动。

积极推进区块链、人工智能等新技术应用研究。加强区块链基础技术研究，开展区块链技术在金融领域的应用研究。持续跟踪量子通信技术发展，适时开展量子通信在金融业的应用。探索借助人工智能技术，推动客户服务、经营管理、金融监管模式创新，推进机器人安全值守应用。持续跟进金融科技发展趋势，适时开展新技术在金融业的试点应用，促进业务创新。

四、深化金融标准化战略，支持金融业健康发展

构建金融大数据标准体系，研究制定云计算、大数据、区块链、人工智能等信息技术在金融业应用的标准。培育和发展满足市场和创新需要的团体标准。推进金融机构建立和完善企业标准体系。

（6）2017年8月11日，《商务部办公厅、财政部办公厅关于开展供应链体系建设工作的通知》（商办流通发〔2017〕337号）

（三）建设重要产品追溯体系，提高供应链产品质量保障能力。三是支持供应链核心企业追溯系统创新升级。重点推进二维码、无线射频识别（RFID）、视频识别、区块链、GS1、对象标识符（OID）、电子结算和第三方支付等应用，推动追溯系统创新升级；推动大中型批发市场及大型商超、物流企业等开展信息化改造，鼓励商超利用GS1进行结算实现追溯功能，将产品追溯融入现有ERP系统，实现企业信息系统与追溯系统的对接；鼓励供应链核心企业线上线下融合发展，形成全渠道整合、线上线下无缝衔接的追溯网络。

（7）2017年9月4日，《中国人民银行 中央网信办 工业和信息化部 工商总局 银监会 证监会 保监会关于防范代币发行融资风险的公告》

近期，国内通过发行代币形式包括首次代币发行（ICO）进行融资的活动大量涌现，投机炒作盛行，涉嫌从事非法金融活动，严重扰乱了经济金融秩序。为贯彻落实全国金融工作会议精神，保护投资者合法权益，防范化解金融风险，依据《中华人民共和国人民银行法》、《中华人民共和国商业银行法》、《中华人民共和国证券法》、《中华人民共和国网络安全法》、《中华人民共和国电信条例》、《非法金融机构和非法金融业务活动取缔办法》等法律法规，现将有关事项公告如下：

一、准确认识代币发行融资活动的本质属性

代币发行融资是指融资主体通过代币的违规发售、流通，向投资者筹集比特币、以太币等所谓“虚拟货币”，本质上是一种未经批准非法公开融资的行为，涉嫌非法发售代币票券、非法发行证券以及非法集资、金融诈骗、传销等违法犯

罪活动。有关部门将密切监测有关动态，加强与司法部门和地方政府的工作协同，按照现行工作机制，严格执法，坚决治理市场乱象。发现涉嫌犯罪问题，将移送司法机关。

代币发行融资中使用的代币或“虚拟货币”不由货币当局发行，不具有法偿性与强制性等货币属性，不具有与货币等同的法律地位，不能也不应作为货币在市场上流通使用。

二、任何组织和个人不得非法从事代币发行融资活动

本公告发布之日起，各类代币发行融资活动应当立即停止。已完成代币发行融资的组织和个人应当做出清退等安排，合理保护投资者权益，妥善处置风险。有关部门将依法严肃查处拒不停止的代币发行融资活动以及已完成的代币发行融资项目中的违法违规行为。

三、加强代币融资交易平台的管理

本公告发布之日起，任何所谓的代币融资交易平台不得从事法定货币与代币、“虚拟货币”相互之间的兑换业务，不得买卖或作为中央对手方买卖代币或“虚拟货币”，不得为代币或“虚拟货币”提供定价、信息中介等服务。

对于存在违法违规问题的代币融资交易平台，金融管理部门将提请电信主管部门依法关闭其网站平台及移动 APP，提请网信部门对移动 APP 在应用商店做下架处置，并提请工商管理部门依法吊销其营业执照。

四、各金融机构和非银行支付机构不得开展与代币发行融资交易相关的业务

各金融机构和非银行支付机构不得直接或间接为代币发行融资和“虚拟货币”提供账户开立、登记、交易、清算、结算等产品或服务，不得承保与代币和“虚拟货币”相关的保险业务或将代币和“虚拟货币”纳入保险责任范围。金融机构和非银行支付机构发现代币发行融资交易违法违规线索的，应当及时向有关部门报告。

五、社会公众应当高度警惕代币发行融资与交易的风险隐患

代币发行融资与交易存在多重风险，包括虚假资产风险、经营失败风险、投资炒作风险等，投资者须自行承担投资风险，希望广大投资者谨防上当受骗。

对各类使用“币”的名称开展的非法金融活动，社会公众应当强化风险防范意识和识别能力，及时举报相关违法违规线索。

六、充分发挥行业组织的自律作用

各类金融行业组织应当做好政策解读，督促会员单位自觉抵制与代币发行融资交易及“虚拟货币”相关的非法金融活动，远离市场乱象，加强投资者教育，共同维护正常的金融秩序。

（8）2017年9月18日，《中国保监会关于印发〈偿二代二期工程建设方案〉的通知》（保监发〔2017〕67号）

16. 跟踪云计算、大数据、人工智能、区块链等金融科技的发展趋势，开展监管科技的应用研究，积极探索新科技条件下新型的保险业审慎监管。

（9）2017年11月21日，《商务部办公厅、国家标准委办公室关于印发〈网络零售标准化建设工作指引〉的通知》（商电字〔2017〕12号）

（十四）加强前沿研究

针对网络零售快速创新和跨界经营的特点，加强对分享经济、跨境电商、社交电商等新模式，人工智能、虚拟现实、区块链等新技术，无人商店、无人机送货、近场支付等新服务的前瞻性研究，推动形成研究成果。

（10）2017年12月20日，《国家邮政局关于推进邮政业服务“一带一路”建设的指导意见》（国邮发〔2017〕103号）

六、加强创新能力开放合作，培育“一带一路”邮政业发展新动能

推动行业科技创新合作。发挥行业内国家工程实验室等科研机构作用，与沿线国家交流邮政业和互联网、大数据、云计算、人工智能及区块链等融合发展的经验，联合开展科技应用示范。

（11）2017年12月29日，《商务部等10部门关于推广标准托盘发展单元化物流的意见》（商流通函〔2017〕968号）

（五）提高物流链信息化、智能化水平。利用大数据、云计算、物联网、区块链、人工智能等先进技术，加强数据分析应用，挖掘商业价值，优化生产、流通、销售及追溯管理，以智能物流载具为节点打造智慧供应链。

（12）2018年1月26日，《工业和信息化部办公厅关于组织开展信息消费试点示范项目申报工作的通知》（工信厅信软函〔2018〕46号）

（三）行业类信息消费试点示范

6. 现代物流服务。支持发展面向信息消费全过程的现代物流服务，支持多式

联运综合物流的创新应用，积极探索利用区块链技术开展物流信息全程监测，推进物流业信息消费降本增效。

（13）2018 年，《中华人民共和国司法部公告（第 188 号）关于发布 2018 年度国家法治与法学理论研究项目立项课题的公告》

18SFB2018 区块链技术下涉数据犯罪研究 一般课题 张爱艳 山东政法大学 论文。

（14）2018 年 4 月 13 日，《教育部关于印发〈教育信息化 2.0 行动计划〉的通知》（教技〔2018〕6 号）

加快面向下一代网络的高校智能学习体系建设。适应 5G 网络技术发展，服务全时域、全空域、全受众的智能学习新要求，以增强知识传授、能力培养和素质提升的效率和效果为重点，以国家精品在线开放课程、示范性虚拟仿真实验教学项目等建设为载体，加强大容量智能教学资源建设，加快建设在线智能教室、智能实验室、虚拟工厂（医院）等智能学习空间，积极探索基于区块链、大数据等新技术的智能学习效果记录、转移、交换、认证等有效方式，形成泛在化、智能化学习体系，推进信息技术和智能技术深度融入教育教学全过程，打造教育发展国际竞争新增长极。

（15）2018 年 5 月 9 日，国家互联网信息办公室发布《数字中国建设发展报告》（2017 年）

（一）创新引领，加快突破信息领域核心技术

强化战略性前沿技术超前布局，加强量子通信、未来网络、类脑计算、人工智能、全息显示、虚拟现实、大数据认知分析、无人驾驶、区块链、基因编辑等新技术基础研发和前沿布局，促进网络信息技术与垂直行业技术深度融合。

（16）2018 年 5 月 15 日，《中国银行保险监督管理委员会关于申报偿二代二期工程研究课题的公告》（保监公告〔2018〕10 号）中包含了旨在“跟踪云计算、大数据、人工智能、区块链等金融科技的发展趋势，开展监管科技的应用研究，为完善新科技条件下新型的保险业审慎监管提出政策建议”的课题《探索新科技条件下的新型保险业审慎监管》。

（17）2018 年 7 月 9 日，《工业和信息化部关于印发〈工业互联网平台建设及推广指南〉和〈工业互联网平台评价方法〉的通知》（工信部信软〔2018〕

126号）

5. 新技术应用服务。具备新技术应用探索能力，开展人工智能、区块链、VR/AR/MR等新技术应用。

（18）2018年7月20日，《国家知识产权局办公室关于印发2018年度国家知识产权局课题研究项目立项名单的通知》（国知办函办字〔2018〕503号）中包含了暨南大学的《基于区块链的数字化知识产权保护体系研究》、国家知识产权局专利局专利审查协作北京中心的《初探区块链技术在专利领域的应用及影响》以及国家知识产权局专利局专利审查协作天津中心的《区块链技术专利分析》。

（19）2018年7月23日，《工业和信息化部关于印发〈推动企业上云实施指南（2018－2020年）〉的通知》（工信部信软〔2018〕135号）

（二十五）鼓励各地加快推动开展云上创新创业。支持各类企业和创业者以云计算平台为基础，利用大数据、物联网、人工智能、区块链等新技术，积极培育平台经济、分享经济等新业态、新模式。

（20）2018年8月8日，《工业和信息化部关于公布2018年工业和信息化部重点实验室名单的通知》（工信部科〔2018〕149号）中包含国家工业信息安全发展研究中心的区块链技术与数据安全工业和信息化部重点实验室。

（21）2018年8月22日，《国家卫生健康委员会关于进一步推进以电子病历为核心的医疗机构信息化建设工作的通知》（国卫办医发〔2018〕20号）

（三）促进智慧医院发展。通过电子病历信息化建设，探索建立健全智慧医院标准、管理规范和质量控制方式方法，发挥互联网、大数据、云存储、云计算、区块链、机器人等有关技术在医疗管理工作中的优势，逐步使患者在就诊过程中享受到更智能、更高效、更便捷、更安全、更富有人性化的个体化诊疗。鼓励将成熟的人工智能嵌入电子病历信息系统，发挥其在智能分诊导诊，辅助信息采集，辅助检验、病理、影像诊断，辅助诊疗决策支持，智能跟踪随访等方面的作用，提高医务人员工作效率，保障医疗质量与安全。

（22）2018年8月24日，《中国银行保险监督管理委员会、中央网络安全和信息化委员会办公室、公安部、中国人民银行、国家市场监督管理总局关于防范以“虚拟货币”“区块链”名义进行非法集资的风险提示》（2018年8月24日）

银保监会、中央网信办、公安部、人民银行、市场监管总局提示：

近期，一些不法分子打着“金融创新”“区块链”的旗号，通过发行所谓“虚拟货币”“虚拟资产”“数字资产”等方式吸收资金，侵害公众合法权益。此类活动并非真正基于区块链技术，而是炒作区块链概念行非法集资、传销、诈骗之实，主要有以下特征：

一、网络化、跨境化明显。依托互联网、聊天工具进行交易，利用网上支付工具收支资金，风险波及范围广、扩散速度快。一些不法分子通过租用境外服务器搭建网站，实质面向境内居民开展活动，并远程控制实施违法活动。一些个人在聊天工具群组中声称获得了境外优质区块链项目投资额度，可以代为投资，极可能是诈骗活动。这些不法活动资金多流向境外，监管和追踪难度很大。

二、欺骗性、诱惑性、隐蔽性较强。利用热点概念进行炒作，编造名目繁多的“高大上”理论，有的还利用名人大V“站台”宣传，以空投“糖果”等为诱惑，宣称“币值只涨不跌”“投资周期短、收益高、风险低”，具有较强蛊惑性。实际操作中，不法分子通过幕后操纵所谓虚拟货币价格走势、设置获利和提现门槛等手段非法牟取暴利。此外，一些不法分子还以ICO、IFO、IEO等花样翻新的名目发行代币，或打着共享经济的旗号以IMO方式进行虚拟货币炒作，具有较强的隐蔽性和迷惑性。

三、存在多种违法风险。不法分子通过公开宣传，以“静态收益”（炒币升值获利）和“动态收益”（发展下线获利）为诱饵，吸引公众投入资金，并利诱投资人发展人员加入，不断扩充资金池，具有非法集资、传销、诈骗等违法行为特征。

此类活动以“金融创新”为噱头，实质是“借新还旧”的庞氏骗局，资金运转难以长期维系。请广大公众理性看待区块链，不要盲目相信天花乱坠的承诺，树立正确的货币观念和投资理念，切实提高风险意识；对发现的违法犯罪线索，可积极向有关部门举报反映。

（23）2018年9月3日，《民政部关于印发〈“互联网+社会组织（社会工作、志愿服务）”行动方案（2018－2020年）〉的通知》（民发〔2018〕115号）

2018年，完成第二批互联网募捐信息平台遴选并加强能力建设；选定“区块链”技术方案，完成“慈善中国”平台新一轮升级改造，基本打通“慈善中国”平台与互联网募捐信息平台的数据对接，初步实现各地慈善组织、网络募捐等数据定时汇聚。

（24）2018 年 11 月 14 日，《工业和信息化部办公厅关于开展网络安全技术应用试点示范项目推荐工作的通知》（工信厅网安函〔2018〕366 号）

一、重点方向

示范项目重点引导方向包括但不限于：

（五）新技术新应用安全，包括用于保障云计算、大数据、人工智能、区块链、下一代网络（5G 和 IPv6）、物联网、车联网等新技术新应用安全的平台或系统。

（25）2018 年 12 月 12 日，《交通运输部综合规划司关于确定 2019 年交通运输战略规划政策项目承担单位的公告》中提及了招商局公路网络科技控股股份有限公司负责的《区块链技术与交通运输创新发展研究》。

（26）2018 年 12 月 17 日，《工业和信息化部办公厅关于公布 2018 年工业互联网试点示范项目的通知》（工信厅信管函〔2018〕410 号）中提及了重庆易保全网络科技有限公司的区块链电子数据保全系统（工业互联网安全集成创新应用试点示范项目）。

（27）2019 年 2 月 15 日，《区块链信息服务管理规定》（国家互联网信息办公室令第 3 号）

（28）2019 年，《国家互联网信息办公室关于发布第一批境内区块链信息服务备案编号的公告》

国家互联网信息办公室关于发布第一批境内区块链信息服务备案编号的公告

2019 年 2 月 15 日《区块链信息服务管理规定》（以下简称《管理规定》）正式实施以来，国家互联网信息办公室依法依规组织开展备案审核工作。现公开发布第一批共 197 个区块链信息服务名称及备案编号。

根据《管理规定》要求，区块链信息服务提供者应当在其对外提供服务的互联网站、应用程序等显著位置标明其备案编号。备案仅是对主体区块链信息服务相关情况的登记，不代表对其机构、产品和服务的认可，任何机构和个人不得用于任何商业目的。网信部门后续将会同各有关部门，依据《管理规定》对备案主体进行监督检查，并督促未备案主体尽快履行备案义务。请尚未履行备案手续的相关机构和个人尽快申请备案。

（29）2019 年 1 月 29 日，《中国人民银行、银保监会、证监会、财政部、农业农村部关于金融服务乡村振兴的指导意见》（银发〔2019〕11 号）

（十四）推动新技术在农村金融领域的应用推广。规范互联网金融在农村地区的发展，积极运用大数据、区块链等技术，提高涉农信贷风险的识别、监控、预警和处置水平。加强涉农信贷数据的积累和共享，通过客户信息整合和筛选，创新农村经营主体信用评价模式，在有效做好风险防范的前提下，逐步提升发放信用贷款的比重。鼓励金融机构开发针对农村电商的专属贷款产品和小额支付结算功能，打通农村电商资金链条。

（30）2019 年 1 月 31 日，《交通运输部办公厅关于开展交通强国水运篇 2019 年度行动计划调研的函》（交办水函〔2019〕171 号）

（四）行业创新方面。

1. 海运企业创新发展情况，包括电子订舱、区块链技术应用、“一单制”等。

（31）2019 年 2 月 12 日，《商务部等 12 部门关于推进商品交易市场发展平台经济的指导意见》（商建函〔2019〕61 号）

（五）夯实支撑体系。鼓励商品市场立足平台经济发展，依法合规创新大数据、云计算、物联网、区块链等信息技术应用，强化平台数据整合和资源配置能力，加快传统交易场景的数字化重构，推动商品生产、流通和服务信息实时交互，实现上下游企业和周边服务企业的智能互联，推动中小企业向专、精、尖转型发展。

（十五）健全培育机制。加大对商品市场开展互联网、物联网、大数据、云计算和区块链等信息技术研究与应用支持，引导符合条件的商品市场向高新技术企业转型。

（32）2019 年 4 月 1 日，《国家统计局关于印发〈生产性服务业统计分类（2019）〉的通知》（国统字〔2019〕43 号）

（33）2019 年 7 月 26 日，《工业和信息化部、教育部、人力资源和社会保障部、生态环境部、国家卫生健康委员会、应急管理部、国务院国有资产监督管理委员会、国家市场监督管理总局、国家能源局、国家国防科技工业局关于印发加

强工业互联网安全工作的指导意见的通知》（工信部联网安〔2019〕168号）

（七）推动工业互联网安全科技创新与产业发展

16. 支持工业互联网安全科技创新。探索利用人工智能、大数据、区块链等新技术提升安全防护水平。

（34）2019年8月9日，《国家互联网信息办公室关于〈区块链信息服务管理规定〉涉安全评估条款说明的公告》

国家互联网信息办公室发布的《区块链信息服务管理规定》第九条明确“区块链信息服务提供者开发上线新产品、新应用、新功能的，应当按照有关规定报国家和省、自治区、直辖市互联网信息办公室进行安全评估”。为落实规定要求，指导相关企业开展安全评估工作，现就安全评估的有关要求明确如下：

1. 国家市场监管总局所属的中国国家认证认可监督管理委员会，已经在信息安全管理和信息技术服务管理方面建立了完整的认证体系，具备一批已获认定认可的测评机构。相关企业可委托上述具有相关资质的测评机构开展安全评估，或自行对区块链信息服务开展安全风险自评估，并根据国家互联网信息办公室与公安部联合发布的《具有舆论属性或社会动员能力的互联网信息服务安全评估规定》的相关要求，通过“全国互联网安全管理服务平台”（www. beian. gov. cn）提交安全自评估报告。

2. 国家互联网信息办公室未指定或授权任何单位和机构开展区块链安全技术检测和安全评估。

（35）2020年1月1日，《产业结构调整指导目录（2019年本）》

第一类　鼓励类

二十八、信息产业

46. 大数据、云计算、信息技术服务及国家允许范围内的区块链信息服务

可以看得出来，各个部委早就在自己监管的领域中应用区块链技术进行了相关的前瞻性部署。对于任何一个区块链项目而言，如果想获得相应的监管部门支持，首先需要了解该项目的行业监管部门以及监管部门的监管态度。

第十五章

区块链的中国法律监管

正如习近平总书记指出的，技术是一把“双刃剑”。区块链技术和诸多前沿技术一样，既可以造福社会、造福人民，也可能被一些人利用损害社会公共利益。新技术的发展和应用，必须在安全、可控、可管的前提下稳妥稳步推进。我们要加强对区块链技术的引导和规范，加强对区块链安全风险的研究和分析；要探索建立适应区块链技术机制的安全保障体系，引导和推动区块链开发者、平台运营者加强行业自律、落实安全责任；要把依法治网落实到区块链管理中，推动区块链安全有序发展。

在中国要从事区块链行业的投资必须了解区块链的监管。就目前而言，中国尚未有明确的区块链监管机构也没有针对区块链的高位阶的法规。但是，这并不意味着区块链是法外之地。

1…区块链的监管逻辑

区块链目前还处于一个多龙治水的阶段，一般是在央行主导下各部门对其进行集体监管。除了央行之外，如果想讨论区块链是被哪些部门监管的，必须先讨论区块链的本质。在此基础上才可以按图索骥，分析区块链目前的监管机构是哪些。

从某种意义上讲，区块链的本质就是价值传输的第二代互联网。就合规角度而言，一个区块链的项目必须考虑如下因素：

（1）价值（token）；

（2）传输（AML）；

（3）互联网（网信办）。

2…价值因素的监管考量

对价值而言，首先需要讨论价值的主体是什么。简单而言，从目前对区块链的认知来说，价值的主体体现为各种各样的数字资产。我们此前讨论过，数字资产目前在中国法下没有明确的定义和范围，但是参考香港SEC的定义，我们理解数字资产应当是包含各种token在内的任何以数字形式表现的资产。

我们注意到SEC官网上，SEC执法部副主任Steven Peikin在2019年东南证券大会（Southeastern Securities Conference 2019）上说道："我们认为这些案例产生了重大影响，提醒投资者和ICO发行人，如果产品构成了证券，那么发行、推销或提供平台的主体必须遵守联邦证券法律。SEC并不反对创建和使用数字资产；但是，每当新技术违反证券法时，我们将继续执行这些法律。我们的执法和投资者保护命令中没有'创新者例外'。"前述发言事实上代表了相当一部分司法区域监管部门的方法论和监管逻辑。美国证券交易委员会主席Jay Clayton也有类似的观点："换句话说，用分布式分类账上区块链记录的企业权益代替中央分类账上的传统企业权益，可能会改变交易的形式，但不会改变实质内容"。

简单而言，对于监管部门来说，（1）除非有明确的法律规定或者监管沙盒，否则任何一个新经济的创新都必须在现行监管框架之内；（2）实质重于形式是所有监管部门的一致原则。换言之，如果token被认定为是证券，那么就应当遵循所有证券的监管法规。

在 SEC 发出的针对 DAO 事件的报告（Report of Investigation Pursuant to Section 21（a）of the Securities Exchange Act of 1934：The DAO）[①] 中，SEC 指出："根据《证券法》第 2（a）（1）条及《证券交易法》第 3（a）（10）条，证券包括'投资合同'。[②] 投资合同是对一个共同事业的资金投资，并合理期待从他人的创业或管理努力中获得利润。[③] 该定义体现了一种'灵活而非静态的原则，一种能够适应无数且多变方案的原则，这些方案是由那些利用他人基于利润承诺的资金而设计的。'[④]。该测试'实现了与发行有关的强制完整和公平披露的法律目的，该等发行是指在我们商业世界中属于普通证券概念的多种金融工具的发行。'[⑤]在分析某物是否为证券时，'实质重于形式，'[⑥] '并且重点应该放在交易背后的经济实质，而不是交易的名称'。"[⑦] 简单而言，SEC 在判断代币是否构成证券时采取了 Howey 测试原则。SEC 主席 Jay Clayton 也有类似的表述："特别地，我们的结论是代币发行代表了对一个共同事业的资金投资，并合理期待从他人的创业或管理努力中获得收益"。

就中国证券监管角度而言，目前尚没有类似美国 Howey 测试的标准，未来是否会通过修订《证券法》的方式或者其他方式厘清"证券"的内涵，有待于观察。根据网络公开报道，中国证监会正在搭建科技监管局这一新的职能部门，中国证券登记结算有限责任公司总经理姚前会重返证监会并执掌该部门。值得注意的是，姚前此前是央行数字货币研究所的所长，他也被认为是中国最懂区块链的官员之一。

---

① 载 https：//www. sec. gov/litigation/investreport/34 – 81207. pdf，最后访问日期：2020 年 3 月 20 日。

② See 15 U. S. C. § § 77b – 77c.

③ 参见 SEC v. Edwards, 504 U. S. 389, 393（2004）; SEC v. W. J. Howey Co. , 328 U. S. 293, 301（1946）; 另见 United Housing Fund. , Inc. v. Forman, 421 U. S. 837, 852 – 53（1975）（投资合同的"试金石"是"合理期待从他人的创业或管理努力中获得收益，并以此为前提对一个共同事业进行投资"）。

④ See Howey, 328 U. S. at 299（emphasis added）.

⑤ See Howey, 328 U. S. at 299（emphasis added）.

⑥ See Tcherepnin v. Knight, 389 U. S. 332, 336（1967）.

⑦ See United Housing Found. , 421 U. S. at 849.

3…传输因素的监管考量

传输是价值转移的方式和路径，所以传输也是建立在token本身有价值的基础上。早在《289号文》中就明确指出“中国人民银行各分支机构应当密切关注比特币及其他类似的具有匿名、跨境流通便利等特征的虚拟商品的动向及态势，认真研判洗钱风险，研究制定有针对性的防范措施。各分支机构应当将在辖区内依法设立并提供比特币登记、交易等服务的机构纳入反洗钱监管，督促其加强反洗钱监测。

提供比特币登记、交易等服务的互联网站应切实履行反洗钱义务，对用户身份进行识别，要求用户使用实名注册，登记姓名、身份证号码等信息。各金融机构、支付机构以及提供比特币登记、交易等服务的互联网站如发现与比特币及其他虚拟商品相关的可疑交易，应当立即向中国反洗钱监测分析中心报告，并配合中国人民银行的反洗钱调查活动；对于发现使用比特币进行诈骗、赌博、洗钱等犯罪活动线索的，应及时向公安机关报案”。考虑到央行是反洗钱的负责部门，因此从传输的角度未来央行仍然将继续监管区块链。

4…互联网因素的监管考量

网信办是网络安全与信息合规最重要的监管机构。网信办的主要职责是落实互联网信息传播方针政策和推动互联网信息传播法治建设，指导、协调、督促有关部门加强互联网信息内容的管理工作，并负责监督管理执法。

《网络安全法》《互联网信息服务管理办法》《互联网新闻信息服务管理规定》已经颁布实施，明确规定了网络运行和信息安全管理以及新技术新应用安全评估有关制度要求。建立区块链信息服务备案管理制度，制定《区块链信息服务管理规定》，是落实相关法律、行政法规，加强网络信息安全管理的必然要求。

区块链技术快速发展，相关应用蓬勃涌现，给国家经济社会带来巨大发展机遇，便利了人民群众的工作和生活。但同时区块链技术也被一些不法人员利用，作为存储、传播违法违规信息，实施网络违法犯罪活动的工具，扰乱了互联网信息传播秩序，严重地损害了公民、法人和其他组织合法权益，亟须依法推动服务提供者主动健全安全保障措施，提升安全风险预警防范效果。

因此，未来的区块链开发必须考虑网信办的监管法规和政策。

第十六章

中国涉区块链典型案例与裁判规则

1…中国司法实践中的比特币典型案例与裁判规则

比特币诞生之后，中国有越来越多的人开始进行比特币挖矿和交易，实践中也发生了大量的与比特币相关的诉讼。鉴于最高人民法院层面尚未有关于比特币审判的统一司法解释，我们目前只能从实证研究的角度就此前的典型案例进行分析。

（1）部分法院认为“对于比特币这种不合法的物，其交易亦不受法律保护”，有若干法院会认为比特币属于不合法的物，而导致交易无效。

［案例16－1］高某建与刘某宾不当得利纠纷案①

裁判观点：

比特币是一种P2P形式的数字货币，属网络虚拟货币的一种。2013年12月3日，中国人民银行、工业和信息化部、中国银行业监督管理委员会、中国证券监督管理委员会、中国保险监

① 高某建与刘某宾不当得利纠纷案，山东省商河县人民法院（2015）高民初字第1531号。

督管理委员会联合发布《关于防范比特币风险的通知》中明确规定，比特币不是货币当局发行，不具有法偿性与强制性等货币属性，并不是真正意义的货币。从性质上看，比特币应当是一种特定的虚拟商品，不具有与货币等同的法律地位，不能且不应作为货币在市场上流通使用，普通民众在自担风险的前提下拥有参与的自由。因此，比特币在我国不受法律保护。

因此，对于比特币这种不合法的物，其交易亦不受法律保护，原告通过比特币交易平台误将自己的比特币汇入给被告账户，但该种交易行为在我国不受法律保护，其行为所造成的后果属风险自担。因此，对原告要求被告返还31.659比特币的请求，法院不予支持。

前述案例并非孤例，在另外一个案例中法官也持类似观点。

[案例16-2] 纪某岩与济南曼维信息科技有限公司合同纠纷案①

裁判观点：

纪某岩在比特儿网注册并出资进行比特币买卖交易，曼维公司运营的比特儿网为用户进行交易活动提供网络交易平台服务，故纪某岩与曼维公司之间系服务合同关系。比特币是一种P2P形式的数字货币，属于网络虚拟货币的一种。2013年12月3日，中国人民银行、工业和信息化部、中国银行业监督管理委员会、中国证券监督管理委员会、中国保险监督管理委员会联合发布《关于防范比特币风险的通知》中明确规定，比特币不是货币当局发行，不具有法偿性和强制性等货币属性，并不是真正意义的货币。从性质上看，比特币属于一种网络虚拟商品，不具有与货币等同的法律地位，不能也不应作为货币在市场上流通使用，普通民众在自担风险的前提下才可以参与。纪某岩在曼维公司名下的比特儿网站交易平台中，进行比特币交易，将比特币存于账户内，因比特币的交易在我国不受法律保护，故因比特币交易所可能发生的风险应由用户自行承担。

2015年2月14日，黑客将比特儿交易平台中的7170个比特币盗走，系因不可抗力导致纪某岩在该交易平台上的比特币丢失，纪某岩亦未能举证证实曼维公司在比特币被盗事件中存在过错。另外，纪某岩虽主张其与曼维公司之间存在合

① 纪某岩与济南曼维信息科技有限公司合同纠纷案，济南高新经济开发区人民法院（2017）鲁0191民初第315号。

同关系，但并未举证证明曼维公司对用户的比特币存在保管义务，应当承担举证不足的法律后果。综上所述，纪某岩要求曼维公司返还其14.8888个比特币并赔偿0.9628个比特币，智数公司、韩某承担连带责任的诉讼请求，无事实和法律依据，法院不予支持。

（2）部分法院认为无法律法规明确禁止当事人进行比特币的投资和交易，不支持合同无效。

我们注意到，更多的法院认为无法律法规明确禁止当事人进行比特币的投资和交易，不支持合同无效。在下面这个案例中，我们可以清晰地看到法官持这个看法。

［案例16－3］王某亮与北京多智众传网络技术有限公司、北京大火投资管理有限公司等合同纠纷案①

裁判观点：

本案双方当事人争议的焦点在于王某亮与火币公司之间的合同关系效力问题，王某亮主张合同无效的理由是：双方交易的标的物比特币并不存在，也不是法律规定的合法标的物，其并无价值和使用价值，不能认定为商品，且不具有货币属性，不能作为交易和支付工具，故王某亮与火币公司之间的交易因标的物不存在而属于无效行为。

本案中，王某亮在火币公司主办的火币网上注册并出资进行比特币买卖交易，火币网为用户进行数字资产交易活动提供网络交易平台服务，不作为卖家或者买家参与买卖数字资产行为本身，故王某亮与火币公司之间系服务合同关系。从我国相关法律法规的规定可见，比特币不是由货币当局发行，不具有法偿性与强制性等货币属性，不是真正意义的货币，但并无法律法规明确禁止当事人进行比特币的投资和交易，而是提醒各部门加强对社会公众投资风险的提示，普通民众在自担风险的前提下拥有参与比特币交易的自由，但需理性投资；提供比特币登记、交易等服务的互联网站应当在电信管理机构备案。

本案中，火币网在工业和信息化部进行ICP备案，取得中华人民共和国电信

① 王某亮与北京多智众传网络技术有限公司、北京大火投资管理有限公司等合同纠纷案，北京市海淀区人民法院（2017）京0108民初12967号。

与信息服务业务经营许可证，经审核，2015年度、2016年度年检合格。《火币用户协议》中亦对用户投资行为进行了明确的风险提示，用户应根据自身情况慎重投资并对损失承担风险责任。诉讼中，王某亮未提交证据证明火币网的经营存在违法，其以比特币不存在为由认为王某亮与火币公司之间的合同关系无效，不具有事实依据和法律依据，故法院对其该主张不予支持，对其要求火币公司、大火公司、多智众传公司连带返还自己的交易损失的诉讼请求亦不予支持。

在另外一个判决中，法院同样持该等观点，不同的是这个判决中法官论述得更加充分。

[案例16－4] 李某与北京币云科技有限公司服务合同纠纷案①

裁判观点：

比特币是一种通过特定计算机程序计算出来的P2P形式的数字货币，属于网络虚拟货币的一种。关于币云公司通过比特币交易网为李某提供的比特币登记、交易等服务的合法性问题，《中国人民银行、工业和信息化部、中国银行业监督管理委员会、中国证券监督管理委员会、中国保险监督管理委员会关于防范比特币风险的通知》认为比特币从性质上看应当是一种特定的虚拟商品，不具有与货币等同的法律地位，不能且不应作为货币在市场上流通使用，提供比特币登记、交易等服务的互联网站应当在电信管理机构备案，而中国人民银行在《比特币相关事宜答记者问》一文中亦认为比特币交易作为一种互联网上的商品买卖行为，普通民众在自担风险的前提下拥有参与的自由。据此，在我国比特币虽不能作为货币在市场上流通使用，但本案中，币云公司运营的比特币交易网已在电信管理机构备案，故币云公司通过比特币交易网为李某提供的比特币登记、交易等服务并未违反国家法律及行政法规的强制性规定。

---

① 李某与北京币云科技有限公司服务合同纠纷案，北京市海淀区人民法院（2016）京0108民初26753号。

（3）部分法院认为交易所不履行 KYC 义务将构成过错。

［案例 16－5］北京乐酷达网络科技有限公司与绥化市华辰商贸有限公司、彭某泉侵权责任纠纷案①

裁判观点：

本案中，肖某某利用 QQ 信息骗得华辰公司 1200 万元款项后，犯罪嫌疑人黄某甲、许某才通过乐酷达公司网站交易平台购买比特币转移赃款，因此乐酷达公司对于华辰公司款项的被骗没有过错。但乐酷达公司在提供网络平台进行比特币交易时违反《非金融机构支付服务管理办法》关于"非金融机构提供支付服务，应当依据本办法规定取得《支付业务许可证》，成为支付机构"的规定，不但未取得支付许可证，反而为规避该规定利用员工名称开立的信用卡账户收取款项开展业务。在林某某账户充值及交易出现异常时，亦未按《中国人民银行、工业和信息化部、中国银行业监督管理委员会、中国证券监督管理委员会、中国保险监督管理委员会关于防范比特币风险的通知》的规定切实履行客户身份识别、可疑交易报告等法定反洗钱义务，即未核实林某某身份就为其账户充值，对林某某账户的异常交易情况视而不见。如果乐酷达公司能够像曼维公司一样严格履行实名认证规定，发现交易异常时及时采取冻结账户等处理措施，那么犯罪分子通过该公司交易平台转移赃款的行为就难以得逞。因此，乐酷达公司的违规行为在客观上为犯罪行为提供了便利条件，其漠视的态度一定程度上起到了配合犯罪分子转移赃款的效果，造成了受害人款项被挥霍，无法追回。对此，乐酷达公司存在过错。故综合乐酷达公司的违规情形、给社会造成的负面影响及起到的不良示范作用，其对华辰公司不能追回的损失应承担40%的赔偿责任，即627，569.20元（1，568，923 元×40%）。

（4）部分法院认可分叉产生数字资产的有效性。

关于互联网区块链技术形成的虚拟财产是否有效，已经有法院作出了有效判决。

① 北京乐酷达网络科技有限公司与绥化市华辰商贸有限公司、彭某泉侵权责任纠纷案，黑龙江省高级人民法院（2016）黑民终 274 号。

[案例16－6] 冯某然与北京乐酷达网络科技有限公司合同纠纷案①

裁判观点：

乐酷达公司是运营乐酷币行网（www. okcoin. cn）的互联网经营企业，冯某然是乐酷币行网的注册用户，双方之间围绕网站服务所确立的权利义务关系，意思表示真实，合法有效。本案系围绕互联网区块链技术形成的虚拟财产所发生的纠纷，冯某然基于其持有比特币（BTC）的事实，诉请乐酷达公司交付比特币现金（BCC），涉及如下相关问题。

1. 原告诉讼请求的法律基础。民事权利是受法律保护的特定利益，其因种类不同而有不同的客体。所有权的客体是物，债权的客体是债务人的给付行为。本案原告请求交付比特币现金系基于何种权利，是首要解决的基本问题。虽然比特币本身不包含固有价值，比特币持有人须通过分布存储且全网确认的“公共记账簿”（数据库）所记载的信息而行使占有、使用、收益、处分的权利，但鉴于我国现行法律没有将比特币等网络虚拟财产规定为物权法上的“物”，因而基于物权法定原则，原告无法按照所有权的法律规定（如孳息）而要求被告交付比特币“分叉”所产生的比特币现金。应当看到，比特币的交易现实存在，持有者仍然希望借此获取利益，在网络环境下的商品交换过程中，比特币的价值取决于市场对比特币充当交易媒介的信心，所以，比特币属于合同法上的交易对象，具有应当受到法律保护的“民事利益”。冯某然的诉讼请求，存在合同法上的依据。

2. 公告的意思表示构成被告的合同义务。民事主体通过意思表示设立、变更、终止民事法律关系的行为是民事法律行为，合同是最为典型的双方民事法律行为，依法成立的合同，对当事人具有法律约束力。本案双方之间的合同关系，自冯某然注册账户并确认同意《OKCoin币行服务条款》时设立。《OKCoin币行服务条款》中写明：“所有发给用户的通告，OKCoin币行网都将通过正式的页面公告、站内信、电子邮件……送达。任何非经OKCoin币行网正规渠道获得的中奖、优惠等活动或信息，OKCoin币行网不承担法律责任。”由此，乐酷币行网的站内通告，尽管系单方发布，亦可以确认为双方权利义务关系的具体依据。法律

① 冯某然与北京乐酷达网络科技有限公司合同纠纷案，北京市海淀区人民法院（2018）京0108民初24805号民事判决书。

规定，以公告方式作出的意思表示，公告发布时生效。乐酷达公司在 2017 年 7 月 25 日的《OKCoin 币行关于比特币和 BCC 的处理方案公告》中承诺，“2017 年 8 月 1 日 20：20 前如您账户内持有 BTC（比特币），我们将按拥有权提供给您等额的 BCC（比特币现金），我们会在适当的时间点发放到您的账户”，并于 2017 年 8 月 1 日的《OKCoin 币行关于 BCC 快照及领取公告》中再次确认了比特币现金的发放原则。乐酷达公司应当履行承诺的义务。

3. 原告诉请的事实依据。乐酷达公司在法庭上抗辩认为，现有证据不能证明原告有资格领取比特币现金。冯某然提供的 2018 年 2 月的公证证据显示：冯某然账单明细中的“BTC”（比特币），于 2017 年 1 月 12 日买入 19.4310 个，余额 38.7480 个；于 2017 年 11 月 27 日提现 38.7480 个，余额为 0。即 2017 年 1 月 12 日至 11 月 27 日，冯某然没有进行过其他比特币交易，始终持有比特币 38.7480 个，符合“2017 年 8 月 1 日 20：20 前如您账户内持有 BTC”的条件，乐酷达公司应当按照前述站内通告的内容向冯某然发放等额的比特币现金。由于比特币技术发展路径上的分歧，比特币现金在比特币“分叉”的基础上于 2017 年 8 月 1 日被“挖矿”生成，乐酷达公司的承诺即是这一公知事实在其站内服务上的必然反映。法庭上，乐酷达公司承认，如果冯某然有资格领取比特币现金，那么其没有领取的比特币现金应当存放在乐酷达公司的账户中。应当认为，冯某然就其诉讼请求提供了充分的证据，而乐酷达公司作为网站经营者，并没有提供证据否定“冯某然”账户在 2017 年 8 月 1 日持有比特币 38.7480 个的事实，也没有在此后发布有关停止领取比特币现金的通告（那将违反比特币现金的发放规则）。乐酷达公司关于向比特币持有者发放等额比特币现金的上述通告，仍属有效的民事法律行为；冯某然的诉讼请求具有事实依据，其有权获得等额的比特币现金。

4. 原告获取比特币现金不违反现行法律和政策的规定。比特币等虚拟商品，任何人都可以合法持有，但现行政策禁止其用于与法定货币之间的兑换。《中国人民银行、工业和信息化部、中国银行业监督管理委员会、中国证券监督管理委员会、中国保险监督管理委员会关于防范比特币风险的通知》（2013 年 12 月）指出：“比特币（Bitcoin）具有没有集中发行方、总量有限、使用不受地域限制和匿名性等四个主要特点。虽然比特币被称为‘货币’，但由于其不是由货币当局发行，不具有法偿性与强制性等货币属性，并不是真正意义的货币。从性质上看，比特币应当是一种特定的虚拟商品，不具有与货币等同的法律地位，不能且不应作为货币在市场上流通使用……各金融机构和支付机构不得以比特币为产品或服务定价，不得买卖或作为中央对手买卖比特币，不得承保与比特币相关的保险业务或将比特币纳入保险责任范围，不得直接或间接为客户提供其他与比特币相关的服务……依据《中华人民共和国电信条例》和《互联网信息服务管理办法》，提供比特币登记、交易等服务的互联网站应当在电信管理机构备案……”2017年9月，《中国人民银行、中央网信办、工业和信息化部、工商总局、银监会、证监会、保监会关于防范代币发行融资风险的公告》进一步明确：“本公告发布之日起，任何所谓的代币融资交易平台不得从事法定货币与代币、‘虚拟货币’相互之间的兑换业务，不得买卖或作为中央对手方买卖代币或‘虚拟货币’，不得为代币或‘虚拟货币’提供定价、信息中介等服务。”可以看出，乐酷达公司向用户发放比特币分叉形成的比特币现金，没有违反“不得从事法定货币与代币、‘虚拟货币’相互之间的兑换业务，不得买卖或作为中央对手方买卖代币或‘虚拟货币’，不得为代币或‘虚拟货币’提供定价、信息中介等服务”的网络平台责任的规定。冯某然作为特定时间持有比特币的“民事利益”的权利人，有权获取等额的比特币现金。

5. 关于赔偿比特现金价格损失的诉讼请求。冯某然在起诉状中明确其赔偿请求的事实依据为“原告欲提取当天（2017年11月25日）的比特现金价格为1358.12美元（折合人民币9017.78元），截至今天（2018年7月12日）比特现金价格为694.07美元（折合人民币4631.251元），按原告欲提取时间和今天的交易价差标准计算，导致原告损失169,969.22元”。应当指出，首先，冯某然领取比特币现金的权利，并非基于交易，而是基于乐酷达公司执行比特币分叉规则而作出的承诺，因而不存在产生“损失”的对价基础。其次，比特币等虚拟商品的国际市场价格波动巨大是公知的事实，特定区间的价格波动不构成合同法上“合同履行后可以获得的利益”。因此，冯某然的赔偿损失诉讼请求，法院不予支持。

6. 关于给付方式的说明。前已述明，冯某然具备领取比特币现金的相应资格，乐酷达公司应当履行发放比特币现金的义务。但就具体履行方式而言，乐酷达公司在2017年7月25日的《OKCoin币行关于比特币和BCC的处理方案公告》中明确，“会在适当的时间点发放到您的账户”；又在2017年8月1日的《OKCoin币行关于BCC快照及领取公告》称，“请在OKEx现货账户中领取您在OKCoin币行、OKCoin国际、OKEx合约的BCC（可使用OKCoin币行账户快速登录OKEx）。所有领取的BCC将直接打入您的OKEx现货账户中，请您领取后查收。”两次公告的发放方式虽有差异，但均明确为发放到用户的乐酷币行网账户或关联平台账户。冯某然要求乐酷达公司将比特币现金打入其比特币个人账户（比特币地址）的主张，与乐酷达公司承诺的给付方式不同，本院酌按相应承诺进行调整。同时，乐酷达公司应当确保发放到冯某然账户中的比特币现金可以由用户自行提现至其指定的比特币地址中。

综上所述，冯某然要求乐酷达公司给付比特币现金的诉讼请求，具有事实和法律依据，可予支持；但有关赔偿损失的诉讼请求，缺乏依据，不予支持。

2…区块链 & 数字资产的刑事典型案例与裁判规则

2.1 比特币属于盗窃罪的犯罪对象

关于比特币是否受刑法的保护，之前有不同的认识。有的人会以为比特币是一种虚拟商品，不属于盗窃罪的犯罪对象。但是我们已经注意到有法院作出了相反的判决，即比特币受刑法保护。

[案例16－7] 武某恩盗窃案①

裁判观点：

被告人武某恩以非法占有为目的，采取秘密手段窃取他人财物，数额巨大，其行为已构成盗窃罪。关于上诉理由，经审理认为：(1) 原判认定被告人武某恩窃取被害人金某所有的价值20余万元比特币的事实，有①被害人金某的陈述证实其存有比特币的jia×××@gmail.com等五个账号内的70余个比特币被盗，怀疑QQ63×××25的人通过QQ远程实施盗窃的。②“MMM”资料及比特币

① 台州市中级人民法院刑事裁定书，(2016) 浙10刑终1043号。

交易截屏证实，2016年2月22日至23日，被害人金某的jia×××@gmail.com等“MMM”投资平台账户中70余个比特币被人交易成功，相对应数量的比特币从“15siBBcmwRNfNcNdxiVM1DUs3DCHcSZb73”等地址转入“17nswMbQc3AiGnayhwBPRi8qg559g1axZg”等比特币收款地址。③侦查机关出具的远程勘验检查工作记录证实，侦查人员对被告人武某恩的国际钱包的会员账号（313×××@qq.com）和火币网的会员账号（313×××@qq.com）进行远程勘验，发现2016年2月23日至24日，“15siBBcmwRNfNcNdxiVM1DUs3DCHcSZb73”等地址给其国际钱包账号内转入70.9578个比特币；其火币网账号认证银行卡系尾号为7268的中国工商银行卡，该账号于2016年3月8日提现人民币221,970元，手续费人民币998.86元的事实。④银行交易明细证实，被告人武某恩的中国工商银行账户62××××××××××××××68于2016年3月8日提现人民币220,971.13元。⑤邮箱账号信息光盘证实，被害人金某的jia×××@gmail.com等“MMM”投资平台账号所对应的邮箱账号于2016年2月23日修改了密码的事实。⑥勘验检查结果光盘证实，侦查人员从被告人武某恩处扣押的两台笔记本电脑的勘查结果发现电脑桌面上有名为“超级MMM”等文件夹，在该文件夹中“主机平台信息.xls”文件中存有金某的信息（手机号码、邮箱等）。⑦价格鉴定意见书证实，涉案的比特币共价值人民币205,607.81元。⑧被告人武某恩在侦查阶段供认，2016年2月，一个客户通过其QQ63×××25向其购买服务器后其通过QQ远程窃取了该客户“MMM”账号和密码后，将该客户的比特币收款地址改为自己的比特币收款地址，于3月8日提出70余枚的比特币，并在“火币网”上卖出得款人民币20余万元提现到其尾号为7268的中国工商银行卡上。上述证据经一审、二审庭审质证，相互印证，足以认定。(2) 被害人金某付出对价后得到比特币，不仅是一种特定的虚拟商品，也代表被害人在现实生活中实际享有的财产，应当受刑法保护。因此被告人武某恩通过互联网窃取了被害人金某的比特币后，再将其售出所得款项计人民币20余万元到了其个人的银行账户，其行为已构成盗窃罪。(3) 原判根据被告人武某恩的犯罪事实及归案后如实供述司法机关未掌握的同种较轻罪行等从轻情节所作的量刑并无不当，且定罪和适用法律正确，审判程序合法，依法予以维持。综上所述，被告人武某恩及其辩护人要求改判的理由不足，不予采信。出庭检察员要求维持原判的意见，予以采信。

2.2 不当的商业模式可以导致刑事风险

随着区块链行业的发展，市场上有越来越多的商业模式革新。不是所有的商业模式革新均受法律保护，没有经过合规审查的商业模式，特别是互联网积分一旦逾越红线，有可能会被认定为传销、集资诈骗等刑事犯罪。

［案例16－8］马某勇、张某柱、李某军、李某芳、孙某云、李某军、王某荣等七被告人组织、领导传销活动一案①

裁判观点：

（46）九××信会计司法鉴定所司法会计鉴定意见书：赣华信［2017］司鉴字第6号，京广和公司资金流入流出及结合情况：经鉴定，京广和公司2015年1月19日至2017年4月20日，京广和公司资金流入总计2,048,558,769.26元，其中：会员充值资金流入总额为1,715,629,914.31元，其中资金流入332,928,854.95元。

京广和公司涉案账户资金流出情况：经鉴定，京广和公司2015年1月19日至2017年4月20日，京广和公司资金流出总计1,689,038.27元，共中会员电子币提现资金流出合计为599,753,801.31元，其余资金流出1,089,284,930.96元。

京广和公司资金运作情况：（1）京广和公司货币资金总额为477,132,431.76元。其中：京广和公司涉案账户银行存款结余359,520,054.58元；湖口县公安局扣押公司涉嫌账户资金117,612,377.18元。（2）公司最大可收回资金总额为427,458,609.17元（未能确定可以收回），其中属于公司往来资金流出2,664,900.00元；借款资金流出68,357,000.00元；银行流水中未注明用途资金流出346,436,709.17元；理财资金流出未收回金额10,000,000.00元。

公司应支付给会员的最小金额为8,184,451,918.29元，具体为：根据江西警察学院物证鉴定所鉴定的数据，京广和公司还应支付给会员的电子币总额为8,437,579,297.21，包括未发放会员奖金电子币8,208,996,645.85，会员电子币余额228,582,651.36（电子币余额合计112,513,882.36＋提现申请但未审核发放的电子币116,068,769.00）。按京广和公司电子币提现规则（电子币按1∶1的比例换算成人民币），京广和公司还应支付给会员的电子币换算成人民币的金额为

① 山西省阳泉市中级人民法院刑事判决书，（2019）晋03刑终46号。

8,184,451,918.29元［8,434,579,297.21×（1－3%），手续费按最高金额计算］。综上所述，京广和公司最大可支付的资金904,591,040.93元与最小应支付给会员的资金8,184,451,918.29元相比，差额为7,279,860,877.36元。

京广和公司商城的运作情况：京广和公司会员在创业商城使用购物币1,957,440,275.32，购物币只能在创业商城使用，结合有关讯问、询问笔录，实际上是赠品，使用购物币只会形成公司的成本，因此创业商城是完全亏损；会员在大众商城使用电子币6,379,752.19与使用转换币225,196,670.96的比例为2.83∶100，远远无法弥补使用转换币形成的亏损，另外该期间会员在大众商城使用的电子币6，379，752.19，只占会员报单后静态返利和动态返利已发入的电子币总额4，181，555，548.09的0.15%，说明会员所持电子币去大众商城使用的比例微乎其微，因此，经上述分析，我们得出结论京广和公司商城无法产生利润。

（47）江西警察学院物证鉴定所司法鉴定检验意见书：赣警院鉴（数）［2017］45号：根据送检的京广和公司网络平台数据库文件中检出的数据，会员“王某红”鉴定意见如下：会员姓名：王某红，用户ID：5793，董事星级：7级（178页数据库记录表分析，一星董事资质为人民币300万元，二星董事资质为人民币500万元，三星董事资质为人民币1000万元，四星董事资质为人民币2000万元，五星董事资质为人民币3000万元，六星董事资质为人民币4000万元，七星董事资质为人民币5000万元）。身份证号142422196710254217×××，其下线单数为：7687，下线人数为：4053，最大下线层级为：97。王某红汇款额：190,000，提现额：0，报单额：304,500，报单数：6，积分报单额：8700，借电子币：100,000，分期返电子币（不含还币）：69,050.70，分期返购物币：28,300.20，已还电子币：30,000，获得推荐消费奖：32,480，合作商补贴：270,000，董事奖电子币：546,000，董事奖购物币：156,000，旗舰店补电子币：0，该会员电子币余额：0，购物币余额：69，转换币余额：9，积分余额：2760。王某红在公司商城消费总计：3,989,100，其中电子币：0，转换币：19,913，购物币：19,978。电子返利917，530.7，报单消耗自有电子币195，800，已实现获利电子币721,730.7，换算折合人民币700,078.78元。

经二审审理查明，2015年1月19日，廊坊京广和电子商务有限公司在河北廊坊市成立。京广和公司设立网络平台，会员可以从域名为 www. jghchina. com 的网站或者名为禾有俱乐部的微信公众号登录该平台注册账号，绑定银行账户后成为会员。会员向京广和公司公布的收款银行账户充值缴费，通过审核后，京广和公司将同等数量的电子币打到该会员的账户上，会员可以直接用 2900（或其整倍数）的电子币报单，报单后扣押 2900 电子币的同时，获得静态收益资格，京广和公司每十天返还一次电子币和购物币到会员账户，累计约 13 个月共计返还 4060 电子币和 1160 购物币后停止返还。会员可以使用电子币在该公司网络平台的大众商城购物，或者按 1∶1 的比例提现人民币，或者用于继续报单；购物币只能用于在创业商城购买商品，购物币如果想购买大众商城的商品可以转换为转换币，转换比例为 100 购物币兑换 7 转换币，转换币等值于电子币，但不能提现。京广和公司要求会员交纳 2900 或者其整倍数的费用获得分利资格，设置了推广奖、合作商补贴、营销顾问奖及旗舰店补四种高额奖励，为动态收益。推广奖就是会员每发展一个新会员就会获得该会员的报单数额的 10% 的奖励，以奖励模式驱使会员发展大、小区、“拉人头”，且根据所发展的下线会员的缴费总额计酬。

2015 年 9 月，上诉人王某红通过微信朋友圈了解到“京广和”运营模式后，加入该公司并注册成为会员，之后发展董某（另案处理）、刘某、韩某、张某、郝某等人为下线。经江西九××信会计司法鉴定所、江西警察学院物证鉴定所鉴定，截至 2016 年 12 月 10 日，上诉人王某红下线人数为 4053 人，下线单数为 7687，最大下线层级为 97，为“京广和”最高等级的七星董事，其下线会员总报单累计达到 5000 万元以上。该从“京广和”公司获得电子返利917,530.7，报单消耗自有电子币195,800，已实现获利电子币721,730.7，换算折合人民币 700,078.78元。2017 年 9 月 15 日上诉人王某红主动到平定县公安局投案，并积极退还非法所得 20 万元。

原审认定的上述事实清楚，在卷有书证、证人证言、鉴定意见书、被告人供述等证据证实，且经原审当庭举证、质证，客观真实，足以认定，本院予以确认。

关于上诉人及辩护人所提“一审认定事实不清、证据不足、适用法律不当”的上诉理由及辩护意见，经查，上诉人王某红加入该公司成为会员后，以推销商品为名，要求参加者以 2900 元作为基数购买商品的方式获得加入资格，并按照一定顺序组成层级达 97 级，直接或者间接以发展人员的数量作为返利依据，引诱参加者继续发展他人参加，在其名下人数达4053人，实际获利70万余元，严重扰乱了市场经济社会秩序，其行为符合组织、领导传销活动罪的构成要件，原判定性无误，故此上诉理由及辩护意见，不能成立。

关于上诉人及辩护人所提“若构罪，原判量刑重”的上诉理由及辩护意见，经查，经江西九××信会计司法鉴定所、江西警察学院物证鉴定所鉴定：截至2016年12月10日，上诉人王某红下线人数为4053人，其下线会员总报单累计达到5000万元以上。该鉴定意见系侦查机关依法定程序委托具有相应资质部门进行鉴定，且鉴定意见并无不当，足以作为定案的依据，该事实符合组织、领导传销活动罪中“情节严重”的情形，原判认定准确，同时结合本案相关情节的基础上，在法定幅度内科以刑罚，并无不当，故此上诉理由及辩护意见，不能成立。

本院认为，上诉人（原审被告人）王某红以推销商品为名，要求参加者以2900元作为基数购买商品的方式获得加入资格，并按照一定顺序组成层级，直接或者间接以发展人员的数量作为返利依据，引诱参加者继续发展他人参加，骗取钱财，扰乱经济社会秩序，其行为已构成组织、领导传销活动罪，且属情节严重。上诉人王某红案发后主动到公安机关投案，并如实供述所犯事实，属自首，依法可从轻处罚。综上所述，原判认定事实清楚，证据确实充分，定性准确，量刑适当，审判程序合法，上诉理由及辩护意见均不能成立。裁定驳回上诉，维持原判。

[案例16－9]陈某某组织、领导传销活动罪一案①

裁判观点：

义乌市人民检察院指控：（1）组织、领导传销活动罪部分。2016年3月，被告人陈某某、吕某某、朱某某、章某某、郭某某、倪某某、张某伙同吴某勤、徐某、李某、邓某明等人，经共谋在义乌市稠江街道城店路718号成立浙江圣币电子商务有限公司（以下简称圣币公司），推出“圣币”业务，由被告人陈某某任董事长，被告人郭某某担任公司法定代表人并与被告人吕某某负责财务对接，被告人陈某某之父陈某富为监事，被告人章某某为总经理，被告人倪某某、张某

① 义乌市人民法院刑事判决书，（2017）浙0782刑初2897号。

与吴某勤、徐某、李某、邓某明六人担任六个业务部门的部长，同时成立教育部，由被告人吴某、翟某某作为讲师向不特定投资人宣传推广“圣币”。此后，对外宣称其“圣币”为“国家唯一承认的虚拟货币，增值空间很大”，以投资“圣币”可以获得高额回报为诱饵，吸引不特定社会公众投资“圣币”。六个团队部长则通过星级模式（一星奖奖金比10%、二星奖奖金比15%、三星奖奖金比20%，以此类推，直至成为三钻奖奖金比70%，共十三个层级）招收会员进行投资，被告人陈某某、章某某等人约定，被告人章某某、郭某某夫妇从营业额中收取12.5%回报；被告人陈某某、吕某某、朱某某从中收取20%回报；6%由六个部长每人收取；49%由部长返利给部长以下级别的人员，以获得更多的人员来投资“圣币”；9%由所在团队的部长获取；3.5%作为报单费用，用于差旅支出。截至2016年7月15日，共注册会员账号4000余个，吸收投资金额6808.9万元（人民币，下同）。其中，被告人陈某某、吕某某、朱某某等人共分得1269.72万元，被告人章某某、郭某某夫妇分得973.55万元，剩余由各部部长及所发展的会员所得。同年8月，被告人章某某、郭某某与被告人陈某某等人按照约定分配投资后，因分赃等原因，公司经营结束。

（2）集资诈骗罪部分。2016年8月，被告人陈某某未经有关主管部门批准，出资20余万元，通过北京互融时代软件有限公司开发了“国正数字资产交易平台”虚拟货币交易平台（www.1haohb.com）对外发行名为“大圣币”的虚拟币，将原有“圣币”会员转为“大圣币”会员，改换模式后继续经营，同时安排被告人陈某某负责联系开发“大圣币”的电子钱包、交易平台提供技术帮助，安排被告人陈某某负责前期的拨币业务，后续负责业务部推广。被告人吕某某则仍以股东身份参与“大圣币”并作为十一部部长进行推广。被告人陈某某则担任人事负责人并将个人账户提供给被告人陈某某用以吸收资金。被告人吴某、翟某某则继续作为讲师通过讲课和微信公众号对外推广“大圣币”。被告人陈某某等人除了通过分级返销返利模式（投资额的49%返利给投资人员）推广外，还采用代理商（区分为县、市、省三级）、三个月定投等模式向社会不特定人员推广。投资人在此网站交易平台上，通过支付宝、银行卡等将钱款转账到该公司账户及公司有关人员个人账号上，经平台确认后，以投资人员的会员ID账户充值，投资人可以用其会员账户内的资金购买虚拟币参与交易，在购入虚拟币后，投资人账户中的现实货币转化为虚拟币，在出售虚拟币时，买家将账户中的现实货币转入卖家账户中购入虚拟币，卖家的虚拟币转化为现实货币，投资人可以将账户中的现实货币提现。但整个交易过程中，被告人陈某某直接在后台控制虚拟币价格的涨跌，且为了吸引欺骗投资人购买虚拟货币，被告人陈某某将“大圣币”价格不断调高，以此获利。截至同年11月29日，“大圣币”注册会员账号有2481个，吸收资金2900.92万元，投资人已提现950万元。

关于被告人陈某某提出其负责经营的筋斗云公司与圣币公司是不同的两家公司，其没有组织领导和投资经营圣币公司，也没有参与圣币公司资金分配，以及其与辩护人王某提出被告人陈某某的行为不构成诈骗的意见，经查，从证人芦某华、黄某红、赵某虎、樊某国、俞某国、陈某琴、黄某正、李某荣、张某、潘某英、留某燕、邱某妹、李某军、潘某英、杨某玲、吴某伟、蒋某平等人的证言可知，被告人陈某某以公司老总或董事长的身份接待投资者，并积极宣传、参与圣币的推广，负责圣币公司的业务；从被告人吴某的供述可知，被告人陈某某系圣币推广的负责人；从被告人章某某、郭某某、朱某某的供述可知，被告人吕某某、陈某某与其参与圣币公司管理，并参与圣币的宣传和推广，负责圣币公司的业务，被告人陈某某系圣币公司的实际控制人；从被告人倪某某的供述可知，由被告人陈某某担任圣币公司的董事长，郭某某、吕某某管理财务；从被告人张某的供述可知，被告人陈某某系圣币公司的董事长，并聘请其担任推广市场的六部部长；从被告人陈某某的供述可知，其与朱某某、吕某某以公司的名义得到虚拟币营业额的20%分红。综上证据，足以证实被告人陈某某担任圣币公司董事长之职，参与组织领导圣币公司的管理经营。被告人陈某某虚构事实，以高回报为诱饵，非法集资，并拒不交代资金去向，具有非法占有的目的，其行为符合集资诈骗罪的构成要件，其辩解与查明的事实不符，不予采纳。

关于被告人吕某某及其辩护人胡某清提出的被告人吕某某没有参与圣币公司财务对接，也不知圣币公司分红，以及其行为不构成诈骗的意见，经查，从被告人陈某某的供述可知，被告人吕某某作为公司的股东参与分红，并负责圣币公司的财务，其与朱某某、陈某某可得投资者金额的20%，三人共计分得1300万元，除开支外，剩余款项均在被告人吕某某处；从被告人章某某、郭某某的供述可知，被告人吕某某、陈某某邀其共谋成立圣币公司后，由被告人陈某某担任圣币公司的董事长，被告人吕某某负责圣币公司的财务，陈某某、吕某某、朱某某可得公司利润的20%；从被告人朱某某的供述可知，被告人吕某某、陈某某答应给其圣币业务分红20%的1/3，圣币公司成立时，由被告人郭某某担任名义上的法定代表人，被告人陈某某实际上是公司老板，被告人吕某某负责与圣币财务郭某某对接和分配；从被告人倪某某、张某的供述可知，被告人吕某某负责管理圣币公司的财务。综上证据，足以证实被告人吕某某负责管理圣币公司财务。被告人吕某某虚构事实，以高回报为诱饵，非法集资，并拒不交代资金去向，具有非法占有的目的，其行为符合集资诈骗罪的构成要件，其辩解与查明的事实不符，不予采纳。

关于被告人郭某某及其辩护人吴某伟提出被告人郭某某并非圣币公司的实际法定代表人，只是代理法人，其职责是应被告人章某某要求对财务进行监督的意见，经查，根据被告人倪某某、朱某某、章某某的供述，可以认定圣币公司法定代表人虽为郭某某，但实际上圣币公司董事长为被告人陈某某，其辩解意见，予以采纳。

关于被告人陈某某及其辩护人楼某军提出被告人陈某某未参与国正公司诈骗的意见，经查，根据被告人陈某某的供述、结合被告人陈某某、陈某某的供述，足以认定被告人陈某某参与大圣币的经营，并提供个人账户给被告人陈某某用于吸收资金。其辩护意见与查明的事实不符，不予采纳。

关于被告人章某某及辩护人陈某琴提出的被告人章某某、张某等人发现公司有问题后，将企业主动解散，系主动停止犯罪，属犯罪中止的意见，经查，从现有证据看，被告人章某某、张某等人吸收社会公众投资款后，因后续分赃及支付投资者的返利的问题，引起矛盾而结束公司的经营，并非在犯罪过程中自动放弃犯罪或为有效地防止犯罪结果的发生而中止犯罪，故其提出被告人章某某、张某的行为属犯罪中止的意见，与查明的事实和法律规定不符，不予采纳。

关于被告人在圣币公司集资行为构成罪名的问题，经查，从圣币公司的财务状况来看，吸收的6800余万元集资款均挥霍一空；从被告人章某某、郭某某的供述可知，被告人陈某某、章某某、郭某某、吕某某、朱某某、翟某某、吴某等人每日收取的集资款，在次日结算、分赃。从被告人陈某某、章某某、郭某某、吕某某、朱某某在圣币公司集资的行为看，名为推销商品、提供服务等经营活动，实为采用虚构事实、隐瞒真相的方法，以非法占有为目的，骗取公私财物，其行为均已构成集资诈骗罪。被告人倪某某、张某以推销商品、提供服务等经营活动为名，要求参加者以缴纳费用方式获得加入资格，并按照一定顺序组成层级，直接或间接以发展人员的数量作为计酬或返利依据，引诱参加者继续发展他人参加，骗取财物，扰乱经济社会秩序的传销活动，主观上有非法占有的目的，其行为均已构成组织、领导传销活动罪。

法院认为，被告人陈某某、章某某、郭某某、吕某某、朱某某、陈某某、陈某某、陈某、翟某某、吴某以非法占有为目的，使用诈骗方法非法集资，数额特别巨大，其行为均已构成集资诈骗罪。被告人倪某某、张某以推销商品、提供服务等经营活动为名，要求参加者以缴纳费用方式获得加入资格，并按照一定顺序组成层级，直接或间接以发展人员的数量作为计酬或返利依据，引诱参加者继续发展他人参加，骗取财物，扰乱经济社会秩序的传销活动，其行为均已构成组织、领导传销活动罪，其中被告人张某情节严重。公诉机关指控罪名成立，但指控被告人陈某某、吕某某、翟某某、吴某同时触犯组织、领导传销活动罪，集资诈骗罪不当，应予纠正。在集资诈骗的共同犯罪中，被告人陈某某、章某某、吕某某起主要作用，应认定为主犯；被告人郭某某、陈某某、陈某某、陈某、翟某某、吴某、朱某某起辅助作用，应认定为从犯，对从犯，依法应当减轻处罚。被告人章某某、郭某某、朱某某、倪某某、张某、翟某某、吴某归案后能如实供述其罪行，依法可以从轻处罚。辩护人何某通提出被告人章某某到案后如实交代罪行，请求对其从轻处罚的辩护意见，予以采纳。被告人朱某某及其辩护人刘某琳提出被告人朱某某在共同犯罪中起辅助作用，应认定从犯的意见，予以采纳。被告人陈某某及其辩护人杨某的辩护意见，与查明的事实不符，不予采纳。辩护人马某胜、赵某提出被告人陈某某等人不存在非法占有为目的，被告人陈某不构成集资诈骗的共犯，公诉机关指控罪名不当的意见，于法无据，不予采纳。辩护人陈某琴提出被告人张某应认定从犯的意见，与查明的事实不符，不予采纳；其提出被告人张某到案后如实交代罪行，建议从轻处罚的意见，予以采纳。辩护人骆某某、何某超提出被告人翟某某、吴某到案后如实交代罪行，在共同犯罪中起次要作用，请求对其减轻处罚的辩护意见，予以采纳。辩护人楼某军、马某胜、赵某提出根据被告人的行为，公诉机关指控的两个罪名在量刑上存在失衡的辩护意见，予以采纳。

[案例16-10] 何某华组织、领导传销活动一案①

裁判观点：

河北省任丘市人民检察院指控，被告人何某华加入“心未来互联平台”，于2015年10月、11月先后在任丘市成立心未来需求馆（楠鑫商店）和易国仓（秋某商贸有限公司），依托“心未来互联平台”，以成为该平台会员到“易国仓”或“需求馆”购买商品短期内可实现100%报销为诱饵，大肆发展下线成为注册会员。该平台会员共有7个级别，入门级会员购买商品成为注册会员，若要提升购买金额需发展多个会员，并且要求会员在购买商品时需使用新未来平台创设的虚拟货币搭配等额现金。被告人何某华为四星会员，截至2016年8月，何某华传销组织共发展会员14个层级，人数4940人。公诉机关提供了相关证据，指控被告人何某华的行为均触犯了《刑法》第224条之一的规定，构成组织、领导传销活动罪，诉请依法惩处。经审理查明，被告人何某华通过“我的未来网”认识了该网络平台河北负责人杨某3，后来杨某3脱离该网络平台，在河北省石家庄市独立开设了“心未来互联平台”。2015年5月，被告人何某华通过杨某3的妻子景某加入“心未来互联平台”。被告人何某华为四星会员，直接发展了周某1、陈某4等22人加入心未来会员，该22人又分别发展了多个层级的心未来会员。截至2016年8月，被告人何某华传销组织共发展会员14个层级，人数4940人。本院认为，被告人何某华参与杨某3创办的“心未来互联平台”，依托其在工商局注册的楠鑫商店和秋某商贸有限公司成立“心未来互联平台”和“易国仓”，以短期内可实现100%“报销”为诱饵，要求参加者获得加入资格购买高价商品，引诱参加者继续发展他人参加，并按照一定顺序组成层级，直接或间接以发展人员的数量作为计酬或者返利依据，发展会员14个层级4940人，骗取财物，扰乱社会经济秩序，其行为已构成组织、领导传销活动罪。公诉机关指控的犯罪事实与罪名均成立。关于被告人何某华及其辩护人提出其只是开店，没有宣传和诱导他人购买货物，没有主观犯罪故意和客观犯罪行为，因此认为其行为不构成

① 何某华组织、领导传销活动一审刑事判决书，文号：(2018) 冀0982刑初212号，主审法院：任丘市人民法院。

组织、领导传销活动罪的辩护意见。经查，心未来互联平台和被告人何某华所开的心未来需求馆和易国仓，对外宣传的就是高价出售商品，短期内可实现100%报销，这种没有盈利点、不合客观规律的宣传正是利用了人们的贪利心理，起到了诱饵的作用，因此对该辩解意见不予采纳。被告人何某华组织、领导参与传销活动的人员累计达到120人，属于情节严重。鉴于“心未来互联平台”是杨某3创办，所收的货款均由该平台账户把控，被告人何某华在杨某3发起的传销犯罪活动中起到了帮助和次要作用，属于从犯，依法予以减轻处罚。

3…区块链相关案例汇总

3.1 2019年涉诉案例汇总（见表16－1）

表16－1 区块链2019年涉诉案件汇总

序号	案例名称	基本案情	裁判观点
1	汝某某组织、领导传销活动案	2015年8月至12月，被告人汝某某经安徽省利辛县汝集镇汝元村村民汝某1（另案处理）介绍加入名为“中富通宝”的传销组织后，通过电话联系、现场讲解等方式，宣传“中富通宝”虚拟货币理财能保本、赚钱快，要求参加者购买人民币1500～15,000元的虚拟金币，取得加入“中富通宝”的资格，以静态分红、动态分红、报单奖、推荐奖、领导奖为诱饵，引诱他人加入上述传销组织以发展下线人员，并按照加入的先后顺序组成层级，根据直接、间接发展的下线人员缴纳的传销资金数额作为返利依据，从中获取提成，骗取他人财物。被告人汝某某加入上述传销组织后，直接、间接发展下线人员共计122人，层级12级	被告人汝某某伙同他人组织、领导“中富通宝”传销活动，以虚拟货币理财为名，要求参加者以缴纳费用获得加入资格，并按照一定顺序组成层级，直接或间接以发展人员的数量作为计酬或者返利依据，诱骗参加者继续发展他人参加，骗取财物，扰乱经济与社会秩序，其行为已构成组织、领导传销活动罪

续表

序号	案例名称	基本案情	裁判观点
2	陈某某等组织、领导传销活动案	（1）组织、领导传销活动罪部分：2016年3月，被告人陈某某等10人经共谋成立浙江圣币电子商务有限公司，推出“圣币”业务，由被告人陈某某任董事长，其他人各担一定职务，对外宣称其“圣币”为“国家唯一承认的虚拟货币，增值空间很大”，以投资“圣币”可以获得高额回报为诱饵，吸引不特定社会公众投资“圣币”。六个团队部长则通过星级模式（一星奖奖金比10%、二星奖奖金比15%、三星奖奖金比20%，以此类推，直至成为三钻奖奖金比70%，共13个层级）招收会员进行投资。 （2）集资诈骗罪部分：2016年8月，被告人陈某某出资20余万元通过北京互融时代软件有限公司开发了“国正数字资产交易平台”虚拟货币交易平台（www.1haohb.com）对外发行名为“大圣币”的虚拟币，将原有“圣币”会员转为“大圣币”会员，改换模式后继续经营。截至同年11月29日，“大圣币”注册会员账号有2481个，吸收资金2900.92万元，投资人已提现950万元	被告人陈某某、章某某、郭某某、吕某某、朱某某、陈某1、陈某2、陈某、翟某某、吴某以非法占有为目的，使用诈骗方法非法集资，数额特别巨大，其行为均已构成集资诈骗罪。被告人倪某某、张某以推销商品、提供服务等经营活动为名，要求参加者以缴纳费用方式获得加入资格，并按照一定顺序组成层级，直接或间接以发展人员的数量作为计酬或返利依据，引诱参加者继续发展他人参加，骗取财物，扰乱经济社会秩序，其行为均已构成组织、领导传销活动罪
3	被告人宋某发、李某梅、罗某君组织、领导传销活动案	马克币传销组织系境外向中国境内推广虚拟货币的组织。2015年7月，席某（已判刑）将该传销组织引入中国，并在上海成立马克币传销团队，对外宣传马克币升值空间巨大，诱骗他人投入巨额资金到其设立的网站。2015年5月，被告人李某梅在哈尔滨市通过他人介绍加入了马克币传销组织，开办工作室不断发展下线，从中非法获利。至2017年6月，李某梅下线现经查证属实的有王某1、杨某、被告人罗某君等64人，形成三层级以上。在此期间，被告人宋某发帮助李某梅进行授课、宣传、培训以及兑换虚拟欧元等。被告人罗某君于2015年加入李某梅的传销组织后，积极对外宣传并自己发展下线，现经查证属实的有李某1、范某1、刘某等34人，形成三层级以上	被告人李某梅、宋某发、罗某君以投资马克币虚拟货币为由，要求参加者以购买激活码的方式获得加入资格，并按照一定顺序组成层级，以直接或者间接发展人员的数量作为返利依据，引诱参加者继续发展他人参加，骗取财物，扰乱经济社会秩序，均已构成组织、领导传销活动罪

续表

序号	案例名称	基本案情	裁判观点
4	冉某、张某军、刘某组织、领导传销活动案	被告人冉某成立石门盛源公司，作为上海银嘉公司在石门县的区域代理，于2016年10月15日至2017年6月29日，向他人虚构无条件办理信用卡的事实，以办理信用卡、培训信用卡相关知识的名义，诱骗他人缴纳1700元注册成为上海银嘉公司的会员。成为会员后，可以办理信用卡，获得“付临门”POS机一台，还可以无限发展下线会员获得奖励，奖励均以网络虚拟币的方式发放，1虚拟币等于1元人民币，虚拟币可兑换现金。奖励方式分为五种：直推奖、见点奖、层级奖、碰对奖、利润分红。被告人冉某下线层数11级，下线人数为250人，涉案金额304,300元，非法获利26,070元；被告人张某军下线层数9级，下线人数为109人，涉案金额152,900元，非法获利25,070元，被告人刘某下线层数8级，下线人数为54人，涉案金额72,100元，非法获利5190元	被告人冉某创立石门盛源电子科技咨询有限公司，作为上海银嘉公司在石门县的区域代理，被告人张某军、刘某为公司的工作人员，3人以办理信用卡、培训信用卡知识的名义，要求参加者缴纳会员费获得加入资格，并按照一定顺序组成层级，直接或者间接以发展会员的数量作为返利依据，引诱参加者继续发展他人参加，骗取财物，扰乱社会经济秩序，其行为均已构成组织、领导传销活动罪
5	刘某如组织、领导传销活动案	2016年8月，被告人刘某如经他人介绍，加入以张某明（已判刑）为首的“善心汇”传销组织，该传销组织以“扶贫济困、均富共生”为幌子，通过引诱他人层层发展下线骗取钱财。其发展模式是每名新加入会员在“善心汇”网上系统注册一个账号，并以300元价格购买“善种子”激活账户，即可在系统中以静态或动态提成模式获利。在动态模式中，会员通过发展下线，可以拿到“布施”金额不同比例的提成（其中第一层下线6%、第三层4%、第五层2%），所获提成的50%可以在下次“受助”（接受“感恩回报”）时提现，另外50%在平台内转化为虚拟货币“善金币”，可在“善心汇”传销组织设立的“慧尚品商城”网站上抵现消费。被告人刘某如在“善心汇”传销组织中处于第14层，其下级成员8层，共计685人	“善心汇”是以“扶贫济困、均富共生”为名，要求参加者以缴纳费用的方式获得加入资格，以直接或间接发展人员数量作为返利依据，按照一定顺序组成层级，引诱参加者继续发展他人，骗取财物，扰乱经济社会秩序的传销组织。刘某如在该传销组织中积极组织、领导人员参与传销活动，情节严重，其行为已构成组织、领导传销活动罪

续表

序号	案例名称	基本案情	裁判观点
6	刘某雪组织、领导传销活动案	2016 年 6 月，被告人刘某雪为获利，经上线人员介绍发展成为“善心汇”传销组织成员，后刘某雪通过微信好友聊天、发微信朋友圈等方式散播、宣传“善心汇”传销项目，并通过建立“善心汇”传销微信群、支付宝群等方式组织和领导其传销组织的下线人员。截至 2017 年 7 月末，刘某雪的登录用户名为 Lxx861589，ID 为 6794，属于 B 轮服务中心，账户创建时间为 2016 年 6 月 13 日。该账户在整个会员网络中处于第 8 层，其下级网络有 18 层，37, 089 个会员账号	被告人刘某雪通过网络加入“善心汇”非法传销组织，属于 B 轮服务中心，在整个会员网络中处于第 8 层，其下级网络有 18 层，组织、管理 3 万多人进行扰乱经济与社会秩序的传销活动，情节严重，其行为已构成组织、领导传销活动罪
7	蓝某林、谢某波、吴某伟组织、领导传销活动案	“沃某理财”网站是以投资虚拟货币 CPM 可获得高额回报为诱饵，以层级形式排列并直接或间接以发展人员的数量作为计酬依据的传销网站。被告人蓝某林、谢某波、吴某伟于 2015 年 11 月至 12 月先后成为该网站会员，并通过向他人宣传讲解网站收益模式、邀请加入微信交流群等方式发展会员加入“沃某理财”，并从中获利。经鉴定，蓝某林账号的下线会员数为 1571 人，下线层数为 73 层，根据居民身份证号码重排后的下线人员数为 944 人，经计算其获利人民币 50 余万元；谢某波账号的下线会员数为 510 人，下线层数为 35 层，根据居民身份证号码重排后的下线人员为 265 人，经计算其获利共 18 余万元；吴某伟的账号下线会员数为 509 人，下线层数为 34 层，根据居民身份证号码重排后的下线人员为 264 人，经计算其获利共计人民币 50 余万元	被告人蓝某林、吴某伟、谢某波伙同他人以投资理财经营活动为名，要求参加者以缴纳费用获得加入资格，并按照一定顺序组成层级，直接或者间接以发展人员数量作为计酬依据，引诱参加者继续发展他人参加，骗取参与人缴纳资金，所组成层级均在 3 层以上，参与传销活动人员均累计达 120 人，扰乱经济社会秩序，情节严重，依据《刑法》规定，三被告人的行为已构成组织、领导传销活动罪

续表

序号	案例名称	基本案情	裁判观点
8	吴某荣组织、领导传销活动案	FIS 全称 First World Digital Gold，即第一世界数字金矿，系网络虚拟投资平台项目，投资方式为现金投资，于 2015 年 11 月 20 日开始对中国区域内开放并允许进行内部注册，于 2016 年 3 月 1 日正式开盘。2015 年 12 月左右，被告人吴某荣经他人推荐注册成为 FIS“矿主”。之后，其通过在茶楼当面讲解等方式及途径宣传、推广 FIS，直接或间接发展了大量新“矿主”。至案发时，FIS 平台内的注册“矿主”达 72, 298 人，层级达 60 层。被告人吴某荣的直接下线“矿主”人数达 30 人，总层数大于 3 层，其收取 FIS 会员购币资金为 3, 190, 266 元，违法所得为人民币 1, 822, 169. 90 元	被告人吴某荣通过 FIS 会员网站的交易平台，以提供投资理财为名，要求参加者缴纳费用获得加入资格，并按一定顺序组成层级，直接或间接以发展人员的数量作为返利依据，引诱参加者继续发展他人参加，骗取财物，扰乱经济秩序，其行为已构成组织、领导传销活动罪
9	胡某英、严某英组织、领导传销活动案	2015 年 1 月，京广禾电子商务有限公司在河北廊坊注册成立，同年 8 月，廊坊京广禾公司网上线运行，网站内设“大众商城”“创业商城”。京广和公司设计以 2900 电子币、29, 000 电子币、290, 000 电子币为报单额（按照京广和运营模式，报单是指会员缴纳电子币或消费积分获得返利资格的过程。电子币为虚拟货币，1 元人民币兑换 1 电子币，电子币可提现）的返利规则，并以此为基础，推出直接或间接以发展人员数量为计酬依据的运营模式。被告人胡某英发展下线会员 75 层 2560 人，非法获利 346. 88785 万元；李某庆发展下线会员 34 层 187 人，非法获利 33. 747813 万元；严某英发展下线会员 60 层 1684 人，非法获利 105. 536466 万元；吴某水发展下线会员 57 层 221 人；张某香发展下线会员 52 层 969 人；徐某妹发展下线会员 37 层 318 人；张某文发展下线会员 36 层 279 人；胡某茂发展下线会员 34 层 160 人；何某发展下线会员 49 层 452 人；汤某珍发展下线会员 40 层 187 人	被告人胡某英、李某庆、严某英、吴某水、张某香、徐某妹、张某文、胡某茂、何某、汤某珍成为京广和公司会员后，在江西省上饶市鄱阳县积极宣传、发展下线会员，对传销活动的实施、传销组织的扩大起关键作用，情节严重，其行为均构成组织、领导传销活动罪

续表

序号	案例名称	基本案情	裁判观点
10	王某红组织、领导传销活动案	2015年1月，京广禾电子商务有限公司在河北廊坊注册成立，同年8月，廊坊京广禾公司网上线运行，网站内设“大众商城”“创业商城”。京广和公司设计以2900电子币、29,000电子币、290,000电子币为报单额（按照京广和运营模式，报单是指会员缴纳电子币或消费积分获得返利资格的过程。电子币为虚拟货币，1元人民币兑换1电子币，电子币可提现）的返利规则，并以此为基础，推出直接或间接以发展人员数量为计酬依据的运营模式。2015年9月，被告人王某红通过微信朋友圈了解到“京广和”运营模式后，加入该公司并注册成为会员。截至2016年12月10日，被告人王某红下线人数为4053人，下线单数为7687，最大下线层级为97，为“京广和”最高等级的七星董事，其下线会员总报单累计达到5000万元	被告人王某红以推销商品为名，要求参加者以2900元作为基数购买商品的方式获得加入资格，并按照一定顺序组成层级，直接或者间接以发展人员的数量作为返利依据，引诱参加者继续发展他人参加，骗取钱财，扰乱经济社会秩序，其行为已构成组织、领导传销活动罪，且属情节严重
11	崔某红、赵某江组织、领导传销活动案	2015年12月22日，被告人高某芬向被告人崔某红介绍投入3000元或6000元购买贵州黔茶人家茶业有限公司销售的茅台茶后，便可以通过互联网注册成为会员，按投入资金1.5倍返利及继续发展会员获得利润。嫩江县茅台茶传销组织发展会员人员达到47层，累计报单人次为1731人次，报单数额6,138,000元。经鉴定，高某芬发展传销人数315人；913人次。崔某红直接、间接发展传销人数909人；1800人次，其中直接发展人数19人；24人次。赵某江发展传销人数452人；903人次。魏某芹发展传销人数438人；873人次	被告人崔某红、赵某江与高某芬、魏某芹以投资“茅台茶”“羊胎素”等产品为名，要求参加者缴纳费用获得加入资格，并按一定顺序组成层级，以发展下线作为获利依据，引诱参加者继续发展他人参加，骗取钱财，扰乱经济与社会秩序，其行为均已构成组织、领导传销活动罪

续表

序号	案例名称	基本案情	裁判观点
12	唐某斌组织、领导传销活动罪	2015年10月底，被告人唐某斌经蒋某介绍购买账号加入传销组织沃客生活投资公司。该公司系以“拉人头”进行推广奖励模式搭建组织结构，要求参加者按照一星至六星不同的会员级别缴纳700元至35,000元的费用购买激活币获得加入资格，并通过推荐他人参与沃客生活投资，获得公司的直接推荐奖、对碰奖、见点奖、商务中心奖、领导奖等动态奖励，同时参加者在平台上购买虚拟货币（以下简称CPM），通过CPM裂变、销售、变现等方式获得静态收益。唐某斌有5个账号，tjb01为其他四个账号的上级，处于组织结构的第32层，下线层数为120层，根据身份证号排重后下线人数为4722人	被告人唐某斌积极参与沃克WK理财项目，以投资理财经营活动为名，要求参加者以缴纳费用获得加入资格，并按照一定顺序组成层级，直接或间接以发展人员的数量作为计酬或者返利依据，引诱参加者继续发展他人参加，骗取钱财，扰乱经济和社会秩序，情节严重，其行为构成组织、领导传销活动罪
13	高某泉、邓某组织、领导传销活动案	2015年三四月，王某某（已判刑）指使施某某（已判刑）找到专门从事网站开发的程序员史某某，由史某某按照王某某提供的网站及奖励程序开发“DEMWK”会员系统。经测试后，史某某将开发的“DEMWK”会员系统在施某某租用的服务器上搭建“DEMWK”网站。王某某利用上述网站，以经营“DEMWK新加坡外贸进出口公司”发行的虚拟货币CPM为名，要求参加者按一星至六星不同的会员级别，分别缴纳700元至35,000元的费用，购买激活币获得加入资格，并按“二叉树”（一个会员账号下只能设置左右两个分支）结构组成层级，设置静态获利和动态奖励模式，直接或间接以发展人员的数量作为计酬依据，王某某通过直接发展下线、出售不代表实际商品的激活币非法获利，下线人员通过发展新会员，将得到的K币、激活币及虚拟货币CPM等转嫁给新会员的方法非法获利	被告人高某泉、邓某以投资理财经营活动为名，要求参加者缴纳费用获得加入资格，并按照一定顺序组成层级，直接或者间接以发展人员作为计酬依据，引诱参加者继续发展他人参加，骗取参与人缴纳的资金，所组成层级在3层以上，参与传销活动人员累计达120人，扰乱经济社会秩序，其行为均已构成组织、领导传销活动罪，均属情节严重，公诉机关指控的罪名成立

续表

序号	案例名称	基本案情	裁判观点
14	何某华组织、领导传销活动案	被告人何某华加入“心未来互联平台”，于2015年10月、11月先后在任丘市成立心未来需求馆（楠鑫商店）和易国仓（秋某商贸有限公司），依托“心未来互联平台”，以成为该平台会员到“易国仓”或“需求馆”购买商品短期内可实现100%报销为诱饵，大肆发展下线成为注册会员。该平台会员共有七个级别，入门级会员购买商品成为注册会员，若要提升购买金额需发展多个会员，并且要求会员在购买商品时需使用新未来平台创设的虚拟货币搭配等额现金。被告人何某华为四星会员，截至2016年8月，何某华传销组织共发展会员14个层级，人数4940人	被告人何某华参与杨某3创办的“心未来互联平台”，依托其在工商局注册的楠鑫商店和秋某商贸有限公司成立“心未来需求馆”和“易国仓”，以短期内可实现100%“报销”为诱饵，要求参加者获得加入资格购买高价商品，引诱参加者继续发展他人参加，并按照一定顺序组成层级，直接或间接以发展人员的数量作为计酬或者返利依据，发展会员14个层级4940人，骗取财物，扰乱社会经济秩序，其行为已构成组织、领导传销活动罪
15	申某军、申某霞组织、领导传销活动案	2015年以来，张某某（另行处理）等人开发新型网络传销平台——“善心汇众扶互生会员系统”。2016年5月该平台正式运营吸收会员。新会员需经会员介绍后缴纳人民币300元购买1个虚拟的“善种子”，在“善心汇”网站平台实名注册。“善心汇”组织假借“慈善、扶贫”的名义，依托网络平台，通过静态收益、动态收益为饵，发展会员，骗取资金。经依法鉴定，被告人申某霞2016年7月12日创建账户加入“善心汇”组织，属于B轮服务中心，在整个会员网络中心处于第11层，其下级网络有13层，17,553个会员账号。被告人申某军2016年7月25日创建账户加入“善心汇”组织，处于第12层，其下级网络8层，959个会员账号	被告人申某霞、申某军积极加入以“慈善、扶贫”为名义的传销组织“善心汇”，组织参加者缴纳费用获得加入资格，并按照一定顺序组成层级，直接或间接以发展人员的数量作为返利依据，引诱参加者继续发展他人参加，牟取非法利益，扰乱经济与社会秩序，被告人申某霞下级网络有13层，被告人申某军下级网络有8层，构成组织、领导传销活动罪

续表

序号	案例名称	基本案情	裁判观点
16	谭某英、吕某、田某莲等组织、领导传销活动案	云数贸旗下的云讯通会员盘的基本运营模式是，被发展人员通过缴纳770元报单费和100元注册费后即可成为会员，并获取一个账号。初次注册后，每缴纳770元即可注册一个新账号，每个账号配发500虚拟货币作为平台交易和获利的通用货币。每名会员以双轨制发展下线，每名会员发展两个新会员为一层，5层内每一层会产生一次层碰奖，获利300网络虚拟币；到达5层后，两个大区每多产生一对新账号即可获利50虚拟币的对碰奖。所获取的虚拟币可以直接出售给下线用作注册新账号，或者按照一定比例转化为云讯通公司上市的原始股，待公司上市后，持有人可以自由进行交易获利。被告人谭某英下面有5层50个账号，被告人吕某下面有5层75个账号，被告人吴某芳下面有8层77个账号，被告人周某宣下面有8层84个账号，被告人苟某仲下面有10层363个账号，被告人余某下面有5层45个账号，被告人田某莲下面有5层34个账号，被告人黄某芳下面有7层213个账号，被告人余某芳下面有9层355个账号	云数贸公司以销售云数贸公司原始股票为名，要求参加者以缴纳云数贸会员费的方式获得加入资格，并按照在云商联盟网站注册时间、推荐人与被发展会员形成的上下线关系等顺序组成层级，直接或间接以发展人员的数量作为返利的依据，引诱参加者继续发展他人参加，骗取财物，扰乱经济社会秩序，属于传销组织。该组织内部参与传销活动人员在30人以上且层级在三级以上，应当对组织者、领导者追究刑事责任
17	李某某组织、领导传销活动案	“云数贸”是宋某（曾用名张健，另案处理）自行设计的一套双轨制传销制度。2016年10月至11月，宋某发展的传销骨干分子史某芬和崔某平到泰国监狱探望宋某，宋某便提出在“云数贸”及其下级传销盘口的运行基础上策划推出“五行币”传销。“五行币”传销设置“Y、S、M”三个级别，其中Y级会员入会费是500元，S级会员入会费是2500元，M级会员入会费是5000元，主推方向是发展M级会员，发展会员仍然采用双轨制模式。一是现金和实物收益；二是虚拟货币收益。被告人李某某是金币生产制作团队负责人之一，其明知宋某是在组织、领导“五行币”传销活动，为获取利益、赚取差价，负责为“五行币”传销组织制作金币、金镶玉吊坠等，利用对公账户吸收传销资金，并按照宋某的要求管理和使用。据统计，李某某共计为宋某的“五行	被告人李某某明知宋某组织、领导“五行币”传销活动，为谋取利益，仍直接接受宋某的指示从事“五行币”传销活动，组织、生产发放“五行币”，积极参与“五行币”传销活动，对“五行币”传销组织的扩大起了关键作用，骗取他人财物，扰乱社会经济秩序，情节严重，其行为已构成组织、领导传销活动罪

续表

序号	案例名称	基本案情	裁判观点
		币”传销组织制作金币8万余枚、金镶玉吊坠10万余枚。经审计，李某某金币制作点涉案账户吸收的“五行币”传销资金为人民币269,480,476.43元	
18	范某菲组织、领导传销活动案	2018年5月至7月，被告人范某菲通过上线杨某兴（另案处理）介绍加入GBC网络平台，后被告人范某菲在家中以买卖虚拟货币可以获得高额收益为名，通过微信发展下线购买GBC币、财富币，诱使被发展人员持续投入资金或继续发展人员，形成上下线关系，并从直接发展或者间接发展人员缴纳的资金中获取利益。经福建中证司法鉴定中心鉴定，被告人范某菲在GBC网络平台直接发展下线开设账号21个，直接和间接发展下线开设账号8799个。经河南诚和会计师事务所有限公司审计，范某菲四个账号累计在GBC平台投资121.2万元，累计提现295.1万元，累计获利173.9万元	被告人范某菲依托GBC网络平台，以买卖虚拟货币可以获得高额收益为名，通过微信发展下线，按照一定顺序组成层级，诱使被发展人员持续投入资金或继续发展人员，从直接发展或者间接发展人员缴纳的资金中获取利益，骗取他人财物，扰乱经济社会秩序，情节严重，其行为已构成组织、领导传销活动罪，依法应予处罚
19	陈某萍组织、领导传销活动案	2016年7月3日，被告人陈某萍经他人介绍在深圳市善心汇文化传播有限公司平台注册并参与“善心汇”传销组织，长期以“扶贫济困、均富共生”为幌子，对亲朋好友宣称投资3000元，短期可以获得800元的利润，发展下线，并按照层级抽取下线利润。经湖南省鉴真司法鉴定中心鉴定，被告人陈某萍登录用户名为lyh716728，ID为17834，属于普通用户，账户创建时间为2016年7月3日。该账户在“善心汇”传销组织整个会员网络中处于第15层，其下级网络有18层，发展下线2442人，共完成20次受助，累计9,0900元，21次赠与，累计57,000元。截至2017年7月24日，已支出“善种子”13个，剩余“善种子”0个，已支出“善心币”396个，剩余“善心币”29个，已支出“善金币”529个，剩余“善金币”27,446个，“管理钱包”已支出21,600元，“管理钱包”剩余3975元。被告人陈某萍到案后，已将33,900元非法所得全部退交	被告人陈某萍以“扶贫济困、均富共生”为名，以高额回报为诱饵，发展会员，要求参加者以缴纳300元购买“善种子”的方式获得加入资格，并按照一定顺序组成层级，以直接或间接发展人员的数量作为返利依据，骗取财物，严重扰乱经济社会秩序，被告人陈某萍的行为构成组织、领导传销活动罪

3.2 2019年之前的涉诉案例汇总（见表16－2）

表16－2 区块链涉诉案例汇总（2019年之前）

序号	案例名称	基本案情	裁判观点
1	陈某犯非法获取计算机信息系统数据、非法控制计算机信息系统案	2014年3月3日2时许，被告人陈某通过非法网站查询到吴某在796交易所网站的账户密码，登录吴某个人账户，将账户内约1.64个比特币兑换成899.10美元（约合人民币5501.59元），后将899.10美元转入自己的796交易所账户用于投资经营虚拟货币	被告人陈某违反国家规定，侵入他人计算机信息系统，获取该计算机系统中存储的数据，情节严重，其行为已构成非法获取计算机信息系统数据罪。公诉机关指控的事实清楚，证据充分，定性准确，应予支持
2	刘某、金某等犯诈骗案	2013年四五月，被告人刘某预谋成立比特币交易平台，招募被告人金某、黄某金共同组建网址为http：//btc－gbl.com/的“比特币”交易网站，共同进行网站的管理、运营和推广。为骗取投资者信任，吸引更多客户到网站充值、交易“比特币”，被告人刘某指使被告人黄某金使用“王东材”“戴辉林”等与该网站无关人员的身份信息，委托代理公司到香港注册了名为GBL（HK）LIMITED的公司，并虚构了以“王东材”“戴辉林”等人为执行董事的公司股东架构、公司投资前景、公司注册地址等信息。并在双乾、易宝、广州市易票联支付等第三方支付公司开设支付账户，供客户充值、取现。该网站于2013年5月27日正式上线，网站提取国际比特币行情交易数据作参照，客户可通过充值人民币和比特币的方式在网站买卖比特币，网站收取交易手续费。之后因网站运营模式存在漏洞，在2013年8月中旬之后便无法继续获利乃至亏损，被告人刘某等人遂以资金紧张为由限制客户提现、提币，并于9月推出客户与客户对赌模式，同时又推出股权认购、充值送股权、送现金等活动，继续诱骗客户充值交易。至2013年10月下旬网站关闭前夕，被告人刘某等人仍以“GBL管理部”、“GBL财务部”、集团办公室等名义发表声明、公告等，骗取客户信任，企图稳住客户	被告人刘某、金某、黄某金结伙通过以虚假身份信息注册所谓的比特币交易运营公司、虚构公司股东结构、投资背景、股权认购、充值送股权等方式，骗取他人信任并在其开设的网站上进行比特币交易、对赌，在将客户的比特币变现占有后，伪造网站被黑客攻击的假象，关闭网站并逃匿，被告人主观上非法占有他人财物的故意明显，且采用虚构事实、隐瞒真相的方法，骗取他人财物，数额特别巨大，其行为均已构成诈骗罪，系共同犯罪

续表

序号	案例名称	基本案情	裁判观点
3	宾某妹、邓某乙、邓某甲、陈某某、肖某某、邓某丙等犯组织、领导传销活动案	(1) 2013年11月，被告人邓某某和被告人宾某妹经何某某（另案处理）介绍购买马来西亚MBI国际集团发行的网上虚拟货币（易物币，又称M币），投资数额由100美元至5000美元，形成“金字塔”式排列，向下发展下线吸收新会员，可以得到公司10%的直推奖，只奖一级，形成两条线走路，两边平衡的，还可以得到公司4%的领导奖和10%的对碰奖，两个奖项只奖6级以内的，以此类推，其发展下线人员有利润提成，发展越多提成越多。奖励是按投资者购买的金额比例以M币（1M币为1美元，兑人民币7元）去计算，并由系统自动结算。(2) 被告人覃某某、叶某某、陈某甲在被告人梁某某组织下在罗定市通过各项途径宣传、非法发行云数贸国际股东盘每份5000元、云数贸云讯通盘每份800元、云数贸希望小学盘每份500元、云数贸国际联盟建业盘每份1500元等投资项目，宣称收益高达数十倍，投资开设的账号越多回报越高，介绍一个人购买公司产品业务时，就可以取得购买金额中的20%推荐奖，同时介绍两个人购买时还有对碰奖，对碰奖是计发展下线的其中一人的购买金额的60%，但两边的购买金额必须一致，一直发展下线的一至五层都按这个计算方式计业绩；当第6层开始（含第6层）就按小区业绩的10%计算返还	被告人宾某妹、邓某乙、邓某甲、陈某某、肖某某、覃某某、叶某某、邓某丙、刘某某组织以投资MBI虚拟货币等经营活动为由，要求参加者以购买M币等方式获得加入资格；被告人梁某某、覃某某、叶某某、陈某甲组织以投资“云数贸”等经营活动为由，要求参加者以购买原始股等方式获得加入资格，并按照一定顺序组成层级，以直接或者间接发展人员的数量作为计酬或返利依据，引诱参加者继续发展他人参加，骗取财物，扰乱经济社会秩序。经查明，其中被告人宾某妹共计发展66人7个层级共2,454,376元，被告人邓某某共计发展117人4个层级共2,049,300元，被告人邓某甲共计发展4个层级共2,024,800元，被告人陈某某共计发展58人6个层级共2,050,576元，被告人肖某某共计发展43人5个层级共1,804,876元，被告人覃某某共计发展55人6个层级共1,716,316元，被告人叶某某共计发展54人6个层级共1,705,616元，被告人邓某某共计发展36人3个层级共628,100元，被告人刘某某共计发展46人3个层级共493,800元。被告人梁某某共计发展40人7个层级共361,200元，被告人陈某甲共计发展32人4个层级共287,100元。上述被告人的行为均已构成组织、领导传销活动罪

续表

序号	案例名称	基本案情	裁判观点
4	张某明等三人组织、领导传销活动案	2015年7月，被告人张某明到西宁市后伙同刘某某（另案处理），对外宣称“雷恩斯虚拟电子货币”项目，称该项目是来自美国的新型电子货币方式，目前正招募2500万名会员，将在美国纳斯达克上市。投资者缴纳门槛为1单12,000元，由团队中已取得总监资格的会员对其在网站上激活后，新会员登录网站即可获得固定的周分红及月分红。会员介绍新会员加入后，可获得推荐奖（1200元），根据发展人数获得对碰奖、联盟奖、总监奖等奖励。2015年7月至12月，被告人张某明、刘某某在本市麒麟湾、西宁市第二十二中学组织宣传“雷恩斯虚拟电子货币”，发展并形成人员达130余人，层级达9级的网体；被告人徐某某由刘某某直接发展，形成人员达40余人，层级达6级的网体；被告人苑某某由刘某某发展，形成人员达50余人，层级达6级的网体	被告人张某明、徐某某、苑某某以投资理财为名，要求参加者缴纳一定的费用加入该组织，并按照一定顺序组成层级，直接或者间接以发展人员的数量作为计酬或者返利依据，其行为均已构成组织、领导传销活动罪。公诉机关指控的犯罪事实及罪名成立。被告人张某明，直接或间接发展下线人员达120人，应认定为情节严重
5	黄某某等人诈骗案	被告人黄某某与被告人许某系同学关系，两人共谋洗钱，即将骗来的钱通过在互联网上购买比特币，再将比特币兑换成现金。2014年8月5日10时许，肖某初给黄某某提供的银行卡内打款500万元（经查，2014年8月5日8时39分，肖某初、肖某某、陆某某通过QQ聊天植入木马病毒侵入并修改黑龙江省绥化市某某集团财务经理刘某某的QQ号，假冒刘某某的名义通过QQ聊天的方式让其下属单位某某超市财务经理董某转款人民币1200万元，该500万元系其中一部分），由许某进行具体洗钱操作，被告人许某在“火币网”“OKCOIN”“比特儿”三个交易平台购买了1200个左右的比特币，并转入自己的本地钱包中，之后黄某某、许某到澳门，通过地下钱庄将比特币兑换成港币，再通过地下钱庄将港币兑换成人民币汇回国内，其中给刘某某中行卡汇款140万元、农行卡汇款17万元、建行卡汇款41.4万元，给黄某梅（黄某某母亲）农行卡汇款40.4万元，给陆某辉（陆某弟弟）农行卡	被告人黄某某、许某、陆某经预谋为他人诈骗洗钱，其虽没有直接参与诈骗被害人财物，但其明知肖某初等人进行网络诈骗，却帮助直接诈骗的犯罪分子将骗取的银行账户里的钱款提现，完全实现了非法占有他人财物的目的。与直接诈骗的犯罪分子形成了分工合作的不可分割的整体。系诈骗犯罪的共犯，且骗取他人财物数额特别巨大。其行为已构成诈骗罪。被告人刘某某明知许某所汇款项是犯罪所得的情况下，仍多次为许某等人进行大量提现，转移赃款，从中谋取非法利益，其行为符合掩饰、隐瞒犯罪所得罪的犯

续表

序号	案例名称	基本案情	裁判观点
		汇款79.6万元，给黄某某农行卡汇款50.27万元，给农某玲（许某女朋友）建行卡汇款40万元，最后汇回国内共计人民币408.67万元。除汇给上线之外，被告人黄某某、许某、陆某每人从中分得36万元（陆某只承认获利11万元）。被告人刘某某在明知黄某某、许某所汇款项系犯罪所得的情况下，多次为许某等人进行大额提现服务，并按照许某的要求将提取的现金转交给陆某，由陆某又转交给肖某初。并非法获利人民币1.5万元，案发后刘某某将非法所得赃款上缴公安机关	罪构成要件，应以犯掩饰、隐瞒犯罪所得罪追究其刑事责任
6	赵某等非法吸收公众存款案	2015年3月至5月，被告人张某普伙同张某洋、赵某等人，在本市东城区银河SOHO大厦A座10623室、10625室，宣传“华强币”项目，并实施了以下行为：（1）以股权众筹为名，与参加者签订协议，要求参加者缴纳1万元以获取股东资格，并要求参加者继续发展下线，以发展下线的人员数量及层级作为返利依据；截至案发前，参加股权众筹的人员数量达490余人，且已形成3个以上层级，缴纳传销资金累计达人民币490余万元；（2）以债权众筹为名，向社会公开宣传，承诺在一定期限内还本付息，并与客户签订协议，吸收公众资金共计人民币310余万元	被告人张某普、张某洋、赵某无视国法，以“股权众筹”的名义，要求参加者以缴纳费用的方式获得加入资格，并按照一定顺序组成层级，直接以发展人员的数量作为返利依据，引诱参加者继续发展他人，从中获取财物，其行为已构成组织、领导传销活动罪，且属情节严重，应依法予以惩处。三被告人同时以“债权众筹”的名义，在未取得相关资质的情况下，通过媒体、推介会、传单等途径向社会公开宣传，并承诺在一定期限内还本付息，吸收社会公众资金，且数额巨大，其行为已构成非法吸收公众存款罪，应与其所犯组织、领导传销活动罪依法数罪并罚

续表

序号	案例名称	基本案情	裁判观点
7	白某鹏组织、领导传销活动案	FIS 全称 First World Digital Gold，即第一世界数字金矿，系网络虚拟投资平台项目，投资方式为现金投资，于 2015 年 11 月 20 日开始对中国区域内开放并允许进行内部注册，于 2016 年 3 月 1 日正式开盘。平台设定：1000 元、3000 元、5000 元、10,000 元、30,000 元、50,000 元（后期变更为 1300 元、3900 元、6500 元、13,000 元、39,000 元、65,000 元）共 6 个级别的初始投资金额，对应一至六级“矿主”（“矿主”即会员），投资资金以报单币（BT 币）的形式进入“矿主”账户内，其中，50% 必须用于购买 FIS 平台的虚拟矿机设备，500 元/台，每台“矿机”每天产生 5 个金币（GD 币）；另 50% 进入购买金币账户（GT1 账户），仅可用于购买金币。新“矿主”按照注册“矿主”账户时填写的推荐关系组成上下级关系，在 FIS 推广、发展过程中可以获取“静态收益”与“动态收益”。“矿主”在发展新“矿主”的过程中均无实物交易，无提现通道，“矿主”在 FIS 平台内购买的金币及动、静态收益在 FIS“矿主”发展过程中按设定的模式以 BT 币的形式进入 BT 账户，BT 币的基本功能体现为用于激活注册新“矿主”，BT 账户内的 BT 币唯有通过 BT 交易市场挂单或者推荐注册新“矿主”出售变现，因而，FIS“矿主”的收益从根本上需要不断地发展新“矿主”缴费购买 BT 币变现予以保证。2015 年 11 月以来，白某鹏、杜某、杜某松等被告人先后注册“矿主”账户，加入 FIS 后，通过开设网站、微信群、微信公众号、线下讲课、培训等方式大肆宣传和推广 FIS，迅速吸引全国各地人员投资注册，逐渐形成了多层级、不同分支的传销组织。截至 2016 年 12 月案发，已发展下线“矿主”达 72,298 人，层级达 60 层，累计传销金额人民币 2,578,658,100 元	被告人白某鹏、杜某、杜某松、朱某东、唐某、杜某森、龚某波、张某、张某均、彭某万、江某维、江某敏、舒某林、张某杰通过 FIS 会员网站的交易平台，以提供投资理财为名，要求参加者缴纳费用获得加入资格，并按一定顺序组成层级，直接或间接以发展人员的数量作为返利依据，引诱参加者继续发展他人参加，骗取财物，扰乱经济秩序，被告人杨某超明知 FIS 收益模式系传销模式，仍为 FIS 网站平台提供技术及服务，上述被告人的行为均已构成组织、领导传销活动罪，且均系情节严重

续表

序号	案例名称	基本案情	裁判观点
8	赵某群、龙某明等组织、领导传销活动案	2013年5月，吴某1、潘某1（香港籍，均另案处理）等人经预谋，以投资、开发无极币等虚拟密码货币为名，在香港尖沙咀港金大厦12楼成立无极币集团公司，并建立了公司网站即会员网站（网址：www.prosper2u.co）及交易网站（网址：www.coolsdap.co）。该公司规定无极币账户分金级（5000美元）、银级（3000美元）、铜级（2000美元）、新手级（1000美元）、粉丝级别（300美元），价格以美元标示，按公司规定的美元兑人民币汇率（一般为1:6.3或1:6.5）折算为人民币。公司为每个级别账户按比例配备一定数量的无极币和基因币。要成为公司会员，须由老会员推荐或者填写推荐人，向无极币公司或者老会员购买一定级别的无极币账户后，方可获得加入资格。成为公司会员后，主要通过推荐他人投资无极币、基因币来获得推荐奖、平衡奖、管理奖等，推荐人员数量越多，层级越高，相应的奖励越多。2014年1月，被告人赵某群经谭某2（另案处理）推荐加入该组织后，又先后将邓某3、姜某等10余人发展成为下线会员。被告人赵某群、龙某明、任某林加入该组织后，在推荐、提成、福利等奖励的刺激下，通过亲自授课、组织下线会员听课、聚会交流、建立微信群对下线会员进行管理协调、对下线会员分组管理、收取下线会员投资款等方式积极发展该传销组织。该传销组织内部参与传销人员在30人以上且层级在3级以上。经徐州中德信会计师事务所审计，被告人赵某群、龙某明、任某林利用自身银行卡收取会员购买无极币款项分别为人民币298.38万元、762.21万元、186.26万元，向无极币公司支付用于购买无极币款项分别为人民币180.05万元、529.04万元、64.03万元	赵某群、龙某明、任某林以投资“无极币”网络产品为名，要求参加者购买账户获得加入资格，并按照一定顺序组成层级发展下线，并以发展下线人员数量、投资数额作为返利依据，引诱参加者继续发展他人参加，骗取钱财，扰乱经济社会秩序，被告人赵某群、龙某明情节严重，其行为均已构成组织、领导传销活动罪

续表

序号	案例名称	基本案情	裁判观点
9	杨某英、朱某红组织、领导传销活动案	2016 年 12 月至 2017 年 3 月，被告人杨某英为牟取非法利益，发展被告人朱某红等人为“张健五行币”会员，而后被告人杨某英、朱某红通过当面介绍、利用微信宣传等形式向焦作市、周口市等地群众大肆宣传、推销“张健五行币”，要求参加者出资 5000 元购买一枚“张健五行币”成为会员，并许诺相应数字货币，以取得群众信任和加入。被告人杨某英等人要求参加者积极发展下线，购买“张健五行币”，称给公司交够 100 万元，公司奖励宝马车一辆。2016 年 12 月以来，被告人杨某英发展会员 5 级共 30 余人，从上线处获取宝马轿车一辆、手机一部等非法报酬。被告人朱某红发展会员四级共计 30 余人，从上线处获取手机一部、“张健五行币”12 枚等非法报酬	被告人杨某英、朱某红加入传销组织后以缴纳不等的费用而使参加者成为“张健五行币”会员，层层发展，并以发展人员数量作为计酬依据，引诱参加者继续发展他人参加，骗取财物，扰乱社会经济秩序，被告人杨某英、朱某红的行为均已构成组织、领导传销活动罪。公诉机关对被告人杨某英、朱某红犯组织、领导传销活动罪的指控成立
10	严某珍、古某甲组织、领导传销活动案	2015 年 12 月，周某林（另案处理）在深圳市通过姚某祥（另案处理）的介绍加入“digitcion”公司（以下简称 DGC 公司）并成为会员。之后，周某 2 窜到广西贺州市成立非法传销组织分支，利用互联网平台，以投资 DGC 虚拟币赚钱为幌子，拉人头发展下线，要求下线至少缴纳人民币 680 元（100 美元）以上成为 DGC 公司会员，上线人员从下线人员缴纳的费用中抽取直推奖、对碰奖、领导奖，获取非法利益。周某 2、严某珍、古某甲、黎某甲、刘某甲、廖某甲、陈某 1 系直接上下线关系，各自又发展下线，形成了人员在 30 人以上且层级在 3 级以上的金字塔型传销网络结构。截至 2016 年 10 月 13 日，被告人严某珍发展下线人数为 97 人，收取传销资金数额约人民币 2226 万元，非法获利约人民币 568 万元；被告人古某甲发展下线人数为 70 人，收取传销资金数额约人民币 246 万元，非法获利约人民币 74 万元；被告人黎某甲发展下线人数为 61 人，收取传销资金数额约人民币 172 万元，非法获利约人民币 42 万元；被告人刘某甲发展下线人数为 60 人，收取传销资金数额约人民币 130 万元，非法获利约人民	被告人严某珍、古某甲、黎某甲、刘某甲、廖某甲以投资虚拟货币的名义，要求参加者以缴纳费用的方式获得加入资格，并按照一定顺序组成层级，以发展人员的数量作为计酬依据，引诱参加者继续发展他人参加，骗取他人财物，扰乱经济与社会秩序，上述被告人直接或者间接发展参与传销活动人员在 30 人以上且层级在 3 级以上，对传销活动的实施，传销组织的建立、扩大等起关键作用，是传销活动的组织者、领导者，其行为均已构成组织、领导传销活动罪

续表

序号	案例名称	基本案情	裁判观点
		币 12 万元；被告人廖某甲发展下线人数为 54 人，收取传销资金数额约人民币 80 万元，非法获利约人民币 10 万元	
11	张某莉组织、领导传销活动案	2014 年 4 月，司某涛（另案处理）在张某（另案处理）的授意下成立以发展下线获取收益为模式的传销组织“五化联盟”，之后又于 2016 年 11 月成立相同模式的传销组织“五行币”。2015 年 5 月，被告人张某莉通过微信加入“五化联盟”传销组织，成为司某涛的助理的下线。2015 年 11 月，被告人张某莉在垣曲县华峰乡租赁店面，开立“垣曲县云商五行电子商务有限公司”。之后，被告人张某莉开始通过微信群转发语音视频信息、摆地摊、挂横幅等方式公开宣传“五化联盟”“五行币”的经营模式和奖金制度，发展下线会员。2017 年 7 月 21 日，重庆市科信电子数据司法鉴定所作出［201707］鉴字第 035 号司法鉴定意见书，认定（1）被告人张某莉（会员账号 wzyl01）下线层级共有 49 层，下线会员数共有 4884 个，制作上 3 层下 10 层会员层级关系图，电子币合计为：11, 465，报单币合计为：20, 365，现金获利合计为：109, 500。（2）被告人张某莉（会员账号 wzyl02）下线层级共有 48 层，下线会员数共有 4164 个，制作上 3 层下 10 层会员层级关系图，电子币合计为：400，报单币合计为：1000，现金获利合计为：4000 元。（3）被告人张某莉（会员账号 wzyl03）下线层级共有 43 层，下线会员数共有 718 个，制作上 3 层下 10 层会员层级关系图，电子币合计为：250，报单币合计为：9500，现金获利合计为：37, 500 元	“五化联盟”“五行币”是以发展下线获取收益为模式的传销组织，该传销组织以推销商品、提供服务等经营活动为名，要求参加者缴纳费用获得加入资格，并按照一定顺序组成层级，直接或者间接以发展人员的数量作为返利依据，引诱参加者继续发展他人参加，骗取财物，扰乱社会经济秩序。被告人张某莉加入该传销组织后，直接或间接发展的下线会员数 120 人以上，且层级在三层以上，其行为已构成组织、领导传销活动罪，且属情节严重

续表

序号	案例名称	基本案情	裁判观点
12	赵某恩、刘某等组织、领导传销活动案	维卡币组织系由保加利亚人鲁某等人建立，并向我国境内推广。该组织打着“未来世界主流货币”“第二代加密电子货币”等旗号，声称维卡币升值空间大，诱骗他人投入巨额资金到其设立的网站，并设立门槛，会员一旦注册不能退会，不能退款，但不会事先告知，具有欺骗性。要成为“维卡币”会员，必须在老会员的推荐下，缴纳不同级别的“门槛费”获得相应级别“激活码”注册成为不同级别的会员，即入门级130欧元、进阶级530欧元、专业级1030欧元、高管级3030欧元、大亨级5030欧元、至尊大亨级12,530欧元、节日大亨级18,830欧元、二合一套餐31,330欧元、三合一套餐36,330欧元。按照规则，每个会员的下面只能挂两个下线会员，作为自己的左区、右区的起点，每个层级人员由1个发展成2个，2个发展到4个，以此类推，形成金字塔结构。维卡币传销组织将盈利分为静态增值和动态增值两种模式。截至2016年8月12日，该组织中倪某处于鲁某以下第31～34层，生成激活码卖出金额达5.07亿欧元，最高层鲁某至倪某至醴陵王辉共79层，费某（在逃）、倪某（在逃）下线账户有33.3万余个。席某翔（江苏沛县抓获另案处理）处于鲁某以下第38层，生成激活码卖出金额达0.97亿欧元，下线账户达185.8万余个，中国境内已激活的激活码涉案金额70余亿元人民币	被告人赵某恩、刘某、何某、许某涛、林某以购买虚拟货币、持有可逐渐升值为名，以入会形式推广维卡币，要求参加者以购买激活码的方式激活账号获得加入资格，并按照一定的顺序组成层级，直接或间接发展人员的数量作为计酬或返利依据，引诱参加者继续发展他人参加，骗取财物，扰乱社会经济秩序，此种经营模式符合传销活动的特征，其行为均已构成组织、领导传销活动罪，且属情节严重，公诉机关指控的犯罪事实清楚，证据确实充分，罪名成立，本院予以支持

续表

序号	案例名称	基本案情	裁判观点
13	黄某英非法吸收公众存款案	2015年起，被告人黄某英经他人介绍参与投资了境外组织通过网络平台运营的“马克币”数字货币项目；其后，在未经我国金融管理部门批准的情况下，向他人宣传该项目投资到期保本返还且有静态增值、动态奖金等高额回报，发展包括上海市金山区居民在内的社会公众投资“马克币”。在此期间，被告人黄某英发展公众投资者78人，非法吸收投资本金人民币304万余元（以下所称币种除特别注明外，均为人民币），造成投资者投向该网络平台的资金损失达252万余元	被告人黄某英利用投资数字货币的形式变相吸收公众存款，扰乱金融秩序，数额巨大，其行为已构成非法吸收公众存款罪
14	陈某某组织、领导传销活动案	2016年11月，宋某（曾用名张某2，另案处理）在“云数贸”及其下级传销盘口的运行基础上策划推出了“五行币”传销，按照“Y、S、M”级别的模式来发展会员，其中Y级会员入会费是500元，S级会员入会费是2500元，M级会员入会费是5000元，要求主推M级会员，以双轨制方式发展会员，拉人入会。发展会员可以有两项收益：一是现金收益；二是虚拟货币收益。为引诱更多人加入“五行币”传销组织，宋某设立了市场推广团队，其中，刘某1是“五行币大圣团队”负责人，该团队下线是“五行币”小团队的负责人，目前已经核实刘某1有76个下线团队获得了“宝马奖”奖励，即上缴的会员费为人民币7600万元。被告人陈某某自2016年12月开始，通过刘某1下线王某2的介绍加入“五行币”传销组织以来，以四川省江油市吴某1的茶楼为主要地点宣传发展会员，并建立了一个名为“佛渡有缘人”的微信群，通过拉他人进群，然后在群里转发上线刘某1、王某2等人提供的“五行币”宣传资料等方式宣传发展“五行币”会员，并获得了一个“宝马奖”（扣除1万元募捐款外，实际到位14万元）奖励。截至案发，陈某某直接或间接发展的M级“五行币”会员已达4层100余人	被告人陈某某以购买虚拟货币并持有将可大幅升值为名，要求加入者缴纳等级数额的费用获得加入资格，并按照一定的顺序组成层级，以直接或间接发展人员的数量作为计酬或返利依据，引诱加入者继续发展他人参加，骗取财物，扰乱经济与社会秩序，情节严重，其行为已构成组织、领导传销活动罪

续表

序号	案例名称	基本案情	裁判观点
15	朱某萍、管某丽非法吸收公众存款案	美国第一资本财富计划投资平台在我国无备案，非中国银行业监督管理委员会天津监管局监管机构。该投资网站以网络宣传、口口相传等途径向社会公开宣传，承诺集资参与人在该投资平台以每个工作日获取投资额的2%为静态收益，以发展下线获取下线投资额之1%、3%、5%的鼓励金为动态收益的方式向社会不特定的多数人吸揽资金。2017年3月，被告人朱某萍、管某丽通过微信好友介绍在美国第一资本财富计划投资平台投资获取会员资格。截至案发，被告人朱某萍在此投资平台账户信息显示其下线投资账户共计599个，下线集资参与人投资总额共计581473美元，吸揽集资参与人13名，投资金额为40余万元。被告人管某丽在此投资平台账户信息显示其下线投资账户共计505个，下线集资参与人投资总额共计525,083美元，吸揽集资参与人12名，投资金额为206,090元	被告人朱某萍、管某丽违反国家金融管理法律规定，非法向社会公众吸收存款，被告人朱某萍以发展下线的方式指使被告人管某丽非法吸收公众存款，其中被告人朱某萍单独向被告人管某丽非法吸收公众存款人民币72,000元，通过指使被告人管某丽、提供上线服务的方式与被告人管某丽共同非法吸收公众存款共计人民币216,440元。综上所述，被告人朱某萍非法吸收公众存款共计人民币288,440元。被告人管某丽伙同被告人朱某萍非法吸收公众存款共计人民币216,440元。被告人朱某萍、管某丽非法吸收公众存款之行为，给徐某、王某等13名集资参与人造成实际经济损失共计人民币172,171元，其行为依法构成非法吸收公众存款罪，且属共同犯罪
16	夏某波、周某官组织、领导传销活动案	2017年1月，被告人夏某波得知被告人周某官在互联网上售卖能够设定低买高卖的比特币机器人软件，便约定以比特币基金为名目，自行搭建名为×××平台，对外称可以通过机器人设定价格后，自动进行低买高卖，从中赚取差价。×××平台搭建完成后，因比特币交易规则发生更改，每次交易需要支付高额手续费，再利用比特币机器人软件在比特币交易市场套利，实际已无利润可言，便建立微信群，由周某官向微信群提供平台盈利虚假视频，吸引投资人。在×××平台运营期间，投资者可以借助手机APP软件在上级会员的推荐下，注册成为下一级会员，向×××平台提供的支付宝二维码及	被告人夏某波、周某官经策划，利用自行搭建的×××平台，以虚假的“比特币”采取拉人头投资返利的传销模式牟取非法利益，情节严重，其行为已构成组织、领导传销活动罪

续表

序号	案例名称	基本案情	裁判观点
		银行账户汇款以兑换积分，再以积分购买×××平台虚拟的基金产品。基金产品期限分为3个月期、6个月期、9个月期和12个月期，其中，3个月期不赠送积分，6个月期赠送购买基金产品本金10%的积分，9个月期赠送购买基金产品本金15%的积分，12个月期赠送购买基金产品本金20%的积分。×××平台会员可以通过3种方式获得更多积分，一是给予基金分红；二是给予直推奖励；三是给予市场奖励。核实×××平台共分为5个层级，会员至少有93人，投资金额已达5,674,162元	
17	王某军、胡某林等组织、领导传销活动案	维卡币组织系由保加利亚人鲁某等人建立，并向我国境内推广。该组织打着“未来世界主流货币”“第二代加密电子货币”等旗号，声称维卡币升值空间大，诱骗他人投入巨额资金到其设立的网站，并设立门槛，会员一旦注册不能退会，不能退款，但不会事先告知，具有欺骗性。要成为“维卡币”会员，必须在老会员的推荐下，缴纳不同级别的“门槛费”获得相应级别“激活码”注册成为不同级别的会员，即入门级130欧元、进阶级530欧元、专业级1030欧元、高管级3030欧元、大亨级5030欧元、至尊大亨级12,530欧元、节日大亨级18,830欧元、二合一套餐31,330欧元、三合一套餐36,330欧元。按照规则，每个会员的下面只能挂两个下线会员，作为自己的左区、右区的起点，每个层级人员由1个发展成2个，2个发展到4个，以此类推，形成“金字塔”结构。维卡币传销组织将盈利分为静态增值和动态增值两种模式。截至2016年8月12日，该组织中倪某文处于鲁某以下第31～34层，生成激活码卖出金额达5.07亿欧元，最高层鲁某到倪某文至醴陵王某共79层，费尔南多、倪某文下线账户有33.3万余个。席某翔（已判刑）处于鲁某以下第38层，生成激活码卖出金额达0.97亿欧元，下线账户达185.8万余个，中国境内已激活的激活码涉案金额达70余亿元人民币	被告人王某军、胡某林、何某琼以购买虚拟货币、持有可逐渐升值为名，以入会形式推广维卡币，要求参加者以购买激活码的方式激活账号获得加入资格，并按照一定的顺序组成层级，直接或间接发展人员的数量作为计酬或返利依据，引诱参加者继续发展他人参加，骗取财物，扰乱社会经济秩序，此种经营模式符合传销活动的特征，其行为均已构成组织、领导传销活动罪，且属情节严重，三被告人均应以组织、领导传销活动罪追究其刑事责任

续表

序号	案例名称	基本案情	裁判观点
18	田某海组织、领导传销活动案	云联惠公司成立于2014年1月6日，公司采取“消费全返”运营模式吸收会员，要求参加者以缴纳费用等形式获得加入资格，并形成会员层级网络，吸纳资金。2016年8月，黄某4等人为了云联惠公司壮大发展，设计开发了电商交易平台“云联商城”，通过网站、微信、培训会、商学院授课等途径迅速传播宣传，同时与云联商城匹配一个兼具积分记录、分配、返还等功能的后台系统（云联商务大系统）。公司规定要享受消费返必须先成为其会员，通过云联商城或者推荐人的推广二维码等免费注册成为普通会员，并获得一个注册ID（会员名），系统根据推荐关系自动识别记录并锁定上下线关系。上下线不限层级，原则上可以无限发展，从而形成自上而下、多层级、“金字塔”型的组织结构。云联惠公司设置的返利、计酬等均以云联商务大系统的积分（分为白积分、红积分和库存积分）形式进行。为鼓励发展会员，云联惠公司还设置了“提成”和“嘉奖”两种积分奖励制度，上线可以获得与其直接下线单笔消费金额相应比例的白积分奖励和其直接下线所有白积分“层级计酬”收益50%的白积分奖励，而且每往上一个层级按50%递减，不限层级。2015年6月21日，被告人田某海经朋友何某1（另案处理）推荐注册成为云联惠普通会员，后升级为铂钻会员，依托自己经营的“养生堂”足浴店，将“消费全返”模式以口口相传、发微信朋友圈、印制推广二维码等手段进行宣传，吸引进店消费者扫码注册成为其下线会员。经鉴定（截至2018年5月8日云联惠公司被公安机关查封），田某海在整个网络推荐关系中处于第37层，下线层级有39层，直接下线人数有285个，下线总人数有58,095个；田某海及其下线58,095位会员ID累计库存积分充值购买312,190,068.80元，田某海从其控制的九个云联惠会员账号绑定的银行账户中累计提现金额4,748,226.37元	云联惠公司董事长黄某4等人，采取“消费全返”经营模式吸收会员，要求参加者以缴纳费用等形式获得加入资格，设置“提成”和“嘉奖”两种积分奖励制度并形成119层会员层级网络吸纳资金，牟取非法利益，扰乱经济社会秩序的行为，应按国务院第444号令《禁止传销条例》认定为传销。被告人田某海积极参与云联惠公司及黄某4组织、领导的传销活动，斥资48万元购买云联惠公司湖北一级代理权，担任云联惠公司云联商城运营总裁。在个人积极参与传销活动期间，还成立裸购、云联美购等公司，宣传、遵循云联惠公司设定的运营模式，采取多种手段，为云联惠公司发展直接下线人数285人，下线层级39层，下线总人数58,095人。田某海及其下线58,095位会员ID累计库存积分充值购买达312,190,068.80元。田某海为云联惠公司及黄某4等人在湖北地区的传销活动的实施、发展、扩大起到关键作用，其行为已构成组织、领导传销活动罪

续表

序号	案例名称	基本案情	裁判观点
19	许某浩、朴某哲非法获取计算机信息系统数据、非法控制计算机信息系统案	2017年5月至案发，金某（另案处理）向张某（另案处理）购买5000条包含账号、密码的公民信息，金某、朴某哲向王某林（另案处理）购买大量包含韩国公民信息的数据资料，用于盗窃比特币。2017年6月，金某召集许某浩、朴某哲、王某到上海闵行区航北路航华三村的工作室共同盗窃比特币。金某提供大量包含公民信息的数据，王某负责编写计算机程序进行“撞库”，将数据进行批量的比对，验证出相互匹配的韩国公民的邮箱账号和密码，提供给金某。金某伙同朴某哲、许某浩进一步获取被害人在韩国通信社的账号、密码和比特币网站的账号、密码，以被害人的账号和密码登录韩国三大通信社网站、比特币网站，在通讯社网站验证正确后，用原始数据中获取的和用户ID对应的个人身份信息、信用卡信息等通过二次验证拦截比特币网站发给被害人的交易验证码，再进入被害人比特币账号，把被害人的比特币转入金某、朴某哲、许某浩的比特币钱包，最后再由马某腾（另案处理）等人将盗取的比特币交易、变现后分赃。案发后，公安机关查获金某涉案款282万元，查获被告人许某浩涉案款623万元，查获被告人朴某哲涉案款314万元；查获被告人姜某娜涉案款100万元；被告人具某杰主动退赃6万元	被告人许某浩、朴某哲、具某杰违反国家规定，侵入国家事务、国防建设、尖端科学技术领域以外的计算机信息系统，非法获取计算机信息系统中存储、处理或传输的数据，对计算机信息系统实施非法控制，情节特别严重；被告人姜某娜明知金某及被告人许某浩、朴某哲非法侵入他人计算机信息系统，非法获取计算机信息系统中的数据，对计算机实施非法控制，而为其提供帮助，并获取报酬，系共犯，四被告人的行为均已构成非法获取计算机信息系统数据、非法控制计算机信息系统罪
20	徐某非法获取计算机信息系统数据、非法控制计算机信息系统案	2016年12月5日以来，被告人徐某破解密码进入被害人李某1在双涡轮平台内的账号，将自己新注册的账号安置在李某1在双涡轮平台内的账号下，作为李某1账号的子账号。之后，徐某通过秘密手段将李某1账号内的钻石币（双涡轮平台发行的虚拟币，WDD）转卖并兑换成平台积分，与李某1账号内的原有积分为其子账号购买双涡轮平台的商品卡，获得所购买的商品卡及购卡时平台赠送给账号的20%钻石币。随后，徐某将钻石币转卖获得比特币，再将比特币转卖获取非法收益。经查，徐某注册邮箱10个，通过这10个邮箱共注册37个双涡轮平台账	被告人徐某侵入他人计算机信息系统获取数据，情节特别严重，其行为已构成非法获取计算机信息系统数据罪

续表

序号	案例名称	基本案情	裁判观点
		号，安置在李某1的21个账号下，将李某1账号内的钻石币出售，并兑换成平台积分，先后利用李某121个账号内的价值148,000美元的平台积分为其37个子账号购买平台商品卡，非法获赠738.4143个钻石币，并以单个39.6－40.17美元的价格进行售卖，共获利29,437.44372美元，该行为造成李某1损失21个账号内的价值148,000元美金的充值积分，按每次获取数据时美元兑换人民币汇率计算，共计人民币1,017,104元	
21	余某锋、熊某飞、熊某程等集资诈骗案	2017年5月初，被告人余某锋、熊某飞、熊某程、朱某园及陈某3、罗某1、楼某（均另案处理）等人经事先合谋，在义乌市注册成立义乌市贝某2网络科技有限公司（以下简称贝某2公司），由被告人余某锋担任法人代表；被告人熊某飞负责“贝某1”市值管理及对接“云数网”交易平台；被告人熊某程负责产品采购和物流发货；被告人朱某园负责联系技术人员搭建“深蓝积分”投资平台，同时也负责做市场；楼某任市场总监，管理整个市场；陈某3负责公关、后勤；罗某1负责做市场业绩。贝某2公司运营不久后又请来外号“风神”的网络操盘手梁某3（另案处理），共同经营“深蓝积分”“贝某1”网络平台集资项目。2017年5月底以来，被告人余某锋、熊某飞、熊某程、朱某园等人合谋后聘请他人制作虚假宣传资料，通过微信宣传拉会员投资，采取三级分销模式，让会员到贝某2公司网络平台以高价购买低价红酒、铁皮枫斗、铁皮石斛等套装产品，赠送等值“深蓝积分”，并承诺短期内可获得高额回报，还可以投资购买公司对接外网平台虚拟币“贝某1”，通过“贝某1”的上涨获取更高额收益，而“贝某1”的涨跌实则由被告人熊某飞通过后台操纵。至2017年7月10日左右，被告人余某锋、熊某飞、熊某程、朱某园等人短期内便发展了全国近2000多名会员注册了9000多个账号，非法集资款高达近5000万元人民币。收取的投资款被被告人余某锋及陈某3等人以公司运营投入为由进行挥霍	被告人余某锋、熊某飞、熊某程、朱某园以非法占有为目的，使用诈骗方法非法集资，数额特别巨大，其行为均已构成集资诈骗罪。公诉机关指控成立，应予支持

续表

序号	案例名称	基本案情	裁判观点
22	刘某等人组织、领导传销活动案	2014 年 11 月，被告人刘某与他人合伙收购了美国全球未来城控股股份公司以下简称“未来城公司”，利用未来城公司在中国大陆地区推广虚拟货币“网络黄金”。2015 年 11 月，刘某找美国软件公司开发出新的虚拟货币“天合积分”又称“天合币”。刘某与冉某均商定，借鉴“网络黄金”的模式，设定了天合积分的奖励计划、销售模式，以刘某及未来城公司的名义，在中国大陆地区推广天合积分。天合积分奖励计划及销售模式规定，会员入会至少需缴纳人民币币种下同 1 万元或 1 万元以上 1 万元的倍数，取得会员资格。会员依照会员及其下线缴纳资金的数额区分级别，分为星、金、钻等 15 个级别，缴款数额越大级别就越高，级差奖提成比例也就越高。会员投资分为静态收益和动态收益，其中动态收益又分为直推奖、级差奖、平级奖，按照会员缴纳资金的 70% 计算即 PV 值。直推奖即直推会员可拿新会员投资额 PV 值的 10%；级差奖即会员发展新会员后，下线会员投资额的 PV 值与上线会员和下线会员提成比例的差值的乘积；平级奖即直接推荐的下线会员与推荐人属同样级别的，推荐人可以获得该下线会员级差奖的 0.5%。会员按照推荐和安置关系形成推荐网络图和安置网络图，每个会员可以推荐和安置多人，使会员层级呈现“太阳射线”状的层级结构。至案发时，被告人冉某均、邓某华、刘某华等人以天合积分、天合 G 值名义共发展会员 34 层 16, 847 人次，收取会员费共计 244, 287, 916. 43 元，其中天合积分会员费 82, 975, 228. 25 元，天合 G 值会员费 161, 192, 688. 18 元，支付返利共计 153, 446, 679. 19 元	被告人刘某、冉某均分别纠集被告人孟某、邓某华、周某、胡某龙、李某娟、田某贵、吴某平、邓某木、贡某忠、吕某、贺某蓉、杨某鹏、蓝某艺以推销虚拟货币为名，要求参加者以交纳会员费的方式获得加入资格，并按照一定顺序组成层级，直接和间接以发展人员的数量作为返利依据，引诱参加者继续发展他人参加，骗取财物，扰乱经济秩序与社会秩序，其行为均已构成组织、领导传销活动罪，且系情节严重

续表

序号	案例名称	基本案情	裁判观点
23	杨某芹组织、领导传销活动	2016年5月云数贸"五化联盟"网站运行以来，以"振兴民族互联网、成就更多平凡人"为口号，以投资原始股为名，许诺高额收益，设立推荐奖、层碰奖，点碰奖等奖励机制，引诱人员加入并发展下线，加入的会员按双轨制呈"金字塔"方式排列。"五化联盟"实质上无任何经济实体，也没有任何股权，会员所获奖金收益均源于层层下线人员加入时所交纳的费用。2016年5月以来，被告人杨某芹积极参加云数贸"五化联盟"并成为会员，其通过口耳相传、建立微信群、朋友圈宣传等方式，大力宣传介绍、组织推广"五化联盟"，不断发展下线会员。经鉴定，"五化联盟"中杨某芹会员账号whyxq001下线层级共有79层，下线会员共计有16,483个，制作上3层下10层会员层级关系图，电子币合计为50,710，报单币合计为166,110，现金获利合计为3000。杨某芹会员账号whyxq002下线层级共有78层，下线会员数共计12,879个，制作上3层下10层会员层级关系图，电子币合计为700，报单币合计为0，现金获利为0。杨某芹会员账号whyxq003下线层级共有34层，下线会员共有3602个，制作上3层下10层会员层级关系图，电子币合计为8545，报单币合计为14,495，现金获利合计为18,000	被告人杨某芹以投资五化联盟为名，积极参加并发展人员，要求参加者以购买所谓的五化联盟原始股方式获得加入资格，并按一定顺序组成层级，直接或间接以发展人员的数量作为获利依据，引诱参加者继续发展他人参加，骗取财物，扰乱社会经济秩序，杨某芹直接或者间接发展人员有30余人，层级在3级以上，被告人杨某芹的行为构成组织、领导传销活动罪

4…互联网积分涉诉案例与裁判规则

4.1 互联网积分涉诉案例汇总（民事）（见表16－3）

表16－3 互联网积分涉诉案例汇总（民事）

案例名称	基本案情	裁判观点
中亚智能数字科技（深圳）有限公司与长沙市盛大实业有限公司确认合同有效纠纷案	被告自2017年5月通过网络及微信平台宣传其公司的经营方向及产品为：康旅科盟＝互联网＋大健康产业＋旅游产业＋区块链应用＋互联网金融，被告宣称康旅科盟是中国第一个用加密数字资产作为支付工具的旅游消费平台，基于区块链的挖掘计算技术，实现总量限定、去中心化、无法被造假复制的基础概念，通过康旅币区块链技术，整合优质旅游资源，将引领区块链在大健康、大旅游产业的革命，使互联网思维和传统思维、健康思维、旅行思维进行统一有效的结合，做区块链思维及产业的真正推动者。自2017年5月起，原告经朋友介绍陆续向康旅网和链金网转账50余万元购买被告发行的康旅币，2017年8月，前述网站陆续关闭，相应积分兑付和提现等均无法进行，原告尚有价值384,649元的康旅币无法提现。原告主张其在“康旅币钱包”软件中开立名为“郑君”的账户中，尚持有1248.1645康旅币。被告认可康旅币系其发行，但认为其和原告之间不存在合同关系且未实际收取原告任何款项	本案为确认合同效力纠纷。确认合同效力，无论有效还是无效，其前提是当事人双方之间具有合同关系。在本案中，原告将涉案款项转入链金网，然后再购买康旅币且同时获得相应积分等，原告、被告均认可康旅币可在链金交易平台上进行，且价格有上涨也有下跌。法院认为，康旅币虽系被告发行，但发行后的交易对象并不特定；原告提供的微信聊天记录等文件亦无法证明其与被告存在合同关系，故原告主张被告系特定的合同相对方，依据不足，法院不予采信。原告主张链金网实为被告的融资工具，但并未举证证明两者之间的关系，对此主张法院不予采纳。根据原告提交的银行交易记录，既无法证明收款方为被告，也无法证明收款方为链金网，故原告要求被告返还款项并支付利息的诉讼请求，法院不予支持

4.2 互联网积分涉诉案例汇总（刑事）（见表16－4）

表16－4 互联网积分涉诉案例汇总（刑事）

序号	案例名称	基本案情	裁判观点
1	陈某林、刘某光组织、领导传销活动案	2013年6月5日，被告人李某、崔某心与他人共同出资成立了湖南云企网络科技有限公司（以下简称云企公司）。2014年5月，云企公司先后开通了e企来网络交易服务平台和湘赢商城电商平台。湘赢商城平台开通至2015年12月11日案发时为止，非云凯公司、亿企来公司拨币在“湘赢商城”购买总金额仅为324,560.97元。2014年6月13日，云企公司以控股的方式与他人注册成立了云凯公司，引入了运行模式和奖金制度，并开发了云凯会员系统。加入云凯公司的会员必须购买680元、4080元、38,080元、108,800元不同价位的指定商品，才能成为普卡、银卡、金卡、钻卡级别会员，且能得到相应数额的电子币。会员可以通过直接发展会员购买指定商品得到推荐奖、平衡奖、代理奖、福利奖。云凯公司实行“双轨制”模式发展会员。推荐会员越多、被推荐的会员在云凯公司购买指定商品越多，上线会员获得的奖励就越多。2015年6月上旬，陈某林找到被告人张某搭建、开发、完善亿企来财富系统。2015年8月1日，亿企来财富系统正式开通。从100个积分20%级别至1500万个积分85%级别，共17种级别为VIP会员，享受各种返利。亿企来公司规定，会员购买100个积分以上即可成为亿企来财富系统的VIP会员，其中会员的100个积分必须永久冻结在亿企来财富系统，不能解冻、提现、购物、交易。成为亿企来财富系统VIP会员可以获得静态奖、销售奖、批发奖、级差奖、推荐奖、对碰奖、代理奖。积分不能直接使用，只有解冻之后的积分才能使用、转卖、购物。积分分为：批发积分、冻结批发积分、交易积分、冻结交易积分、代销积分、重消积分。至案发时止，亿企来财富系统总业绩1,184,882,923.7132个积分，共有VIP会员13,443名，免费会员13,185名，层级为121层。截至2015年12月11日亿企	被告人李某、冷某、陈某林、崔某心、温某、刘某、罗某、易某、张某、周某发、刘某光、陈某、王某洁、祝某红、谭某勇、陈某玉通过成立、经营、参与云凯公司的云凯均富系统、亿企来公司的亿企来财富系统，以推销价格与价值严重背离的指定商品或者销售自行发行的积分为名，由参加者购买680元的倍数的商品或者每积分20元至54元价格的100积分获得会员资格，并按照一定顺序组成层级，直接或者间接以发展人员的数量作为计酬或者返利的依据，引诱会员继续发展他人参加，骗取财物，扰乱经济社会秩序，其行为均已构成组织、领导传销活动罪

续表

序号	案例名称	基本案情	裁判观点
		来公司共销售积分 9,073,542.675 个，发放绩效奖、销售奖、代理奖积分共计 2,730,023.242 个。2015 年 7 月至 12 月，亿企来公司共收入 308,751,545.73 元。至案发时为止，剔除被李某等被告人转移、占有的资金外，亿企来公司实际结存货币资金 128,685,046.59 元	
2	张某田、许某霞组织、领导传销活动案	2011 年年底，陈某 2（另案处理）等人在深圳市成立深圳市晶辉煌投资有限公司。该公司通过谭某 3（另案处理）等人设计制作了云创世界商城网络平台（一直未实际推出运行）以及会员信息平台等进行运作。具体运作模式为：参加人员需要一次性至少花费 3900 元购买一套商城“大礼包”（为三盒菊泰软胶囊等商品），公司会赠送相应的消费积分，参加人即可在会员信息平台注册成为会员，获得发展下线的资格，可以推荐其他人来购买商城礼包，发展为会员，并根据所发展的人员情况获得相应的消费积分，该积分可以进行提现或继续购买商品礼包。该模式一直持续到 2015 年年底，之后，公司停止积分提现。2015 年 11 月底，陈某 2、罗某 1 共同成立深圳云创辉煌有限公司。之后，深圳云创辉煌公司推出了 FCI 自由积分虚拟货币（FCI）项目，以原有的云创世界商城网络平台为依托，通过谭某 3 等人开发设计出的 FCI 替代原来的商城消费积分（原商城消费积分可置换为 FCI），设计了 FCI 投资规则，并推出了 FCI 云资产交易平台。深圳云创辉煌公司对外宣称公司实力强大，FCI 升值空间巨大，大力推进 FCI 项目，发展会员。具体运作模式是：参加人需要一次性至少购买 900 元的商城“云券”，公司会赠送相应的 FCI，参加人即可在会员信息平台注册成为会员，获得发展下线的资格，可以通过推荐他人购买“云券”获得相应的提成，并设立了相应的级别晋升模式和返利模式，促使大量人员投入资金加入到 FCI 项目中，骗取参加人的投资款。深圳云创辉煌公司所推出的云创世界商城以及 FCI 项目等业务，	本案四被告人成立公司，通过网络平台、讲课宣传，以推销商品、“云券”、FCI 虚拟货币等经营活动为名，要求参加者以购买商品、云券、FCI 积分方式获得加入资格，按照一定顺序组成层级，直接或者间接以发展人员的数量作为计酬或者返利依据，引诱参加者继续发展他人参加，骗取财物，扰乱了经济社会秩序，具有社会危害性，符合组织、领导传销活动罪的构成要件，成立组织、领导传销活动罪

续表

序号	案例名称	基本案情	裁判观点
		均无实际经营项目，公司收入来源为参加人投入的钱款。截至案发，张某田在FCI项目运作模式中的级别为四星总监，发展下线人员1600余名，下线人员缴纳的资金总额为600万余元。许某霞在FCI项目运作模式中的级别为二星总监，已发展下线人员400余名，下线人员缴纳的资金总额为175万余元。汪某明在该组织中的级别为五星经理，已发展下线人员139名，下线人员缴纳的资金总额为80万余元。邵某良在该组织的级别为五星经理，已经发展下线人员106名，下线人员缴纳的资金总额为57万余元	
3	周某华、蔡某燕、叶某等集资诈骗案	2014年8月左右，刘某2、L某、J某（均另案处理）等人为骗取钱财，策划并推出了“中怡国际”项目，以珠宝销售为名对外大肆进行虚假宣传，承诺客户购买任一产品获得会员资格后，一是可以每天点击网站的广告获得12积分“劳务费”，1积分相当于1美元，可连续点击300个工作日共计获得3600美元“劳务费”，积分定期可以提现到所绑定的银行账户，扣除中途缴纳的费用后可获得1000多美元的回报；二是可以获得业务“推广权”，即介绍他人购买产品后将获得可观的积分奖励，积分亦可以定期提现；三是可以投资公司即将推出的虚拟货币“K币”，“K币”未来会与比特币接轨，1“K币”从1美元会涨到50美元，以此吸引他人投资购买2160美元单的产品成为会员实物单，可获得相应的珠宝，但珠宝实际价值仅为销售价值的5%～10%，或者购买1160美元单的产品直接成为会员优惠单，没有珠宝，会员可以无限加单，投单越多所获得的珠宝价值越高，回报也越高。2014年8月至12月，被告人周某华、叶某、蔡某燕先后投资“中怡国际”项目，并逐步建立各自的销售团队，积极在大陆吸引他人投资。2014年12月左右，“中怡国际”公司创建了虚假的虚拟货币“K币”并大量发行，借助真正的比特币的名声及价值进行宣传，操纵“K币”价格行情，并且宣称只有购买产品	被告人周某华、蔡某燕、叶某、周某荣明知他人以非法占有为目的，使用诈骗方法非法集资，而积极给予帮助，其中，被告人周某华、蔡某燕、周某荣数额特别巨大，被告人叶某数额较大，其行为均已构成集资诈骗罪。被告人任某红伙同他人，违反国家金融管理法规，非法向社会公众吸收资金，数额巨大，其行为已构成非法吸收公众存款罪

续表

序号	案例名称	基本案情	裁判观点
		成为会员才能投资“K币”，“K币”交易出去就能提现，以此欺骗老会员将点击广告所获得的积分投资“K币”或者招揽新客户购买产品点击广告赚取积分后投资“K币”。但到2015年四五月，公司为规避兑现最初的“300天获得劳务费3600美元”的承诺，规定会员的积分不能提现而只能购买“K币”。后又在2015年7月左右推出“皇家高德”项目以欺骗客户投资，声称此次系收购“中怡国际K币”项目，并承诺客户任意购买2360美元单（实物单）或者1360美元单（优惠单）成为会员后，即可每天点击网站的广告获得13积分“劳务费”，1积分相当于1美元，可连续点击300个工作日共计获得3900美元“劳务费”，积分一半定期可以提现，一半须购买极具投资前景的“K币”；另介绍他人购买产品将获得可观的积分奖励，积分亦可以定期提现或购买“K币”。被告人任某红为赚取积分奖励，采用前述宣传方式，直接或者间接向张某2等39人非法吸收存款达人民币450余万元；被告人叶某直接或间接向葛某等3人骗取款项共达人民币54万余元。另在“皇家高德”项目停止时，被告人周某华、蔡某燕、叶某分别从公司分得赃款人民币25万元、55万元、65万元；被告人周某荣从被告人周某华处获得好处费约人民币5万元	
4	张某华组织、领导传销活动	2016年8月以来，朱某2、肖某、汪某1（均另案处理）等人以亚粮储集团、深圳市帮扶农商贸实业发展有限公司的名义，在互联网上搭建“帮扶农商贸”（后更名“双创帮扶”）官网及APP商城，宣称“帮扶农商贸”的项目是“为帮助数百万复转军人和大学生创业、作创客，最终实现大众创业、万众创新”。朱某1对外宣称朱某2姓名为“朱某3”，是朱某4元帅的重孙、中央国家安全领导小组特派员、中央国家外事工作领导小组特派员、中国双创联盟工作委员会执行主席等，虚假宣称国家领导人为其公司题	被告人张某华以经营活动为名，要求参加者实名注册会员，购买培训课程，并按照一定顺序组成层级，直接或间接引诱参加者继续发展他人成为会员，以此作为返利依据，骗取他人财物，发展人数众多，扰乱社会经济秩序，被告人张某华的行为已构成组织、领导传销活动罪

续表

序号	案例名称	基本案情	裁判观点
		字的照片、讲话视频，虚称其公司与国家发改委、财政部、科技部、民政部、全国工商联、国家信息中心、中国社会科学院、中国投资公司联合成立“国家数字资产研究院”，并且获得“中国双创联盟工作委员会”“国家商品积分交易中心”“国家 PPP 存量资产交易平台”三个国家级牌照，以高额回报为诱饵，利用微信群推广发展会员加入成为“创客”“优秀创客”“区域代理商”。“创客”在其公司的 APP 商城购买“培训课程”（培训课程分为初级课程 1000 元、中级课程 5000 元、高级课程 10,000 元）时获得相应的积分，每 1 积分是人民币 1 元，积分实行倍增机制，每两个月获得 1.5 倍的积分赠送，等到公司上市后，每积分可能升至 10 元，等同于持有公司原始股权，以后积分可在“国家商品积分交易平台”及“亚粮储积分运营管理（舟山）股份有限公司交易平台”进行交易及购买公司原始股票。“创客”直推发展下线可获得 10% 的现金提成；“优秀创客”必须直推 10 人创客会员，同时直推业绩达到 10 万元，在深圳培训后获得合格证书成为“优秀创客”，“优秀创客”除了享受创客会员的所有权利和福利，还有团队级差福利。经鉴定，至 2017 年 10 月，被告人张某华（创客 ID 为 92076，开户名为张某华）在“双创帮扶”组织结构中处于第 21 层，下线会员数为 210 人，下线层数为 5，直推数为 15，下线 3 层会员数为 193 人，提现金额为 98,051 元	

续表

序号	案例名称	基本案情	裁判观点
5	田某海组织、领导传销活动	云联惠公司成立于2014年1月6日，公司采取“消费全返”运营模式吸收会员，要求参加者以缴纳费用等形式获得加入资格，并形成会员层级网络，吸纳资金。2016年8月，黄某4等人为了云联惠公司壮大发展，设计开发了电商交易平台“云联商城”，通过网站、微信、培训会、商学院授课等途径迅速传播宣传，同时与云联商城匹配一个兼具积分记录、分配、返还等功能的后台系统（云联商务大系统）。公司规定要享受消费返必须先成为其会员，通过云联商城或者推荐人推广的二维码等免费注册成为普通会员，并获得一个注册ID（会员名），系统根据推荐关系自动识别记录并锁定上下线关系。上下线不限层级，原则上可以无限发展，从而形成自上而下、多层级、“金字塔”型的组织结构。云联惠公司设置的返利、计酬等均以云联商务大系统的积分（分为白积分、红积分和库存积分）形式进行。为鼓励发展会员，云联惠公司还设置了“提成”和“嘉奖”两种积分奖励制度，上线可以获得与其直接下线单笔消费金额相应比例的白积分奖励和其直接下线所有白积分“层级计酬”收益50%的白积分奖励，而且每往上一个层级按50%递减，不限层级。2015年6月21日，被告人田某海经朋友何某1（另案处理）推荐注册成为云联惠普通会员，后升级为铂钻会员，依托自己经营的“养生堂”足浴店，将“消费全返”模式以口口相传、发微信朋友圈、印制推广二维码等手段进行宣传，吸引进店消费者扫码注册成为其下线会员。经鉴定（截至2018年5月8日云联惠公司被公安机关查封），田某海在整个网络推荐关系中处于第37层，下线层级有39层，直接下线人数有285个，下线总人数有58,095个；田某海及其下线58,095位会员ID累计库存积分充值购买等312,190,068.80元，田某海从其控制的九个云联惠会员账号绑定的银行账户中累计提现金额4,748,226.37元	云联惠公司董事长黄某4等人，采取“消费全返”经营模式吸收会员，要求参加者以缴纳费用等形式获得加入资格，设置“提成”和“嘉奖”两种积分奖励制度并形成119层会员层级网络吸纳资金，牟取非法利益，扰乱经济社会秩序的行为，应按国务院第444号令《禁止传销条例》认定为传销。被告人田某海积极参与云联惠公司及黄某4组织、领导的传销活动，斥资48万元购买云联惠公司湖北一级代理权，担任云联惠公司云联商城运营总裁。在个人积极参与传销活动期间，还成立裸购、云联美购等公司，宣传、遵循云联惠公司设定的运营模式，采取多种手段，为云联惠公司发展直接下线人数285人，下线层级39层，下线总人数58,095人。田某海及其下线58,095位会员ID累计库存积分充值购买达312,190,068.80元。田某海为云联惠公司及黄某4等人在湖北地区的传销活动的实施、发展、扩大起到关键作用，其行为已构成组织、领导传销活动罪

续表

序号	案例名称	基本案情	裁判观点
6	余某锋、熊某飞、熊某程等集资诈骗罪	2017 年 5 月初，被告人余某锋、熊某飞、熊某程、朱某园及陈某 3、罗某 1、楼某（均另案处理）等人经事先合谋，在义乌市注册成立义乌市贝某 2 网络科技有限公司（以下简称贝某 2 公司），由被告人余某锋担任法人代表；被告人熊某飞负责“贝某 1”市值管理及对接“云数网”交易平台；被告人熊某程负责产品采购和物流发货；被告人朱某园负责联系技术人员搭建“深蓝积分”投资平台，同时也负责做市场；楼某任市场总监，管理整个市场；陈某 3 负责公关、后勤；罗某 1 负责做市场业绩。贝某 2 公司运营不久后又请来外号“风神”的网络操盘手梁某 3（另案处理），共同经营“深蓝积分”“贝某 1”网络平台集资项目。至 2017 年 5 月底以来，被告人余某锋、熊某飞、熊某程、朱某园等人合谋后聘请他人制作虚假宣传资料，通过微信宣传拉会员投资，采取三级分销模式，让会员到贝某 2 公司网络平台以高价购买低价红酒、铁皮枫斗、铁皮石斛等套装产品，赠送等值“深蓝积分”，并承诺短期内可获得高额回报，还可以投资购买公司对接外网平台虚拟币“贝某 1”，通过“贝某 1”的上涨获取更高额收益，而“贝某 1”的涨跌实则由被告人熊某飞通过后台操纵。至 2017 年 7 月 10 日左右，被告人余某锋、熊某飞、熊某程、朱某园等人短期内便发展了全国近 2000 多名会员注册了 9000 多个账号，非法集资款高达近 5000 万元人民币。收取的投资款被被告人余某锋及陈某 3 等人以公司运营投入为由进行挥霍	被告人余某锋、熊某飞、熊某程、朱某园以非法占有为目的，使用诈骗方法非法集资，数额特别巨大，其行为均已构成集资诈骗罪。公诉机关指控成立，应予支持

续表

序号	案例名称	基本案情	裁判观点
7	蔡某年组织、领导传销活动罪	2017 年 4 月 26 日，被告人蔡某年通过接受微信好友符某欢的介绍推荐，参与“龙爱量子”网络传销活动中，为在该传销活动中获取更多的利益，被告人蔡某年使用本人及其母亲李某的身份信息，绑定卡号为×××工商银行卡，先后注册了 cdn406、cdn4062、cdn4063、cdn4065、lyy6782、lyy8678、lyy0022 等 6 个账号，并通过手机微信等方式积极发展下线人员。经司法鉴定科学研究院鉴定：被告人蔡某年操作管理的 cdn406 会员账号中直接或间接发展参与传销活动人员在 15 人以上（下线会员 146 人，其中直接下线会员 21 人），层级在三级以上（下线会员达到五层）。经审查核实，被告人蔡某年发展下线成员 42 人（直接下线 15 人，下线共计 42 人，层级为 3 级。会员账号：cdn406，ID：240987，姓名：蔡某年，经统计，该账号在 2017 年 5 月 19 日至 8 月 11 日通过分润中心获得 6, 320. 60 交易积分，积分股卖出获得 533. 59 交易积分；“体系外转账：转他人”收入 3700. 00 激活积分，支出 7950. 00 激活积分；在交易大厅卖出 0. 00 交易积分，买入 0. 00 交易积分	被告人蔡某年经人介绍注册成为“龙爱量子”会员后，在进行传销活动的同时以高额利益回报为诱饵，要求参加者以缴纳费用获得加入资格，并按照一定顺序组成层级，直接或间接以发展人数作为返利依据，通过手机微信发图片、发送“龙爱量子”平台的链接、讲授如何在平台中挣积分进而获取利益的信息、帮忙注册会员等方式宣传“龙爱量子”运营模式，引诱他人参加，骗取财物，扰乱社会经济秩序，其传销组织内部参与传销活动人员在 30 人以上，层级在三级以上。被告人蔡某年在传销活动中承担宣传职责，系传销活动的组织者、领导者，其行为已构成组织、领导传销活动罪，应予惩处
8	张某 1、田某等组织、领导传销活动罪	2016 年 5 月至 12 月 13 日，段某某（另案处理）以其开办的新华金控有限公司、新华优购（北京）电子商务有限公司、新华挚信（北京）信息科技有限公司等为掩护，通过新华优购公司利用互联网搭建新华积分会员平台、新华积分数字资产交易平台、新华商城，以新华积分升值从而实现盈利为名，要求参加者以缴纳入会费用，赠送新华积分、兑换券的方式获得加入资格，成为会员，按照一定顺序组成层级，直接或间接以发展人员的数量以及投资额作为返利依据。会员可使用新华积分通过新华优购公司自行设定并控制的交易规则提现获利，并可使用兑换券在新华商城以及线下实体店购买商品。对会员平台的层级结构和返利规则进行顶层设计，并通过互联网推广和线下体验店推广，	被告人张某 1、田某、王某某、张某 2、丁某某、康某某参与组织、领导传销活动，以推销商品等经营活动为名，要求参加者以缴纳会员费的方式获得加入资格，并按照一定顺序组成层级，直接或间接以发展人员的数量作为返利依据，引诱参加者继续发展他人参加，骗取财物，扰乱经济与社会秩序，情节严重，其行为均已构成组织、领导传销活动罪，依法应予以刑事处罚，且系共同犯罪

续表

序号	案例名称	基本案情	裁判观点
		大规模发展会员，截至2016年12月12日，新华积分会员平台会员账号数量为88×××04人次，会员层级达189层，吸收会员缴纳的传销资金合计人民币7亿余元。其中自2016年10月8日至12月12日，新华积分会员平台吸收会员缴纳的传销资金合计人民币3.2亿余元	
9	李某和、徐某胜组织、领导传销活动	自2016年9月开始，被告人徐某胜、王某、吕某通过与江西超圣健康产业有限公司的被告人李某和、熊某晖、李某云采取合作的方式，通过“超圣会员商城”网络平台推广“微商消费3.0”传销返利模式，同时通过在各地开设践行馆直接进行传销活动，并形成了《超圣公司理财返现积分制度》。该制度规定每单为900元，一个身份证最多只能投资9单，直推10单。每个工作日送24个超圣积分。另有直推奖励和指导奖励，其中直推奖每单享受45个超圣积分；指导奖励分为九代，每单每天收益第一代1.5个积分，第二代1.3个积分，第三代1.1个积分，直至第九代0.1个积分等，超圣积分可以兑换现金和对冲报单。投资者通过认购900元的“欣圣胶囊”等保健品注册会员并获得相应积分，并受上述返利制度利诱继续发展下线人员，以期获得更多奖励积分。2016年10月，被告人许甲某加入该传销组织成为注册会员，并积极发展下线人员，其发展的下线会员数为6229人，最大下线层级为9层；被告人彭甲发展的下线会员人数为100，最大下线层级为9层；被告人雷某明下线会员数为8333人，最大下线层级为9层；被告人秦永春下线会员数为1356人，最大下线层级为9层。2017年7月，因资金链断裂，该网站停止提现。截至2017年8月13日，该传销组织层级最高达九层以上，会员遍布江西、浙江、广东、江苏等22个省区，网站首轮会员数为115,517人，网站二轮、三轮会员数分别为20,211人、1183人，网站会员总数为136,911人，涉案金额为116,801,700元	被告人李某和、徐某胜、熊某晖、吕某、王某、李某云、雷某明、秦某春、许甲某、彭甲某组织、领导以推销商品为名，要求参加者以购买商品的方式获得加入资格，并按照一定顺序组成层级，直接或间接以发展人员的数量作为计酬或者返利的依据，引诱参加者继续发展他人参加，骗取巨额财物，严重扰乱经济社会秩序，其行为均已构成组织、领导传销活动罪，且系情节严重，应依法惩处

续表

序号	案例名称	基本案情	裁判观点
10	严某红、杨某凤组织、领导传销活动罪	自2016年9月起，“龙爱”公司及林某庆等人，以推销龙爱量子产品为名，依托“龙爱物联网”量子生活商城网络平台，要求参加的人员缴纳850元、4250元、8500元、25,500元、42,500元、85,000元等不同级别的费用购买激活积分和消费积分以激活网络平台中的账号获取会员资格，后该平台向注册的会员配送一定比例的电子积分和商城积分。其中，电子积分用于兑换该公司的积分股，积分股可以按照一定的规则拆分增值，卖出后获得静态收益。商城积分可以兑换平台中与实际价值相差悬殊的量子产品。另外，会员可以通过推荐、发展他人在平台上注册账号使其成为下线，并按照自身级别和发展下线人员级别的不同、下线安置层级位置的不同，分别获得直推奖、对碰奖、管理奖、见点奖、报单奖等动态收益。截至2017年8月11日，“龙爱物联网”量子生活商城上总注册人数为1,963,063人，组织层级为97层。被告人严某红为龙爱量子非法传销组织的创业中心34级会员，直接或间接发展会员15层2380人，其及下线会员投资总金额为12,724,500元。自2017年5月19日至8月11日通过分润中心共获得170,688.9交易积分，积分股卖出共获得57,573.81交易积分，从他人处收入318,800激活积分，向他人支出291,350激活积分。被告人杨某凤为龙爱量子非法传销组织的41级会员，直接或间接发展会员7层154人，其及下线会员投资总金额为442,000元。自2017年5月19日至8月11日通过分润中心共获得42329交易积分，积分股卖出共获得437.98交易积分，从他人处收入2300激活积分，向他人支出4200激活积分	被告人严某红、杨某凤无视国家法律，经他人介绍注册成为龙爱量子传销组织会员后，积极向他人宣传、介绍龙爱量子，并以推销商品为名，要求参加者以购买商品获得加入资格，并按照推荐关系组成层级，直接或间接以发展人员的数量作为计酬或者返利依据，引诱参加者继续发展他人参加，骗取财物，扰乱经济社会秩序

续表

序号	案例名称	基本案情	裁判观点
11	李某、王某某等组织、领导传销活动罪	2016 年 5 月起，段某（另案处理）先后成立新华优购公司、新华挚信（北京）信息科技有限公司等公司，并利用其之前已成立的新华金控有限公司（以下简称新华金控公司）为掩护，采用互联网搭建新华积分会员平台、新华积分数字资产平台、新华商城等开展推广传销活动。后以“新华积分”升值从而实现盈利为名，要求参加者以缴纳入会费用，赠送“新华积分”、兑换券的方式获得会员资格，并按照一定顺序组成层级，直接或间接以发展人员的数量以及投资额作为返利依据。会员可以使用“新华积分”在新华积分数字资产平台交易并提现，使用兑换券在新华商城购物。会员发展下线会员获得返利，下线再发展会员逐级返利至顶层。截至 2016 年 12 月 12 日，被告人李某通过传销平台共发展下级会员数为 13, 960 人次，会员层级达 55 层，吸收下级会员缴纳的传销资金总额为 198, 080, 000 元；被告人王某某通过传销平台共发展下级会员数为 1379 人次，会员层级达 19 层，吸收下级会员缴纳的传销资金总额为 19, 490, 000 元；被告人审某某通过传销平台共发展下级会员数为 312 人次，会员层级达 11 层，吸收下级会员缴纳的传销资金总额为 6, 070, 000 元；被告人王某 1 通过传销平台共发展下级会员数为 1506 人次，会员层级达 20 层，吸收下级会员缴纳的传销资金总额为 17, 440, 000 元；被告人王某 2 通过传销平台共发展下级会员数为 900 人次，会员层级达 17 层，吸收下级会员缴纳的传销资金总额为 9, 560, 000 元；被告人孙某某通过传销平台共发展下级会员数为 675 人次，会员层级达 16 层，吸收下级会员缴纳的传销资金总额为 7, 170, 000 元；被告人丁某某通过传销平台共发展下级会员数为 103 人次，会员层级达 8 层，吸收下级会员缴纳的传销资金总额为 1, 030, 000 元	被告人李某、王某某、王某 1、审某某、王某 2、孙某某、丁某某以销售商品等经营活动为名，要求参加者以缴纳费用购买商品等方式获得加入资格，并按照一定顺序组成层级，直接或者间接以发展人员的数量作为计酬或返利依据，引诱参加者继续发展他人参加，骗取财物，扰乱经济社会秩序的传销活动，其行为均已构成组织、领导传销活动罪

续表

序号	案例名称	基本案情	裁判观点
12	邓某蕾开设赌场罪、组织、领导传销活动罪，姜某等组织、领导传销活动罪	2012年之前，被告人邓某蕾（网名“宝马”）曾参加名为“梦想理财”的网络传销组织。2012年4月，邓某蕾创立了名为“香港宝马俱乐部有限公司”的网络传销组织。公司成立之初以静态投资的高额、及时回报为诱饵，吸引人员参加，为下一步发展动态创造条件。被告人邓某蕾指挥张某某、龙某某等人制作静态投资、动态积分网站。自此形成了宝马网站的传销模式，即静态投资和动态积分回馈计划。以静态投资高额、及时回报为名吸引人员参加，继而要求参加人员加入该组织的动态发展运作模式即动态积分回馈计划，要求参加者缴纳每单5500元的费用获得加入资格，并按照一定顺序组成层级，直接或间接以发展人员的数量作为计酬或返利依据，引诱参加者继续发展他人参加，骗取巨额财物。为更好地管理传销组织的资金及黏合、发展会员，被告人邓某蕾在静态投资中发展8个一级提现中心、10个二级提现中心，指挥洪某某（已判决）负责公司的财务和客服工作。该传销组织的传销发展模式采取双区发展成员的方式，占位见点拿钱，上级滑落制度，入门费人民币5500元，1积分等值于1元人民币。凡是参与积分计划后，6个月内没收回本金的，公司给予补本。具体计酬方式为（详见判决书）。截至2012年10月25日案发，宝马网站共发展传销人员近4万人，形成了层级达30余层的传销网络。涉案资金约人民币14.823亿元，已高额支付所谓奖金约人民币8.846亿元，非法获利人民币5亿余元	被告人邓某蕾、姜某、左某某、黄某、朱某组织、领导传销活动，情节严重，其行为均已构成组织、领导传销活动罪。被告人邓某蕾与他人共同实施开设赌场犯罪，系共同故意犯罪，且在共同犯罪中起主要、领导作用，系主犯，应当按照其组织、指挥的全部犯罪处罚；5名被告人共同故意实施组织、领导传销活动犯罪，系共同犯罪。被告人邓某蕾在其组织、领导的3起组织、领导传销活动犯罪中均起主要、领导作用，系主犯，应当按照其组织、指挥的全部犯罪处罚；被告人姜某、左某某、黄某、朱某加入传销组织，均接受邓某蕾的安排，其在传销组织中的活动均听从邓某蕾的指令，其在组织、领导传销活动的共同犯罪中均起次要、辅助作用，均是从犯，依法均应当减轻处罚。被告人邓某蕾身犯数罪，依法应当实行数罪并罚

第十七章

区块链的中国实践

1…深圳的区块链发票

根据深圳税务局的官网①，2018 年 8 月 10 日，全国首张区块链电子发票在深圳实现落地。深圳成为全国区块链电子发票首个试点城市，也意味着纳税服务正式开启区块链时代。

2018 年 8 月 28 日国家税务总局深圳市税务局在其官网上发出了《关于推行通过区块链系统开具的电子普通发票有关问题的公告》（公告 2018 年第 11 号）：

根据《中华人民共和国发票管理办法》（国务院令第 587 号）、《网络发票管理办法》（国家税务总局令第 30 号）和国家税务总局关于推行电子发票的有关工作要求，经研究，决定在深圳市开展通过区块链系统开具的电子普通发票（以下简称区块链电子普通发票）应用试点。现将有关事项公告如下：

一、推行区块链电子普通发票，对降低纳税人经营成本、节

① https：//shenzhen. chinatax. gov. cn/sztax/xwdt/mtsd/201808/fc66f4d953e248b3a9adbfe90fc210a3. shtml.

约社会资源、方便消费者保存使用发票、营造健康公平的税收环境有着重要作用。

二、区块链电子普通发票票样见附件。

三、区块链电子普通发票的开票方和受票方需要纸质发票的，可以自行打印电子普通发票的版式文件，其法律效力、基本用途、基本使用规定等与税务机关监制的增值税普通发票相同。

四、区块链电子普通发票的发票代码为144031809110，其中，第6~7位为年份，第8位0代表行业种类为通用类、第9位9代表深圳电子普通发票专属种类类别，第10位代表批次，第11位代表联次，第12位0代表无限制金额版。发票号码为8位，按全市区块链电子普通发票的开票顺序自动编制。

五、本公告自发布之日起施行。

特此公告。

此次推出的区块链电子发票由深圳市税务局主导、腾讯提供底层技术和能力，是全国范围内首个“区块链+发票”生态体系应用研究成果，得到国家税务总局的批准与认可。

首期试点应用中，深圳市税务局携手腾讯及金蝶软件，打造“微信支付——发票开具——报销报账”的全流程、全方位发票管理应用场景。采用区块链电子发票，经营者可以在区块链上实现发票申领、开具、查验、入账；消费者可以实现链上储存、流转、报销；而对于税务监管方、管理方的税务局而言，则可以达到全流程监管的科技创新，实现无纸化智能税务管理。

区块链电子发票具有全流程完整追溯、信息不可篡改等特性，与发票逻辑吻合，能够有效规避假发票，完善发票监管流程。区块链电子发票将连接每一个发票联系人，可以追溯发票的来源、真伪和入账等信息，解决发票流转过程中一票多报、虚报虚抵、真假难验等难题。此外，还具有降低成本、简化流程、保障数据安全和隐私的优势。

对消费者而言，传统发票在完成交易后，需等待商家开票并填写报销单，经过报销流程才能拿到报销款。对商户而言，传统发票在消费者结账后需安排专人开票，高峰期排长队拉低翻桌率，开票慢、开错票又容易引发冲突影响消费体验和口碑。采用区块链电子发票后，消费者结账后即可通过微信一键申请开票、存储、报销，且报销状态实时可查，免去了烦琐的流程，实现“交易即开票，开票即报销”。商户则可以利用区块链电子发票大大节省开票成本，提高店面效率和消费体验。

通过“资金流+发票流”的结合将发票开具与线上支付相结合，实现了交易数据即发票数据，无须纸质发票，无须专用设备，全程手机自助操作，交易即开票，开票即报销。”

2…中国首例区块链存证判决

据新华社消息，6月28日杭州互联网法院对一起侵害作品信息网络传播权纠纷案进行了公开宣判，法院支持了原告采用区块链作为存证方式并认定了对应的侵权事实。这是中国法院首次对采用区块链技术存证的电子数据的法律效力予以确认。

本案特别之处在于，原告向法院举证存在侵权行为时并没有采用传统的公证机关进行公证保全，而是使用到了区块链存证技术，即区块链可信电子凭证服务平台将侵权事实“上链”进行保全。

2.1 案情简介

原告杭州华泰一媒文化传媒有限公司（以下简称华泰一媒）发现被告深圳市道同科技发展有限公司（以下简称道同公司）未经授权在网站上转载了其作品，侵害了其信息网络传播权，起诉到杭州互联网法院。

2.2 法律分析及裁判规则

根据网上公开查询到的判决书节选，我们对杭州互联网法院的判决进行如下归纳：

由于华泰一媒通过第三方存证平台对道同公司的侵权网页予以取证，并试图通过区块链储存电子数据的方式证明电子数据的完整性及未被篡改。因此，要认定侵权行为确系发生，需就华泰一媒公司该种固证、存证的方式是否符合电子数据的相关规定及该证据证明力的大小进行认定。

根据《电子签名法》第 8 条的规定，审查数据电文作为证据的真实性，应当考虑以下因素：（1）生成、储存或者传递数据电文方法的可靠性；（2）保持内容完整性方法的可靠性；（3）用以鉴别发件人方法的可靠性；（4）其他相关因素的规定。

据此，杭州互联网法院从（1）存证平台的资质审查；（2）侵权网页取证的技术手段可信度审查；（3）区块链电子证据保存完整性审查这三个方面，对案涉电子证据的效力进行了认定。

在关于区块链电子证据保存完整性的审查这部分，法院首先肯定了区块链技术难以篡改、删除的特点。在确认诉争电子数据已保存至区块链后，区块链技术作为一种保持内容完整性的方法具有可靠性。接下来，为确认电子数据确已上传至区块链，法院将从电子数据是否真实上传和上传的电子数据是否系诉争的电子数据两方面进行审查。法院先后通过对比特币区块链中存储区块节点中的内容、FACTOM 内容、保全网中下载的网页截图、源代码和调用信息打包压缩文件内容进行 hash 值计算，确认这几个 hash 值一致，从而判断保全网已将涉案电子数据上传至 FACTOM 区块链和比特币区块链中，且从上链至今保存完整、未做修改。

综上所述，法院认为，对于采用区块链等技术手段进行存证固定的电子数据，应秉承开放、中立的态度进行个案分析认定。既不能因为区块链等技术本身属于当前新型复杂技术手段而排斥或者提高其认定标准，也不能因该技术具有难以篡改、删除的特点而降低认定标准，而应根据电子数据的相关法律规定综合判断其证据效力；其中应重点审核电子数据来源和内容的完整性、技术手段的安全性、方法的可靠性、形成的合法性，以及与其他证据相互印证的关联度，并由此认定证据效力。

本案中，第三方存证平台作为独立于当事人的民事主体，其运营的网站是符合法律规定的第三方存证平台，通过可信度较高的谷歌开源程序进行固定侵权作品等电子数据，且该技术手段对目标网页进行抓取而形成的网页截图、源码信息、调用日志能相互印证，可清晰反映数据的来源、生成及传递路径，应当认定由此生成的电子数据具有可靠性。同时，该网站采用符合相关标准的区块链技术对上述电子数据进行了存证固定，确保子数据的完整性。故上述电子数据可以作为本案认定侵权的依据，即本院确认道同公司运营的“第一女性时尚网”上发布了涉案作品。

3…区块链技术对中国商业的巨大影响

区块链技术固有的防篡改性、价值传输，对于中国商业将会产生巨大的影响。特别是在区块链存证判决首案之后，中国大陆会有更多的法院认可区块链技术的证据效力。此外，区块链技术还将在如下场景中发挥巨大作用：

3.1 大数据领域

数据卖方的痛点在于卖出的数据可能被无限次转卖、市场价值不断损减；数据买方的痛点在于卖方有可能提供造假的数据，根据真实数据扩充伪造的数据量。买卖双方共同的担忧则在于目前中国、欧盟、美国等各国加大了对个人信息的保护，如果没有进行合规的数据采集和交易，可能导致严重的违规甚至承担违法责任。

区块链技术可以做到什么？

➢数据权属、流转、授权追溯：将数据的权属、来源、流向、使用以及授权等信息均写入区块链，可以完成数据权属以及流转溯源问题。

➢数据真实可验：对于特定数据，验证者可以利用写入区块链的 hash 值对其原始数据进行验证，保证数据真实未被篡改。

3.2 知识产权（商标领域/专利领域/版权领域）

知识产权的痛点是：登记确权流程烦琐，以及现有的版权保护没有严格可信的可追溯性，调查取证手段匮乏。文首提到的案例即为区块链技术在知识产权领域里的应用。

区块链技术可以做到什么？

➢维权取证，将网络侵权页面进行实时抓取，实现维权证据固定，防止侵权方事后证据删除；

➢在线确权，利用区块链技术下的时间戳与数据唯一性特点，实现对知识产权所有权的第一时间线上证据固定，完成确权；

➢ 产权流转溯源，将涉及版权申请、使用和交易环节中所有痕迹记录至区块链，后续可以查看并追溯它们的全过程。

3.3 公益事业

公益事业的痛点在于：审核把关不严、信息不对称。具体而言，受捐助方个人的家庭信息无法核实，社会组织之间信息也不对称、资金募集和流向的不透明、征信缺位。

区块链技术可以做到什么？

➢ 项目信息管理：项目从发起创建到执行持续数据存证，保证项目信息的真实客观和完整，并能够追踪公益获得实时情况。

➢ 隐私保护：利用不同加密算法的有效组合对重要数据加密，保护用户隐私，对于需要公示的数据涉及的敏感部分脱敏，保护用户隐私。

早在2018年2月，广州仲裁委已经基于“仲裁链”出具了业内首个裁决书。这份首例基于“仲裁链”作出的裁决书内容显示，“证据4为借款发放时形成的系统数据，经合法存证，未被篡改”。此外，杭州互联网法院上线全国首个电子证据平台，这也是法院系统在证据、举证及存证领域内最前沿的探索。有了区块链技术赋能，法律纠纷判定效率更高，正义更能得到保障。区块链存证只是区块链技术落地的第一个应用。我们可以预计，随着技术的演进，区块链将在商业模式和法律风险控制方面对中国商业产生巨大的影响。

3.4 传统企业数字化转型中的区块链解决方案

麦肯锡在其报告《中国数字经济如何引领全球新趋势》中指出，随着中国的数字化进程逐步推进，各个行业的价值链都将经历营收和利润池的彻底变革。这种创造性变革将发生在世界每一个角落。中国的传统行业效率低下、拥有巨大的商业化潜能，因此这一变化在中国将尤为迅猛和激烈。经历这次转变脱颖而出的企业很有可能拥有庞大体量，足以影响全球数字化格局。

无论是传统行业的互联网化、智能化、数据化改造还是新兴行业、新型商业模式，任何一个中国企业的数字化转型都必然涉及网络和数据。

正如曾鸣先生在《智能商业》中一再强调的，智能商业的双螺旋是网络协同和数据智能。在中国企业数字化转型中网络和数据无疑占据核心位置。因此，在中国企业数字化转型的过程中，每个企业都应该关注本企业的网络安全与数据合规问题。

2019 年十九届四中全会中明确提出了“健全劳动、资本、土地、知识、技术、管理、数据等生产要素由市场评价贡献、按贡献决定报酬的机制”。如果数据作为生产要素参与分配，这里面首要的问题就是数据的所有权问题。不解决数据的所有权就不可能讨论如何分配的问题。目前，中国的现行法律法规尚未明确数据的所有权问题。

根据《民法典》的相关规定，自然人的个人信息受法律保护。任何组织和个人需要获取他人个人信息的，应当依法取得并确保信息安全，不得非法收集、使用、加工、传输他人个人信息，不得非法买卖、提供或者公开他人个人信息。

此外，《网络安全法》第 41 条也做了如下的规定，网络运营者收集、使用个人信息，应当遵循合法、正当、必要的原则，公开收集、使用规则，明示收集、使用信息的目的、方式和范围，并经被收集者同意。

网络运营者不得收集与其提供的服务无关的个人信息，不得违反法律、行政法规的规定和双方的约定收集、使用个人信息，并应当依照法律、行政法规的规定和与用户的约定，处理其保存的个人信息。

然而，由于数据的易复制性，个人信息在实践中无法得到有效的保护。此外，目前也没有合适的技术和机制来解决数据参与分配的问题。只有通过区块链的加密技术、全程不可篡改的跟踪、智能合约的调取特定信息并且分配才能解决以上提及的全部痛点。

4…区块链行业对医疗行业的影响

医疗行业很可能是最早区块链转型的行业。这一推论的前提是医疗行业已经开始进行数字化转型。电子病历、在线诊疗、智能诊断、远程会诊、智能检测仪器、智能检测硬件、智能健康解决方案，诸如此类已经将传统的医疗行业改造成一个数据驱动、数据密集的新型行业。毋庸置疑，医疗行业的数字化转型在提高诊断效率、调高诊断准确度、加速新药研发进程等诸多方面会深刻地改造医疗这一传统行业，但是随之而来的是个人信息的隐私问题。

根据《网络安全法》第76条的规定，个人信息是指以电子或者其他方式记录的能够单独或者与其他信息结合识别自然人个人身份的各种信息，包括但不限于自然人的姓名、出生日期、身份证件号码、个人生物识别信息、住址、电话号码等。

2018年5月1日全国信息安全标准化技术委员会（以下简称信安标委）实施的《信息安全技术个人信息安全规范（GB/T 35273—2017）》，以下简称《个人信息安全规范2017》）在此基础上进一步界定了“个人敏感信息”的内涵和外延。2020年3月6日，国家市场监督管理总局、国家标准化管理委员会完成对《个人信息安全规范2017》的修订并发布《信息安全技术个人信息安全规范（GB/T 35273—2020）》（以下简称《个人信息安全规范2020》），《个人信息安全规范2020》于2020年10月1日正式实施。

根据《个人信息安全规范2020》第3.1条和第3.2条的规定，个人信息，是指以电子或者其他方式记录的能够单独或者与其他信息结合识别特定自然人身份或者反映特定自然人活动情况的各种信息。个人敏感信息，是指一旦泄露、非法提供或滥用可能危害人身和财产安全，极易导致个人名誉、身心健康受到损害或歧视性待遇等的个人信息。个人信息与个人敏感信息均包括个人健康生理信息，具体范围见表17－1：

表17－1　个人信息与个人敏感信息的范围

项目	具体范围
个人健康生理信息	个人因生病医治等产生的相关记录，如病症、住院志、医嘱单、检验报告、手术及麻醉记录、护理记录、用药记录、药物食物过敏信息、生育信息、以往病史、诊治情况、家族病史、现病史、传染病史等，以及与个人身体健康状况产生的相关信息等，如体重、身高、肺活量等
个人健康生理敏感信息	个人因生病医治等产生的相关记录，如病症、住院志、医嘱单、检验报告、手术及麻醉记录、护理记录、用药记录、药物食物过敏信息、生育信息、以往病史、诊治情况、家族病史、现病史、传染病史等

对于敏感信息，企业应当承担更多的合规责任，譬如，收集个人敏感信息时，应取得个人信息主体的明示同意。应确保个人信息主体的明示同意是其在完全知情的基础上自愿给出的、具体的、清晰明确的愿望表示。因此，企业在数字化转型过程中应当就业务中是否涉及敏感信息、敏感信息的收集程序、敏感信息的传输、存储、共享和转让等流程均有针对性的合规方案设计。

国家卫生健康委 2018 年 7 月 12 日下发了《国家健康医疗大数据标准、安全和服务管理办法（试行）》（《健康医疗大数据办法》）。《健康医疗大数据办法》对医疗行业的数据合规提出了明确的要求，其中比较重要的是：

第十六条　健康医疗大数据安全管理是指在数据采集、存储、挖掘、应用、运营、传输等多个环节中的安全和管理，包括国家战略安全、群众生命安全、个人信息安全的权责管理工作。

第十七条　责任单位应当建立健全相关安全管理制度、操作规程和技术规范，落实“一把手”责任制，加强安全保障体系建设，强化统筹管理和协调监督，保障健康医疗大数据安全。涉及国家秘密的健康医疗大数据的安全、管理和使用等，按照国家有关保密规定执行。责任单位应当建立健全涉及国家秘密的健康医疗大数据管理与使用制度，对制作、审核、登记、拷贝、传输、销毁等环节进行严格管理。

第十八条　责任单位应当采取数据分类、重要数据备份、加密认证等措施保障健康医疗大数据安全。责任单位应当建立可靠的数据容灾备份工作机制，定期进行备份和恢复检测，确保数据能够及时、完整、准确恢复，实现长期保存和历史数据的归档管理。

第十九条　责任单位应当按照国家网络安全等级保护制度要求，构建可信的网络安全环境，加强健康医疗大数据相关系统安全保障体系建设，提升关键信息基础设施和重要信息系统的安全防护能力，确保健康医疗大数据关键信息基础设施和核心系统安全可控。健康医疗大数据中心、相关信息系统等均应开展定级、备案、测评等工作。

第二十条　健康医疗大数据相关系统的产品和服务提供者应当遵守国家有关

网络安全审查制度，不得中断或者变相中断合理的技术支持与服务，并应当为健康医疗大数据在不同系统间的交互、共享和运营提供安全与便利条件。

第二十一条 责任单位应当依法依规使用健康医疗大数据有关信息，提供安全的信息查询和复制渠道，确保公民隐私保护和数据安全。

第二十二条 责任单位应当按照《中华人民共和国网络安全法》的要求，严格规范不同等级用户的数据接入和使用权限，并确保数据在授权范围内使用。任何单位和个人不得擅自利用和发布未经授权或超出授权范围的健康医疗大数据，不得使用非法手段获取数据。

第二十三条 责任单位应当建立严格的电子实名认证和数据访问控制，规范数据接入、使用和销毁过程的痕迹管理，确保健康医疗大数据访问行为可管、可控及服务管理全程留痕，可查询、可追溯，对任何数据泄密泄露事故及风险可追溯到相关责任单位和责任人。

第二十四条 建立健全健康医疗大数据安全管理人才培养机制，确保相关从业人员具备健康医疗大数据安全管理所要求的知识和技能。

第二十五条 责任单位应当建立健康医疗大数据安全监测和预警系统，建立网络安全通报和应急处置联动机制，开展数据安全规范和技术规范的研究工作，不断丰富网络安全相关的标准规范体系，重点防范数据资源的集聚性风险和新技术应用的潜在性风险。发生网络安全重大事件，应当按照相关法律法规和有关要求进行报告并处置。

如果某个公司遭遇网络事件（如网络攻击）后不能证明其已经履行信息网络安全管理义务，那么其作为网络攻击的受害者还可能被行政处罚甚至被刑事处罚。据法制网报道，从2018年开始，公安机关已实行“一案双查”制度，即在对网络违法犯罪案件开展侦查调查工作时，同步启动对涉案网络服务提供者法定网络安全义务履行情况的监督检查。对拒不履行法定网络安全义务、为网络违法犯罪活动提供帮助的网络服务提供者，公安机关将依法对其进行严厉查处，努力从源头遏制网络违法犯罪案件发生。

根据《网络安全法》的规定，网络运营者不履行制定网络安全事件应急预案，及时处置系统漏洞、计算机病毒、网络攻击、网络侵入，发生危害网络安全事件时未及时启动应急预案并采取补救措施等网络安全保护义务的，由有关主管部门责令改正，给予警告；拒不改正或者导致危害网络安全等后果的，处1万元以上10万元以下罚款，对直接负责的主管人员处5000元以上5万元以下罚款。更为严重的是，企业还有可能构成拒不履行信息网络安全管理义务罪。根据《刑法》第286条之一的规定，网络服务提供者不履行法律、行政法规规定的信息网络安全管理义务，经监管部门责令采取改正措施而拒不改正，有下列情形之一的，处3年以下有期徒刑、拘役或者管制，并处或者单处罚金：（1）致使违法信息大量传播的；（2）致使用户信息泄露，造成严重后果的；（3）致使刑事案件证据灭失，情节严重的；（4）有其他严重情节的。单位犯前款罪的，对单位判处罚金，并对其直接负责的主管人员和其他直接责任人员，依照前款的规定处罚。

因此，在目前的监管环境和技术手段下，医疗相关数据与其说是金矿不如说是“烫手山芋”。此外，还要考虑到无处不在的电脑黑客，当年“Wanna Cry”就成功地敲诈了很多医疗机构。

如果没有一个新的架构可以更妥善地保护病人的医疗数据，那么再多的防火墙、数据治理软件以及cyber security insurance都只是治标不治本。只有把病人的医疗数据打散变成颗粒化、只为特殊用途而使用的结构并放在区块链上加密，通过区块链的加密、分布式存储才更有可能对抗我们刚才提到的与数据泄露相关的监管、合规、黑客等多重风险。

前面的“把病人的医疗数据打散变成颗粒化、只为特殊用途而使用”可能并不好理解，我们用Don Tapscott在Blockchain Revolution（中文译名《区块链革命》）的设想从另外一个角度来解释一下。Don Tapscott说，“大多数的公司和机构眼中，你就是一堆数据——这些数据来自你在互联网上的活动踪迹。它们搜集你的数据并将其变为一个‘虚拟’的你，并通过这虚拟的身份给你提供很多难以想象的便利。不过，这样的便利是要付出代价的，那就是隐私权……想象一下，如果 这个‘虚拟’的你能真正被你掌管，那么世界会变成怎样？这是你的个人化身，它‘生活’在你身份构成的黑盒子里，你可以从你的数据流中获得经济利益，当有人申请对你的数据进行访问时，你可以决定向对方公开特定的数据。你的驾驶执照为什么要包含除了‘你已经通过驾驶考试并且有能力开车’以外的信息呢？想象一下，如果有一个互联网的新时代，你的个人化身能够管理和保护你的黑盒子里面的内容。这个可靠的软件仆人会根据具体的情况向对方公布必需的细节或金额，同时妥善地处理在网络活动中所产生的各种遗留信息，以保护你的隐私权。”①

① ［加］唐塔普斯科特、亚力克斯·塔普斯科特：《区块链革命》，凯尔、孙铭、周沁园译，中信出版社 2016 年版，第 15 页。

致 谢

首先感谢田维苑（三三）、董芊、周泱、孙银霞、张越、吴杨浩男、王维巍等各位在本书写作中的巨大贡献。

三三在区块链数字货币的研究中投入了极大的热情，我们的很多研究、很多业务都是在三三的支持下才得以完成。没有三三的协助，我们不可能在 2017 年就开始服务区块链领域的世界顶尖公司。

董芊在区块链和数字货币业务和研究中也作出了巨大的贡献。

周泱、孙银霞、张越、吴杨浩男等各位同事在本书的写作中贡献了大量的时间。

开曼最大律所的王维巍（David Wang）在我们 Token Fund 业务中提供了大力支持，没有 David，我们没有可能为客户提供创新性的 Token Fund 架构搭建服务。

感谢原 Circle 中国 Cloris Guo 的分享和指导。在区块链初期，中国基本上没有太多的法律人对区块链数字货币有研究和思考，没有 Cloris Guo，我们或许就忽略了这个革命性的技术和行业。

感谢 Fenwick 律所的 Can Sun 律师，在与 Can Sun 律师一起为世界顶尖的投资机构提供法律服务中，我们作为中国律师收益良多。

感谢 Orrick 的王翔律师在本书写作中给予的巨大帮助和指导。

感谢刘少华在本书起草过程中提供的协助。

感谢任辉检察官在本书起草过程中提供的协助。

感谢朱宣晔律师在区块链数字货币业务中的支持与合作。

感谢柯湘律师在区块链数字货币业务中的合作。

感谢金有元律师在区块链数字货币业务中的合作。

感谢曾雯雯律师在区块链数字货币业务中的合作。

感谢路志鹏在本书写作中的协助。

感谢赵紫晗在我们区块链数字货币业务中的大力支持。

感谢吕明在我们区块链数字货币业务中的大力支持。

感谢植德以及植德各位同事对我们的支持。

感谢北京东隅酒店“Domain 域”咖啡厅的所有人，从大年初一开始的每一天，在疫情最严重的时候，这里是最温暖安全的港湾。没有这个咖啡厅就没有这本书。